策划就是聚焦

孙震 著

中国旅游出版社

孙震

旅游景区实战策划人，尖叫文旅缔造者，中国建筑文化研究会文化旅游研究院研究员，陕西理工大学客座教授，西安锦上添花文旅集团等机构专家顾问，"景区营销实战派"公众号创始人；《实战运营前置 打造爆款文旅》《策划就是聚焦》作者。

从事旅游景区营销及策划相关工作将近 20 年，足迹遍布大江南北，考察全国各类景区 2000 多家，曾策划了"七彩洋伞节""梦幻花海节""赏花寻龙节""一列地铁温暖一座城""炎帝中华龙""龙王理发"等一系列旅游行业津津乐道的旅游案例。先后为河南平顶山尧山—中原大佛、河南洛阳老君山、山西皇城相府、河北山海关、湖北武汉木兰天池等国家 5A 级旅游景区，及河南洛阳中国薰衣草庄园、陕西汉中黎坪、山西梦回长平不夜城、辽宁本溪大峡谷、海南火山口、湖南湘潭盘龙大观园等众多景区提供过营销和策划服务。中国旅游景区协会景区职业经理人（郑州、洛阳、黄山班）培训讲师，中国（上海）2019、中国（北京）2024、中国（郑州）2024 文旅产业发展高峰论坛，广州 2020、2021、2022、2023、2024 世界文旅大会等多个论坛嘉宾；为河南、湖北、湖南、西藏、四川、广西、广东、浙江、甘肃、青海、新疆、河北、山东、福建等上百家景区和文旅集团以及北京交通大学、陕西理工大学、香港震海会、文旅帮等几十家院校和旅游机构进行过营销和策划的专题培训。

代序一：商业成功源于聚集

很多中小文旅项目现在面临七类问题：有山水少文化，有游客少留量，有门票少增长，有白天无晚上，有产品无爆品，有战术无战略，有穷忙无利润。而解决这些问题的关键是舍九取一，是聚焦战略，是利出一孔。

看到孙震所写的《策划就是聚焦》，深有同感，我研究聚焦战略多年，此书中的观点新颖并且深厚，相信能为文旅行业带来不一样的战略思考。

锦上添花文旅集团这几年主要做文旅夜经济，在全国各地打造了如梅河口东北不夜城、青岛明月·山海间、南宁不夜城、"平湖山海几千重？"等几十家网红不夜城，还与河南万岁山武侠城、湖北木兰花乡、宁夏沙湖等一众景区达成合作。在业务方面，有很多政府和企业客户常常邀请我们做夜经济之外的其他文旅项目，但我们婉拒了很多。做企业不一定要一万米的宽度，但一定要一万米的深度，只有足够深入地研究，才能真正看到问题的本质。没有研究到行业的核心，没有做到行业品类第一，就不要盲目扩张，人的精力和时间都是有限的，乱就会错！

太阳照在身上，暖洋洋的，用放大镜把太阳光聚集起来，可以烧着树枝，用设备把光聚集起来会变成激光，会轻松打穿钢板。李小龙曾经说过："我不怕练一万招的人，只怕把一招练一万遍的人。"做企业做产品也是同理，不怕千招会，就怕一招精。我们看到可口可乐100多年来，仅依靠糖+水就占领了全球市场。乔布斯砍掉和手机无关的业务，让苹果公司快速聚焦，成为一家伟大的企业。商业的本质是聚焦，全球500强的企业多数是靠一个产品而成功的。

很多经营状况不好的文旅企业，其最大的问题就是不聚焦、不洞察、不盈利，常常会关注"吃、住、行、游、购、娱"等旅游全要素的"堆砌"，而忽视突出核心吸引核，结果连基本的出圈、基本的生存都实现不了。歌星，之所以会成为明星，首先要有第一首出圈的歌。中小文旅企业也是一样，只有推进聚焦战略，聚焦爆品，"一针捅破天"，才会有成功的未来。

刘 磊

西安锦上添花文旅集团董事长

代序二：尖叫策划　重构爆款文旅

文旅融合时代，旅游景区正在经历前所未有的价值重构，"千城一面"的仿古街区与同质化的网红场景充斥市场，此起彼伏的景区免费和数据虚假的网络营销屡见不鲜，鱼目混珠的市场现状让旅游人不知所措，孙震先生的新作《策划就是聚焦》恰如一缕阳光，为迷雾中的景区提供了理性思考和实战策划指导。

在和孙震的交流交往中，他走南闯北的经历、景区操盘的经验总能让我深受启发。我本人所有的旅游工作经历都局限在洛阳老君山景区，从业12年，伴随了老君山崛起的后半程，见证了一座寂寂无闻的"小山头"，变成了万千网友的"诗和远方"。老君山景区2024年游客量540万人次，综合收入12亿元，成为业内公认的头部景区。作为亲历者、参与者、建设者，这段不寻常的从业经历让我对旅游业的快速发展有了深刻的认识。在这期间我创办了个人公众号"鹏远说文旅"，目前已经发表了旅游观点文章80余万字，2023年、2024年分别出版了两本个人著作《景区新媒体运营》和《景区运营100问》。

当今的旅游市场面临大变局，两极分化明显，内卷竞争加剧，旅游业发展缺乏系统指导、缺乏进步路线、缺乏操盘人才、缺乏实操举措，而我国目前的经济结构要求进一步发展旅游新质生产力，释放消费潜能，这对每一个旅游人来说，都是巨大的时代机遇。一个恰到好处的策划，能够使一个陷入困境的景区起死回生，能够使一个地方景区晋级头部景区阵营。

  作为深耕文旅行业将近 20 年的策划专家，孙震以其参与操盘的多个旅游案例为基底，浓缩成这本旅游景区爆款策划方法论《策划就是聚焦》，言简意赅、深入浅出地指出：策划就是聚焦，创意产生奇迹，只有爆款文旅才能出圈，而做旅游不需要太大的投入，需要的是创意为王，做旅游是可以赚钱的！

张鹏远
洛阳老君山文旅集团副总经理

代序三：聚焦核心优势，成就中国冒险公园

辽宁本溪大峡谷被称为"中国冒险公园"，如今是享誉东北的网红景区，在经营和发展的过程中，聚焦策略功不可没。在打造本溪大峡谷时，我们深切体会到，面对文旅行业激烈的竞争，只有聚焦才能找到差异化的发展路径。市场需求纷繁复杂，若不聚焦，就会在众多选择中迷失方向。

曾经的本溪大峡谷，虽有自然美景，却"藏在深闺人未识"。我们在开发过程中，也遇到过诸多难题，如市场竞争激烈、游客需求多变等。但正是通过聚焦核心优势，不断创新，深入剖析市场与游客需求，精准定位"惊险刺激、冒险体验"这一核心特色，聚焦打造丰富多样的高空游乐项目，如玻璃悬索桥、蹦极、悬崖秋千等项目，结果让我们成功突破市场壁垒，吸引大量游客前来打卡，实现从名不见经传的小景区到热门旅游地的华丽转身。

聚焦不仅体现在产品打造上，还贯穿于景区运营的各个环节。无论是在景区合伙人模式、景区发展商业模式、体验项目输出上，还是在宣传推广、聚焦新媒体平台、精准定位目标客群上，我们都深入利用聚焦理论，通过针对性的聚焦，解决了不同的问题。同时，我们更注重不断提升服务品质，聚焦游客体验，让游客在游玩过程中感受到贴心与温暖，正是这一系列聚焦措施，保障了景区的快速发展，目前已成为国家4A级旅游景区，也是当地的头部景区之一。

孙震老师作为我们的首席顾问，是我们集团在战略和布局方面的核心智囊。我相信，《策划就是聚焦》这本书能为文旅行业从业者提供宝贵的经验和启示。无论是打破思维枷锁、打造爆款产品，还是利用新媒体进行宣传推广，大家都能从中汲取智慧，希望同行们能将聚焦理念运用到实际工作中，共同推动文旅行业的高质量发展，创造出更多让市场尖叫的爆款文旅项目。

赫连文滨

辽宁赫奕文旅集团董事长

目录 Contents

001	**引论**
001	一、策划爆款的技巧是聚焦
003	二、解读聚焦与爆款策划
003	三、从红旗渠精神和扁担精神说起
006	四、如何通过聚焦打造爆款文旅
007	**第一篇 爆款文旅才能出圈**
007	一、文旅进入游客导向新时代
009	（一）文旅进入游客定义新产品的时代
012	（二）未来文旅将进入以文化为母体的场景化时代
013	（三）策划是改变景区命运最好的方式之一
016	二、旅游企业存在多种矛盾是必然
022	三、新文旅带来全新运营理念
023	（一）用导演思维打造场景、做旅游
024	（二）运营前置深受关注
025	（三）新业态爆发，市场需要什么文旅项目？
026	（四）改变思维是策划爆款文旅的前提

027	**第二篇　聚焦"打破思维枷锁"**
027	一、两个思维枷锁
027	（一）思维茧房
032	（二）自我执念
035	二、两个基本常识
035	（一）遵守行业基本规律
042	（二）用好冲突和反差
045	三、十条经验总结
045	（一）寻求降维打击
054	（二）不打价格战，注重差异化发展
058	（三）情绪价值是产品获得市场认可的灵魂
062	（四）策划的五种基本思维
069	（五）做策划需要有意识培养四种能力
073	（六）新项目定位切莫心急
076	（七）换个角度去表述
078	（八）并非一切皆文旅
079	（九）一句话说清项目
080	（十）三个发现、三个理解和三个借鉴
087	**第三篇　聚焦"打造爆款产品"**
087	一、贯彻并落实运营前置
087	（一）旅游业发展的三个阶段
095	（二）聚焦运营前置，做好项目之基
107	（三）项目运营应重视的各类调研
113	二、打造刺破市场壁垒的产品
114	（一）聚焦爆款体验
120	（二）聚焦爆款场景
125	（三）聚焦文化活化演艺

130	（四）聚焦人间烟火
134	（五）聚焦模式创新
138	三、从单个网红产品到特色产品矩阵
138	（一）产品矩阵帮助企业保持生命力
139	（二）必须打造流量产品生产线
140	（三）围绕"十二度"，打造特色产品矩阵

169	**第四篇　聚焦"新媒体和活动策划"**
170	一、聚焦新媒体传播
170	（一）用户思维解读新媒体传播
174	（二）解读新媒体
175	（三）搭建新媒体矩阵
179	（四）新媒体推广技巧
186	二、聚焦大型创意活动的策划
186	（一）活动策划的分类和实施技巧
197	（二）活动策划失败原因总结

200	**后　记**

引 论

一、策划爆款的技巧是聚焦

长期以来，很多人喜欢并信赖定位理论，干什么事情都会讲定位，企业定位、文化定位、市场定位、产品定位等，总会打出这样一套组合拳。可是，组合拳打完，市场往往不再是原来的模样，好好的定位又出现了偏差，甚至是致命的偏差。

在旅游业中，作为供给方的我们习惯于把自己拥有的东西一股脑儿地呈现给消费者，不管好坏、不管多少，反正有的，都想尽量多地呈现出来。然而，游客需要什么，市场需要什么，消费者使用产品的感受如何，我们却较少考虑或者考虑不周。

当下，已经进入了一个自媒体快速发展的新时代，决定项目生命及成败的已经不再是"木桶理论"里的项目短板，而是项目长板——那个理论上可以无限延长的长板。项目需要定位，但是更需要聚焦，只有聚焦才能帮助企业"一招定乾坤"，才能打造真正的长板。项目长板越长，越有生命力！

未来，谁赢得了"注意力"，谁就将赢得财富！在信息爆炸的时代，对产品服务供应商来说，最为稀缺的资源便是人的注意力，注意力指向哪里，金钱就会流到哪里，这就是所谓的"注意力经济"。让人"注意不到"的策划，一般带来普通的结果；让人"感到意外"的策划，才会有意想不到的结果。

让人意外的策划，常常在情理之中，但又在意料之外，往往有强大的吸引力和冲击力，也能够获得足够流量。打造"意外的策划"，来源于策划者对某个方面不同寻常的理解，需要聚焦当下的市场，要能对游客的注意力和关注点进行准确的判断和有效的引导。

聚焦，指使一束光聚于一点，也比喻为视线、注意力等集中于一点。

聚焦，是一种生命自觉之道，生命的哲学。自古以来，全球各地的人们就通过类似聚焦的方法，探索生命的意义和完善自我意识。世界上没有奇迹，只有专注和聚焦的力量。可以用三个词助力关键决策：聚焦、聚焦、再聚焦。

定位理论可以让产品的市场化之路更合理，企业走得更久，但聚焦，可以让企业和产品从行业出圈，实现快速成长与裂变！资源可以无限多，但聚焦只能一个点！

新文旅是旅游业进入新时代、新消费下的升级与变迁；爆款文旅是无数文旅项目的终极目标和追求。

策划爆款文旅、刺破市场的，往往不是定位，而是聚焦，必须聚焦于一点！刺破市场的往往是一根针，而不是一套组合拳。缔造尖叫新文旅，是新媒体时代基于旅游行业特性的实现爆款文旅的新策划方法。

市场一直都在，而困难也一直都在。欲要获得市场，就必须刺破市场壁垒，能刺破市场壁垒的，往往不是一套大而全的组合拳输出，而是其中的某一击，比如一种模式、一个场景、一句广告、一首歌或一个人……一个足以让受众记忆并传播的核心爆点就够了。如何找到或创新出这个点，则是尖叫策划的核心。

策划的文化，就是讲好故事，讲好一个市场与消费者之间的故事。策划的灵魂，就是洞察人性，聚集满足游客需求的情绪价值。

打破思维枷锁，找准消费者需求点，讲好产品故事，善用新媒体新技术，策划出让市场尖叫的爆款产品。如果能在某一个点实现聚焦与突破，就能让项目爆火；如果能够从多个方面聚焦，就能让项目火得更长久！

打造爆款文旅，从聚焦开始！

二、解读聚焦与爆款策划

无聚焦，不清晰；无尖叫，不出圈！策划出让市场尖叫的爆款文旅的逻辑便基于此。

所谓爆款策划，是立足于项目现状，深入解读项目所在的行业情况、市场情况和项目升级需求情况，通过对项目的企业定位、文化定位、市场定位、产品定位、宣传定位等各个方面的深入研究，在此基础上聚焦某个方面或某个点，创意智造出符合本项目特色的市场引爆点，同时构建产品矩阵和宣传矩阵，使项目具备市场核心竞争力，进而打造出让市场尖叫的文旅新物种的过程！

聚焦是一种策略，是以落地为目的，以结果为导向，实施过程可监督、可量化，并且可以持续改进提升的一种经营行为。通过聚焦于一点，打造符合行业规律、适合市场的项目个性与特色，便是聚焦策划最大的特点。

聚焦是一种战术，就是从众多平凡或者不太平凡的事物中，找到最不平凡、最有特色、最有特点，并且符合市场规律及消费者情绪价值的东西。

聚焦，聚的就是与众不同，聚的就是化繁为简，无论是产品，还是文化，创新，还是总结，都要把复杂的不好表述的东西，用一个具体的东西或者词语表达出来。

三、从红旗渠精神和扁担精神说起

聚焦，容易理解，然而，落实到文旅项目的具体策划上，却并非那么容易。每个项目的资源情况各不相同，文旅项目开发运营的具体情况更是千差万别，聚焦，怎么聚？如何聚？很难进行具体的表述或展示。

也许，可以从安阳林州市的"红旗渠精神"和林州市石板岩镇供销社的"扁担精神"，这两个享誉全国的案例上得到一些启示。

今天的红旗渠，已不是单纯的一项水利工程，它已成为民族精神的一个象征。红旗渠动工于1960年，勤劳勇敢的30万林州人民，苦战10个春秋，仅仅靠着一锤、一钎、两只手，在太行山悬崖峭壁上修成了这全长1500余公里的红旗渠。红旗渠，被称为"精神的丰碑"。红旗渠以浊漳河为源，渠首在山西省平顺县石城镇侯壁断下，建有总干渠、干渠、支渠、斗渠等300多条，总长1525.6公里。沿渠共建有"长藤结瓜"式一、二类水库、塘堰、提灌站等，设计库容1350余万立方米。利用红旗渠居高临下的自然落差，兴建小型水力发电站45座，已成为"引、蓄、提、灌、排、电、景"相结合的大型灌区。红旗渠建成通水至2015年，共引水125亿立方米，灌溉土地面积4600万亩次，增产粮食17亿千克，促进了当地经济和社会事业的发展。人们称其为"人工天河""中国水长城""世界第八大奇迹"！

"自力更生，艰苦创业，团结协作，无私奉献"这16个字是"红旗渠精神"的整体凝练。"红旗渠精神"以自力更生为立足点，以艰苦创业、无私奉献为核心，以团结协作的集体主义精神为导向，与伟大的"井冈山精神""长征精神""南泥湾精神"等是一脉相承的。既继承和发展了中华民族勤劳坚韧的优良传统，又体现了当代中国人的理想信念和不懈追求。

红旗渠可谓一个"爆款产品"，从"人工天河"的饮水工程到"红旗渠精神"，从有形的东西到无形的东西，通过不断地聚焦，不断地深挖和提炼，实现了民族精神的伟大升华和生动彰显，更成为国内外红色教育的经典。

除了"红旗渠"这个伟大的工程外，在安阳还有一个典型，那就是"扁担精神"。而"扁担"已成为伟大精神力量的有形象征，成为各地学习的典范。

在河南安阳林州石板岩镇的扁担精神纪念馆展览厅里，摆放着一根扁担，这根扁担曾承载着林州山区人民对美好生活的向往，更述说着扁担人始终不渝的为民情怀。"扁担精神"是石板岩供销合作社在创业过程中形成的宝贵精神财富，代表着"艰苦创业，勤俭办社，一心为民，开拓创新"的精神。

林州市石板岩镇地处晋冀豫三省交界处，四周群峰环抱，到处悬崖峭壁，有4垴、8崭、28道深沟、44条险道。曾经的石板岩镇有17个行政村、326个自然村、2800户，分散在山顶、山腰和峭壁上。山高沟深，交通不便，气候寒冷，居住分散，信息闭塞，抬头望天，抬脚就爬山，生存条件极度恶劣。在石板岩流传着这样的民谣："石梯、石楼、石板房；石地、石柱、石头墙；石街、石院、石板场；石碾、石磨、石谷洞；石臼、石盆、石水缸；石桌、石凳、石锅台；石庙、石炉、石神像……"即使你从没有到过石板岩,也可以从民谣中听出来,石板岩的人生活在石头丛中。

石板岩镇连接外界的只有一条条险峻的"鸟道",如"阎王鼻子""手扒崖""蒙眼道""鬼门关"等,光听名字就让人不寒而栗。1946年,尹兴德等4人,也就是纪念馆雕塑的主人公,利用简易的房屋、工具成立了石板岩供销合作社,成为"扁担精神"的起源,他们用扁担、铁肩、双脚,把一担担生活用品送上山,将一担担土特产品挑下山,架起了连接城乡、沟通党群关系的桥梁,并在实践与坚守中锻造了"扁担精神"。20世纪60年代,石板岩供销社以"一根扁担创家业"而闻名全省;70年代,又以"农村商业战线一面红旗"而盛名全国。

纪念馆内展出各类珍贵照片、实物、实景,从不同的角度展示了"扁担精神"的诞生与传承。纪念馆以"扁担精神"的发展历程为主线,分为六大部分:"一根扁担创家业""一分一厘细打算""一心为着山里人""一心一意谋发展""扁担精神在林州""亲切关怀为人们",展现了20世纪四五十年代以来波澜壮阔的为民精神,真实记载了70多年来石板岩供销社干部职工在极其恶劣的自然条件下,凭借"艰苦创业,勤俭办社,一心为民,开拓创新"的坚定信念和坚强意志,以肩膀挑起了连接沟通城乡的重任,以脚板走出了一条服务"三农"的阳光道,把党和政府的温暖送到千家万户,铸造了影响一代又一代人的"扁担精神"。尽管在不同时期"扁担精神"的表述有所不同,但是一心为民、全心服务的实质没有变,自力更生、艰苦奋斗的核心没有变,不断创新、永无止境的灵魂没有变。其影响早已超出林州、河南,成为全国供销合作社系统的精神财富。

无论是"红旗渠"还是"扁担",都是把一批人、无数件事汇聚成一个具体的物品,展示到众人面前,不仅直观,而且通俗,能够直击人的灵魂。

而聚焦策划,背后的逻辑也是如此。

近些年爆火的文旅项目,无一不是暗含了"聚焦"这一策划逻辑,从大唐不夜城的"不倒翁小姐姐"、黄山的"小火车"、老君山的"金顶"、淄博的"烧烤"、天水的"麻辣烫"、贵州的"村超"到开封的"王婆",无一不是把文旅资源聚焦到一个通俗易懂且直观的点上,从而获得天大的流量。在流量的加持下,城市的综合旅游资源才获得出圈的机会，从而获得成功！

聚焦，就是把纷繁复杂的东西简单化，把不好表述的东西具体化；于平凡之中见不平凡，于纷杂事物中找出核心。

聚焦，化繁为简，化平凡为经典，化经典为永恒！

四、如何通过聚焦打造爆款文旅

在文旅策划中，如何通过聚焦打造爆款文旅呢？

首先，要树立无尖叫、不策划的认知，无论是产品打造还是宣传推广，要做就要做出特色、亮点和差异化。无个性，不如不做！圈点地方、随便建建，打开大门就能等来游客的思想要不得，这是典型的靠天吃饭、靠祖宗吃饭的模式，这样的模式需要老天爷真好心、祖宗真厉害。

其次，要用流量思维来主导旅游项目的升级和发展。一切项目的出发点都必须围绕市场，围绕能不能产出内容、产生流量，围绕能不能激发游客的情绪共鸣，进而引发裂变传播来考量。比如，当下的旅游热点是"网红""国潮""新潮"等元素，那么引进的项目够不够潮，便是很重要的一个考量依据。即无流量，无项目；不新潮，不引进！

再者，在项目的决策中，一定要实施运营前置，用运营思维来快速实施产品的落地和更新。当在经营过程中发现，项目不适合市场需要，不受游客欢迎的时候，要果断快速地予以更换，坚决不能拖拖拉拉、贻误战机。能经营的时候一定要快，项目启动要快、市场宣传要快、产品更新要快，一切都要围绕着"快"来进行！

最后，用科技和文化做不一样的项目，做好吃、好看、好玩的符合市场需要的项目。高维绝杀、降维打击，或者转换赛道竞争，常常是项目制胜的利器！

总之，聚焦是一种策略，是尖叫策划的终极目标！通过聚焦，打造符合行业规律、适合市场的项目个性与特色，便是尖叫策划最大的特点。策划文旅新物种，才是文旅行业未来的发展方向！

第一篇
爆款文旅才能出圈

当下,旅游业看起来一片繁荣,但繁荣背后存在着资源同质化、文旅项目开发过剩等问题。一些旅游项目正在遭受市场的淘汰,入不敷出和经营赔钱已不少见,之前开发的一些旅游项目已经不能满足新时代旅游者的需要。当下,沉浸化、体验化、简单化、温情化、主题化打造的新文旅、新场景和新体验,更能满足市场的需求。只有打造出爆款文旅,才能出圈,获得"泼天富贵"的机会。

中国旅游经过了40多年的发展,在前期的发展中,更多依赖旅游资源本身,形成的旅游评价标准和管理体系,也主要建立在原有发展经验基础上。但是,随着"Z世代"游客的成长以及旅游项目数量的快速增长,旅游资源开发越来越过度,旅游业发展也进入了百花齐放,但泥沙俱下、参差不齐的阶段。而由卖方市场转向买方市场,意味着经营逻辑和开发逻辑都需要根本的变革。

一、文旅进入游客导向新时代

当下,抖音上出圈的文旅项目,很少有传统旅游景区的身影,因为在优质资源的加持下,这些景区少有意愿主动参与市场竞争。然而,旅游竞争格局已经发生显著变化,旅游空间从景区到乡村,再到城市街区、广场、公园、博物馆等,无处不旅游。这也意味着旅游已从观光到休闲、从风景到场景、从大众到个性、从远到近、从实到虚、从白到黑、从单纯游览到全要素形态……随之出现的就是"无生活无场景，无场景不旅游"，结果在节假日旅游出行的高峰期，游客扎堆，无论是在上海外滩、南京路，重庆解放碑广场，西安大唐不夜城，还是在头部景区、网红景区、城市乡村，到处都是人山人海的热闹场景。

新、奇、特的旅游景点往往会成为大众关注的热点，每一个景区（景点）爆红的背后，都一定有新奇的创意和体验。这些"网红"景点并不局限在传统的景点概念上，可以是一种特别的现象、玩法，也可以是深藏城市的老街老巷，但是，它们都具有差异性、独特性、特色性，都能由内容引发情感共鸣。并且，"Z世代"生长在数字时代，在持续不断的大量信息的冲击下，"Z世代"普遍缺乏忠诚度、缺乏耐心，更反感广告和推销，现在做硬广告对"Z世代"来说意义不大。

当下，火爆的并不是旅游，火爆的是新体验，是那种无处不在的温情与文化，这些才是对游客最大的吸引力。

2024年春节期间，广东潮汕营标旗民俗活动中，扛旗的都是美女，她们每一个都长在了全国人民的审美上，更长在了抖音的流量密码上，因此爆火网络。甘肃社火里的"醉关公"，"关关难过关关过"，不仅慰藉了当下人们的心灵，更代表了人们对美好未来的向往，扮演"醉关公"的小林子背后的故事，更让"醉关公"的故事蒙上了一层神秘的色彩。有"网红生产线"之称的西安大唐不夜城在"不倒翁小姐姐"爆火之后，又因侍卫演员的一次意外"丢刀"失误而火爆网络，这个演员被网民戏称为"丢刀侍卫"，而受到了大家的喜爱。福建的"游神""英歌舞"，山东的拜年等民间习俗，也都因为其特色场景化特征，成为网络上爆火的流量元素。被网友称为"6A"级景区的许昌胖东来超市，春节期间接待了100多万名消费者，赛过很多爆火景区。胖东来的火，没有美女，没有网红，更没有历史文化沉淀，胖东来的火，火的是"诚实守信的经营之道"，是人们渴求消费者权益得到保障的情绪价值在这里得到了实现。

除此之外，一些小众城市也开始"平替"大城市旅游目的地而走红，它们往往拥有独特的自然风光、丰富的历史文化和民俗风情，这些元素结合在一起，形成了独特的城市魅力。当这些城市通过社交媒体、旅游平台等渠道被更多人知晓时，它们便有可能成为热门的旅游目的地。另外，一些小众城市在某些特色产业上具有独特的优势，如手工艺、美食、特产等。这些产业的发展不仅为城市带来了经济效益，还吸引了大量游客前来消费体验。当这些特色产业在社交媒体上广泛传播时，城市的知名度也随之提升。目的地文娱产品丰度已经成为影响旅游者决策的重要因素，洛阳汉服秀、"延吉公主"变装旅拍、杭州小百花越剧、上海彩虹合唱团、北京九人话剧等文化新创意新空间已经成为都市旅游新场景。因为文化的加持，游客不管是打卡地方美食，还是都市休闲，总是仪式感满满，为假日生活带来了难得的松弛和疗愈。

所以，未来文旅的关注点，需要从传统的旅游景区转向城市文旅，从文旅项目走向跨界，或者引导文旅项目转向新业态。

（一）文旅进入游客定义新产品的时代

在旅游需求彰显个性的同时，旅游消费也走向成熟和理性，该花的钱不会吝啬，不该花的钱则会捂紧钱袋子。旅游已经从卖方市场走向买方市场，以后项目能不能火，项目说了不算，游客说了算，你有什么不重要，重要的是游客喜欢什么，符合"情绪价值"的人间烟火气，才是新文旅发展的方向。

旅游正以一种全新的方式出现。游客出游方式更加多元，去博物馆看展、去河边露营、去演唱会跟唱、去沙漠越野、去旷野看星星。从淄博到哈尔滨、从天水到保定，靠"食"力出圈的热点城市频现。游客会因为一串烧烤、一碗麻辣烫、一份驴肉火烧到访一座城市，也会因为一场演唱会和音乐节、一次马拉松和电竞比赛而来一场说走就走的旅游，更可能因为某地性价比高的品质生活而背起行囊就出发。

旅游景区和度假区一直都是大众旅游的本底资源，也是旅游经济的经典业态。值得关注的是，历史文化街区、旅游休闲街区、都市商圈承载了越来越多的客流和消费，成为旅游空间拓展、业态创新和内容创造的关键支撑。北京环球影城、上海迪士尼、广州长隆欢乐世界、无锡三国城、常州恐龙园、欢乐谷、方特、银基、海昌海洋世界、地中海俱乐部等主题公园和旅游度假区，以及河北廊坊只有红楼梦·戏剧幻城、北京泡泡玛特、上海乐高乐园、合肥骆岗公园等新型乐园，成为休闲度假、亲子旅游和研学旅游的热门之选。贵州"天眼"、四川"拉索"等大型科学装置，蚌埠南北地理分界线标志等科普园区，成为新的旅游吸引物。消费大数据监测，节假日期间夫子庙秦淮风光带、杭州西湖、钟山风景区、金鸡湖景区、横店影视城、大唐芙蓉园景区、泰山风景名胜区、大理古城、东湖生态旅游风景区和奥林匹克公园等景区景点，每每到旅游旺季，客流量总是稳稳居前。

1. 美食、体育、夜经济等成为旅游流量担当

2023年，网络平台提及量最高的旅游城市是淄博，其次是成都、重庆、苏州、北京。从旅游季节及时间来看，哈尔滨为冬季旅游热门城市，淄博、西安成为2023年节假日旅游新热点城市。虽然淄博的火离不开烧烤，哈尔滨的火离不开冰雪大世界，但是更离不开两地那种对游客发自内心的尊重和诱人的场景，这个场景就是最纯真的"人间烟火气息"。

而重庆、苏州、哈尔滨、南京、西安、成都这些城市本身就属于知名的旅游目的地，除了有很多的旅游资源外，更有本地大量的人口储备和生活的烟火气。热度较高的街区有重庆解放碑和洪崖洞、苏州平江路和观前街、哈尔滨中央大街、上海外滩、南京夫子庙、长沙橘子洲等，它们多以传统商业街区或自然文化资源为依托构建起夜生活模式。陕西西安"大唐不夜城"则创新利用现代光影技术再现古代历史场景，吸引了大量游客关注，是"夜经济"的代表性话题。

2. 情绪价值成为游客出游的核心诉求和重要吸引力

不少网民点评淄博烧烤"美味""好吃"，但更重要的是价格"亲民"、服务"热情"，吃出了"烟火气""人情味"，令人感到"温暖""幸福"。

博物馆游、寺庙游走红，消费者越发愿意在旅游中投入情感价值，在博物馆旅游目的地中，北京故宫博物院热度最高；寺庙旅游目的地中，少林寺热度最高。博物馆以其展出的珍贵文物和艺术品，满足了人们对历史文化的探索需求，被调查者认为去博物馆可以增进"文化修养""长知识""开阔眼界"，代表"传统文化的回归热潮"。而寺庙目的地作为宗教信仰和传统文化的载体，为游客提供了寻求精神

慰藉的空间。被调查者认为去寺庙能"缓解焦虑""洗涤心灵""让自己在当下沉淀下来"。

以贵州榕江"村超"、台江"村BA"为代表的民间体育赛事热潮席卷全国，成为2023年旅游业的热点话题，从网民情感表达来看，"快乐""相信""惊奇"的情感略高于"官方体育赛事"。这种情感源于消费者亲历体验后的真挚反馈，是其内在情绪的真实流露，更能客观反映消费者对这项运动的深层次感知和认同。不少网民评论认为"村超"现场"氛围特别好""太震撼""令人激动"，更重要的是，"村超"活动缘于"纯粹的热爱""是运动真实的样子"。

个性化旅游需求攀升，"小众游"成为主流，"自驾游"持续火爆，定制化旅游产品和服务须创新升级、加速迭代。种种现象都在揭示伴随着互联网成长起来的"Z世代"，正在悄无声息地改变着国内的旅游业，他们自信、特立独行，更喜欢展示炫耀，而这些需求恰好是传统文旅不具备的，所以，未来文旅发展方向，将会是产生"情绪价值"的跨界而来的文旅新物种。

3. 平替旅游持续走红，游客只为价值买单

近期，在国内各大社交平台上，越来越多年轻人分享自己去过的"平替"旅游目的地，甚至还有网友整理出了"热门旅游地平替攻略"。

对于现在的很多年轻人来说，不是知名景区或者旅游目的地去不起，而是寻找"平替"成了一种趣味和理性的消费选择。这些年轻人不再盲目追逐热门旅游胜地，而是将目光投向了那些价格亲民、风景独特、文化丰富的"平替"目的地或者景区。

平替旅游是当下旅游经济发展的新现象，是旅游市场变化和消费者需求多元化的综合产物，该现象透露出多样化旅游目的地兴起、流量时代旅游消费去中心化、旅游消费更加理性成熟、旅游消费预算变化等信号。年轻人消费心态的改变，虽对目的地、景区、旅游企业提出了新要求，但也为旅游业的发展带来了新的机遇和挑战。

然而，一个热门旅游目的地的文化、语言、历史、氛围，是很难被平替的，所

以平替并不可怕，怕的是高质量的平替。对于旅游目的地、景区、旅游企业来说，在新的旅游消费需求下，虽然新的打法可以创造奇迹，但更需要确保自己景区的品质和性价比，如果"止步不前"，或许就会被市场所抛弃。

（二）未来文旅将进入以文化为母体的场景化时代

以文化为母体的场景化时代，应以市场为导向，打破固有思维，打破行业壁垒，追求场景之上是生活。只有打造沉浸化、体验化、简单化、温情化、主题化文旅新场景和新项目，才能出圈。

这两年出圈的网红项目和网红城市，如以不夜城为代表的夜经济和以"商业＋文旅"为代表的新文旅，通过跨界的方式，以新业态、新模式来迎合市场，取得成功。如青岛明月·山海间、南宁之夜、象州梦幻夜、嘉兴"平湖山海几千重？"等轻资产不夜城；长沙文和友和唐山宴等"餐饮＋场景"新业态；河南建业电影小镇和西安的长安十二时辰等"商业＋演艺"新业态；北京798、郑州二砂、重庆鹅岭二厂等"文创＋厂房"新物种；长春这有山等"商业＋场景"新业态；大连熊洞街等"巨兽＋厂房"新项目。这一个个跨界而来的新文旅，都让人眼前一亮，更让当地消费者跃跃欲试。

就连那些传统的5A级旅游景区，也是在活动策划中纷纷加入了主题场景元素，如洛阳老君山在中天门打造了"网红仙山"场景，焦作云台山打造了山海经主题冰雪世界等。

2024年春节期间，山西高平的梦回长平不夜城策划了"炎帝中华龙"龙灯，全长598米，通过一条龙灯，彰显了中华民族是炎黄子孙、龙的传人的文化自信，七次上央视，还上了一次新闻联播，让一个名不见经传的小街区，一下爆火，春节八天进入景区的游客数量超过50万人次。而在传统节日二月二"龙抬头"策划的"四海龙王理发"活动，因为传统节日文化的新体验，引发了大众的关注和共鸣，单个视频抖音播放量达到1700万次，国内几十家媒体纷纷报道，包括央视财经频道、中国国际电视台等，还火到了国外。河北秦皇岛山海关老龙头景区策划的"二月二龙抬头"民俗活动，"跃龙门、走龙路、摸龙头、打龙卡、盖龙章、吃龙食、理龙发、敲龙鼓、唱龙歌"九大仪式，让"龙抬头"文化找到了载体，央视等媒体纷纷报道。

（三）策划是改变景区命运最好的方式之一

什么是旅游景区策划？景区策划是干什么的，有什么用？如今不管是网上，还是教材里，或者专家、权威部门，都难以给出一个明确而科学的定义，相关院校和科研机构也很少进行专门的研究并指导景区的发展。但是，这些并不影响行业的实践先行。

"策划"一词最早出现在《后汉书》中。"策"最主要的意思是指计谋、谋略，"划"指设计、筹划、谋划。日本策划专家和田创认为：策划是通过实践活动获取更佳效果的智慧，它是一种智慧创造行为；"美国哈佛企业管理丛书"提到：策划是一种程序，"在本质上是一种运用脑力的理性行为"；还有人说：策划是一种对未来采取的行为做决定的准备过程，是一种构思或理性思维程序。总结起来，可以认为：策划是为了达到一定的目的，充分调查市场环境及其相关联环境，并在此基础上，遵循一定的方法或者规则，对未来即将发生的事情进行系统、周密、科学的预测，进而制定科学可行的应对方案。那么，落地到旅游景区的策划该是什么样子的呢？

景区策划是站在未来的角度，为景区的发展提供可落地、可监控、能量化的解决方案。策划不是一个创意，不是一个体验项目，也不是一次活动或者新闻炒作，而是基于对景区资源和市场的足够理解，结合景区的景观资源、经营现状、市场情况、社会资源、行业背景等各种因素，在充分调研分析的基础上，秉承差异化、特色化、低风险化、可持续化的原则，从顶层设计、文化定位、产品创意、市场推广、管理提升等各个方面进行综合提升，找到适合景区长期稳定生存发展的产品和经营模式，并且针对不同的阶段，提出不同的策略，使得景区发展按照预期进行。

景区策划不是干一件大事，而是干一系列正确的小事；不是干一次的事，而是干常年坚持积累的事；特别是在旅游资源去中心化、游客群体年轻潮流化的时代，策划一定是聚焦化，需要先进行顶层设计和文化定位，知道往哪里走，这比盲目的奔跑更重要；要低头赶路，更要抬头看天，方向对了之后，再进行产品的创意革新以及持续不断的运营提升，这样才能实现景区的脱胎换骨。老君山之所以这几年迅速晋升为一线网红景区，很大程度上就是走了这样一条路。

策划是景区综合实力的体现。策划不单是策划部门的事，而是涉及景区所有部门的事；策划不是某个人的事，而是一把手主导的大家的事。另外，经济基础决定策划效果，策划是需要花钱的事，不是空手套白狼，掌握技巧可以节省一部分开支，但是没有费用的支撑，再好的策划也是白搭。景区的发展阶段不同，每个阶段的产品构成、企业文化以及人才体系等都会不同，景区策划应根据当下的状况提出合理的解决方案，并且针对未来的发展趋势，积极准备。

不可否认的是，很多旅游景区都设置了策划部，但很多策划部只是承担了品牌宣传和活动策划的功能，距离真正的景区策划还差得很远。

不少人会把规划当作策划，这是不对的。规划明确了未来发展的理想化状态下的目标，但往往不能解决完成目标的路径和方法问题。也有人会把活动策划当成景区策划，这也是不对的。其实活动策划只是解决了景区在经营过程中的单项市场问题，没有从全局的角度根本上解决市场和运营问题。

目前，很多策划机构和策划人会通过策划方案从组织架构、企业文化、宣传策略、产品定位、市场定位等多个方面给予景区各种各样的建议。这些方案和建议往往是立足景区现状，在对景区进行归纳总结的基础上，通过结合行业发展等情况提出的解决方案，具有一定的指导意义。但是对未来不可预料的变化，如何进行调整和应对，以及在变化的过程中如何进行落地实施，这些关乎未来发展的现实问题却无法有效应对。

这些问题只能在景区的运营过程中，由策划人根据情况随时进行分析，及时拿出应对方案逐步完成，不可能只通过一个方案就能全部解决。所以，景区策划是一个长期的持续的过程，不只是一个阶段的事情，更不能一蹴而就。

另外，能够站在行业高度，结合景区情况，对景区未来即将发生的事情进行系统、周密、科学的预测，并制定科学可行的方案，这样的人才非常少，而各个景区也几乎没有设置这样的岗位来招揽人才，所以大多数情况下由总经理或者投资商完成。他们却因为各种琐事或其他因素制约，也无法进行系统的考虑与统筹，或者由于能力所限，所制定的战略或决策根本就不符合景区的实际情况。这也是景区策划所面临的一大难题。

更关键的是，目前的旅游景区的管理者大多存在重硬件投入、轻软件投入的思想，换句话说就是舍得为"盖房子"花钱，却不舍得为景区的提升改进方案和人才引进花钱。原因是，大家常会认为硬件的投资是花钱花在了明处，容易看到，不管效果怎么样，起码有东西放在台面上；而人才体系的建设以及策划、智力引进等方面的投资，很难在短期内看到明显的效果，也不容易用具体的价值来评定，常常被视作看不见摸不着的空浪费。

正是由于很多项目决策者存在这样的思想，结果造成旅游景区普遍缺乏良好的策划，导致不少旅游景区千人一面，不温不火，多元化盈利能力不强，未来发展目标不清晰，等等。而这些问题也成了多数经营不善的旅游景区所面临的最主要的问题。

旅游景区的生命力在真正的内容制造上，这不能搞形式主义。旅游景区应当以个性化为标签，尽最大能力展示自己的与众不同，这样才能为游客提供独一无二的旅游体验。

旅游企业如何在新媒体、新玩法的新时代，应对消费变化和"性价比至上的行业内卷"？也许只有"满足游客需要的产品才是好产品"这一个妙招，这不仅是过去，还是未来，都不会改变的。所以，旅游企业需要根据目前市场状况，重塑产品、服务、宣传、品牌体系。大部分旅游景区需要以市场为导向，升级自己的产品，聚焦满足游客需要的市场爆点产品，走差异化的发展道路。只有产品才是市场竞争力，有了爆款的引流产品，引来大量游客，后续的一切就都好办了。

当下的旅游业应对消费变化，不是应对游客在旅游上花钱变少的问题，而是应对随着选择范围变大、平替产品变多，而游客日益清醒与认知独立，他们将如何在旅游项目与旅游消费上作出有没有花钱的必要和花钱有没有性价比的问题。当下的旅游业，火的不再是景区，而是充满烟火气的旅游体验；火的不是传统的文旅个体，而是具备流量的人和场景。旅游业已经从以景区为导向的时代进入了以游客为导向的新时代。在游客需要彰显个性的同时，旅游消费也走向成熟和理性，以后景区能不能火，景区说了不算，游客说了算，景区有什么不重要，游客喜欢什么才重要。大众旅游，对外炫耀不再是交流的目的，情感共鸣才是目标。虽然有些景区推出了减免门票等刺激旅游的方式，但是未必真正有效，因为现在的游客真正想要的并不是便宜，而是满足自己的情绪价值，为满足情绪和打卡需要而旅游。

很多领域都存在所谓的"二八定律"，文旅行业也是如此，但又不是火爆者"通杀"，对于企业来说，不要轻易放弃深耕多年的领域，可是要懂变，懂顺势而为，可选择多赛道、多模式同步前行。决定项目生命周期的已经不再是项目木桶理论里的"短板"，而是"长板"——那个可以无限延长的长板。此刻，文旅项目的经营和升级更需要聚焦，聚焦差异化的产品和服务，只有这样才能帮助景区"一招定乾坤"。你是谁不重要，游客拥有你变成与众不同才更重要！

随着"Z世代"成为旅游主力，很多旅游景区为了迎合市场，必然会进行旅游资源和方式的重构，或者为满足"评A"要求而加强服务和提升硬件设施水平。但这不是市场竞争的核心，关注旅游性价比，从标准转向市场，以企业的经营思维，在市场竞争中既注重当前利润，也注重未来发展，保持个性化和盈利化才应该是未来旅游企业的主要发展方向。

新的政策和新的市场趋势，为新的企业、新的模式带来了前所未有的发展机会。只有思维跨界，能够打通多个行业的新产品、新文旅项目才会有更大的出圈机会。创新的文旅项目将会成为城市寻求"泼天富贵"的最佳选择！

成为爆款文旅，其实就是聚焦市场引爆点，聚焦场景、情绪价值、人间烟火三个关键词的落地实施，如此而已！

二、旅游企业存在多种矛盾是必然

景区越来越多了，旅游综合体越来越多了，游客越来越挑剔了，市场越来越不好做了，盈利越来越难了，老旅游人日子不好过，新旅游人更是一头雾水，这些是旅游人最真切的感受。旅游业及旅游业的经营状况受到了国家、社会以及各行各业的高度关注。

2024年8月，文化和旅游部发布了2023年旅游业经营情况，旅游业漂亮数据的背后，却是旅游企业大量增加，内卷加剧，"旺丁不旺财"的残酷现状。

2023年是非常特殊的一年，疫情之后，压抑三年的消费集中释放，很多旅游企业的收入超过了2019年，宏观上看，无论是出游人数、景区接待数量，还是旅游总花费，基本上和2018年、2019年差不多，可以说2023年的旅游业是形势一片大好。作为旅游业核心的三大板块：酒店、景区、旅行社的具体经营情况如何呢？可以看一下文化和旅游部发布的具体各项数据情况：

2023年，国内出游人数达到48.9亿人次，国内游客出游总花费4.9万亿元。全国共有旅行社56275家，营业收入4442.7亿元，营业利润37.4亿元。全国共有8253家星级饭店，营业收入1609.0亿元，平均出租率50.7%。全国共有A级旅游景区15721个，全年接待游客57.5亿人次，实现旅游收入4068.7亿元。

各项数据看起来可以说非常不错。然而，跟2019年的数据对比之后，会发现一个非常割裂的现象。一边是不断走高的旅游人数，另一边却是更加明显增长的旅行社、景区数量，以及不断走低的"平均收入"。

旅行社方面：2019—2023年，旅行社数量增长了近2万家，但年平均营收，从1700万元降到了789万元，直接"腰斩"，年平均利润降到了6.65万元，平均每家旅行社的月利润只有5538元。

景区方面：2019—2023年，A级旅游景区增加了3000家，但总收入下降了近1000亿元，年平均营收从4084万元下降到2588万元，A级旅游景区平均年收入下降近4成，具体利润情况还不得而知。

住宿业方面：仅2023年，民宿企业注册量就增加了9.03万家。而2024年上半年，又多了5.1万家，同比增加24.6%，具体营收和利润更不甚清晰。

这样的数据似乎表明，旅游业产能存在"过剩"，文旅企业数量增长很明显，游客数量却没有增长，平均结果便拉低了。旅游企业目前存在的几个核心矛盾点，也是整个行业瓶颈的难点，却是当下需要解决的重点，如果不解决，会影响旅游企业的发展甚至是生存。这些矛盾点，是行业快速发展造成的，不是一个或者几个人、几个项目造就的。

第一个问题：从老板层面到执行层面存在严重脱节，老板的要求和员工的执行能力形成矛盾。

目前，投资文旅项目的老板，不少是从其他行业完成原始积累获得成功的，他们久经沙场、经验丰富、思维先进，也有足够强大的资源调动能力和把控能力，他们的战略意图以及对下面的要求，往往与执行层面的思维局限性和有限的资源调动能力形成了鲜明的对立。老板急得要死，下面的人却一头雾水，理解不了、执行偏差，甚至背道而驰，是常有的事。

有时候，文旅项目刚起步，各行业的人才都会聚过来，根本没有培养和成长的时间和空间，所以，也不是大家没能力，而是大家的经验，一下子在旅游行业找不到落脚点了。

第二个问题：旅游人强烈的各层面知识需求与当前行业研究不深入、成果应用性差、可参照案例缺乏的矛盾。

目前，行业里虽然有很多成功的案例，但对它们的研究分析并不深入，旅游人很难获得有用的指导性信息，而且有些成功案例像是推手推出来的标杆，看起来热热闹闹的，却不能作为"照搬照抄"的模板，对于其他从业者来说只能作为一个谈资。特别是，各个文旅项目的情况和状态都不一样，抄袭别人本身就是错误的选择，更不用说能够直接借鉴并取得成功的模板了。文旅行业，依旧是摸着石头过河的状态，有不少旅游人面临着没钱、没方向、没保障的境地，仅靠着情怀的支撑在艰难地探索！

第三个问题：文旅行业各种新活动、新模式的尝试与传统旅游市场运作思维方式的矛盾。

目前的文旅项目其类型、模式、背景各有差异，各自的认识也千差万别，结果形成了不同的发展及运营模式。特别是近几年，大量企业跨界进入了文旅行业，创新不断、创意不断，大家一起搅动文旅市场，不管能行不能行，你总得让这些新生力量尝试尝试。所以，新现象、新物种、新业态甚至乱象，频频诞生，各种竞争模式层出不穷，它们与传统旅游运作模式之间的矛盾在所难免。不过，孰是孰非，还不能轻易下结论,是中有非,非中有是,或许才是合理的。

当下,旅游业或许已经进入了残酷的淘汰期,文旅项目在发展的过程中,遇到的问题和所处的环境,已经发生了非常大的变化,越来越多的文旅项目会入不敷出,甚至会面临关门歇业的境况。作为旅游人来说,关门歇业其实很容易,难的是,该如何立足现实,理清思路,冲出困境,这才是有追求的旅游人该思考的问题。

第四个问题:摸不到可以借力的渠道和方向。文旅项目赖以发展的传统渠道很难收到人了,就连给各种各样的优惠政策也不好使了。

一是向自驾游方式的转变。近距离区域市场内的游客,倾向于自驾的越来越多,渠道的职能变成了票务分销,其组团能力日益下降。

二是活动优惠的对冲作用。在旅游旺季,很多旅游项目会做促销,会放政策,这样一来,都有优惠、都有活动,互相之间靠优惠与特色活动的竞争优势就又没有了,自然难以招徕游客。

三是打包促销效果不佳。由于旅游业竞争激烈,所以为了迎合各类旅游市场的需求,政府、企业等会整合景区等各种资源,发售自驾车旅游卡、旅游年票、旅游卡等各种优惠卡,将文旅项目产品进行打包促销。这些卡的发行,表面看是多方共赢,然而,对于有些项目来说,却没有起到应有的作用,常沦为赔钱赚吆喝,甚至会失去应有的游客。

四是新渠道快速形成,带来了极大的冲击。谁掌握了流量,谁就掌握了用户,谁掌握了用户,谁就拥有了市场话语权。当拥有流量的大量新媒体成长起来之后,自然而然就将业务延展到旅游业,对传统旅游业渠道产生了冲击。很多媒体、自媒体或者流量机构,都纷纷跨界进入旅游行业,如美团、抖音、小红书,甚至新东方教育都成立了文旅部门,一时间,仿佛一切渠道都进来了,形成了新的旅游渠道竞争格局,只是不知道谁会笑到最后。

第五个问题:合作媒体看不到效果了。不管是新媒体还是老媒体,无论何种传播方式,传播成本越来越高,效果却越来越不管用,游客的免疫力越来越高。

平媒、新媒体、自媒体,一个个名词层出不穷,变来变去,仍然摆脱不了硬广强制性传递给消费者的习惯，而漫天都是广告的方式，则让文旅项目淹没在了广告的海洋里，文旅项目那点广告预算，在众多的宣传种类里，好比沧海一粟，难成气候。

很多旅游企业也一直在寻找低成本效果好的传播方式，然而，谁也无法给出一个通用并且保证效果好的答案。有的靠抖音，有的靠小红书，有的靠微信，有的靠社区，有的靠扫街，有的靠电视，有的干脆就是靠走街串巷宣传车喇叭喊。市场不同，区位不同，项目规模大小不同，宣传预算不同，各有各的招式，然而，提起投入产出性价比来，都是苦不堪言！

第六个问题：文旅项目活动找不到新奇点了。游客越来越挑剔，特别是各行业都比较困难的情况下，消费者更是对自己手里的钱精打细算。

曾经，一阵风的风车节、一阵风的彩色跑、一阵风的赏花节、一阵风的特色小吃，变来变去，游客经历的多了，看的多了，对这些小打小闹都不再感兴趣了。突然间，玻璃栈道横空出世，项目上得早的火了一把，上得晚的，估计还没看到火，这个项目就已经过时了。下一步活动怎么搞，该上什么项目，让文旅人头疼不已！

创意！创意！创意！让职业经理人挖空心思难以找寻，好不容易想到一个，却受资金困扰无法实施，再加上创意都有风险，经理人也轻易不敢担保，结果，让人眼前一亮的创意活动越来越少了。这时候就体会到世界上最遥远的距离：看着到处都是人，却找不到游客在哪里，更不知道怎么把他们吸引到景区来。

第七个问题：文旅企业找不到专业人才了。这么大个旅游行业，想找个能共同发展的行家里手，越来越难了，行业人才需求量大，但是，有经验、有能力的人才越来越难找到。

旅游行业为什么留不住人？一方面是因为旅游行业挣不到钱，还得忍受寂寞；另一方面是因为旅游行业是个偏门行业，入行容易，但是适应难，要想出成绩就更难，所以，很多人在旅游行业像走马灯一样走了一圈又出去了。留下来的越来越少，能够在行业里闯出一片天并生存下来的更少。一个好汉三个帮，行业没有足够的人才汇入，没有足够的中坚力量支持，其发展前景堪忧。

第八个问题：游客对旅游的认识也变了。旅游项目越来越多，为了在区域市场内获得游客，使用什么促销方式的都有，全无章法，你方唱罢我登场，把旅游市场搅的是热热闹闹。游客心里也有了不同的认识，原来游山玩水看古迹，到景区里面才算去旅游了，现在大家的认识好像变了，更倾向于周边的步行街、美食街、特色小镇、乡村、花海、庄园等目的地了，已不再局限于传统的旅游景区了！

游客不买账，难的是营销经理，所以，挖空心思出奇招，各个行业的办法，不管行不行先拿过来试试再说，于是，我们就看到了文旅企业策划的各种各样的活动。

第九个问题：行业困境找不到落地有效的解决方法。面对复杂的旅游市场，各位专家的理论是一套又一套，托管公司的成功案例是一个又一个，培训机构是一堆又一堆，仿佛都是救世主，无所不能，然而真正传播实战经验的却越来越少。原因之一便是市场的变化出乎所有人预料，大家也没有可资借鉴的经历与经验，都得重新摸石头过河。

此外，由于各类原因，很多景区都缺乏应对市场变化进行改革创新的动力，自然也使得很多从业者缺乏改革创新的实践。没有实践，不能实战，何谈经验积累呢？这也是当下有深度有实效的实战类著作偏少的原因之一。

第十个问题：投资环境变了，老板的心态变了。庞大的运营压力，已经压垮了不少文旅项目。项目经营一旦入不敷出，最直接的结果就是投资者对旅游项目失去耐心，庞大的运营成本，对老板们来说是个煎熬。

老板们投资旅游行业，必然是奔着挣钱的目的来的，天天赔钱，不用说老板了，员工们也受不了。更关键的是，很多文旅项目投资者都是从其他行业跨界进入的，他们往往指望文旅行业的钱更好挣，结果运营模式和盈利方式与原来的行业显著不同，这个行业的钱更难挣。这时老板多数会受不了，不是走马换将，就是亲自出马，这种结果，不管是对经理人还是对文旅项目来说都不是好事。但是，旅游行业这种不重视运营、不重视运营前置的情况，在短期内是难以改变的，这样的经营难题，也不是一两天就能够解决的，这将在很长一段时间内存在。

以上这些问题，在整个行业中是具有普遍性的，多数旅游企业都或多或少地存在，这些问题的诞生自有其特殊性，其解决也只能在行业的高质量发展过程中来实现，整体来看，必然是个大浪淘沙的场景。未来，旅游存量资源和产品的利用和激活，将会是旅游行业的重点任务，当然也是一大难题。

三、新文旅带来全新运营理念

需要颠覆传统旅游思维的是，项目火不火与投资额度没有必然关系、跟当地人口储备量关系也不大，项目的精彩度、文化定位和产品的高频升级是关键因素。

以"东北不夜城"为代表的轻资产不夜城迅速爆火，给传统的文旅行业带来了全新的运营理念。

2023年，文化和旅游部办公厅公布了第二批国家级旅游休闲街区名单，吉林省通化市梅河口市东北不夜城旅游休闲街区成功入选。来到这里，游客可以充分感受多种文化的激烈碰撞、多重感官体验的文旅盛宴。东北不夜城旅游休闲街区位于梅河口市现代服务业示范区核心位置朝阳路，全长533米，建筑面积约1万平方米。其以精致国潮文化为设计核心，融合东北地方民俗文化，形成街区之"魂"，通过"城市舞台"，建设有寓意五十六个民族大团结的大型灯柱56个，沿街两侧设有全国各地特色美食花车、文创、酒吧、互动娱乐设施、美陈打卡点100余处。日常活动同步开展，少数民族表演、民间杂技、烟花秀、篝火晚会等特色演艺穿插于街区之间，"东北奋斗小哥哥""悬浮玉米西施"等15处行为艺术表演深受大众喜爱，每月都有狂欢节等主题节庆活动。

2023年，东北不夜城的入园客流量超过500万人次，目前，已经成为吉林省夜经济发展的重要引擎和国内爆款旅游打卡点之一。东北不夜城用行为艺术表演的方式把最日常的东北生活状态和地域文化进行最为生动的表达，潮俗融合的匠心设计和首创高维的运维理念，是街区火爆"出圈"的秘诀和法宝。

东北不夜城旅游休闲街区的火爆，带动了周边梅小野星光花海、知北村、海龙湖公园等景区的快速发展，推动了梅河口城市GDP12.8%的提升，间接带动了40亿元的增长，对城市交通、零售业、娱乐业等行业产生强力拉动，形成"一条街带火一座城"的现代服务业新格局。

（一）用导演思维打造场景、做旅游

在打造前，东北不夜城周边有众多商业店面类建筑，但哪怕最热闹的街区主干道，也基本没有典型的旅游配套，如游客中心、景观建筑、商业大楼等，而打造后也没有增加相应的重资产建筑，由此，我们得到一个结论，那就是没有建筑，一样能做旅游。并且，梅河口市区常住人口只有不到 40 万人，总体和一个小县城的规模差不多，但是东北不夜城一年的经营周期，却能够获得约 500 万的游客量。可见，当地的人口储备量，对于新旅游业态来说，所产生的影响也不是决定性的。

其实，不少想做旅游的企业、政府，常常会觉得做旅游首先就要盖很多高大、宏伟、漂亮、特色的房子或者建筑，这样才能够吸引来游客。但真的是这样吗？未必，国内有一些旅游景区，花了很大的人力、财力去造房子，最后各种漂亮的建筑、餐厅、民宿建成了，却看不到游客来。

靠建筑去做旅游，靠建筑来吸引游客是很常见的一个文旅误区，这在文旅项目运营中是很大的绊脚石，结果人们常常把大量的宝贵资金投入在了移不动、无法变换的漂亮建筑上，却在招商选商、运营宣传、人才团队建设等方面花费很小的一部分钱，使得文旅项目失去了生命的活力。殊不知，软件投入才是吸引游客的更关键所在。

如何避开房子、建筑等重资产的坑呢？可以考虑使用道具思维、导演思维和场景思维，这样建造的万物就皆可移动变换了。东北不夜城便运用了场景思维，用低成本的道具、热烈的场景、体验感十足的活动氛围解决了游客最核心的旅游需求，收获了巨大的客流量。

不断创新迭代是夜游项目保持长久的重要法则，这一点在行为演艺上体现得淋漓尽致。在东北不夜城，"造节"是一种玩法。比如，在夏季推出了泼水节，这是一个颇有南方气质的节日，和当地东北风情形成了强烈的反差，形式新颖、互动体验性强，受到广大游客欢迎。在全年运营期内，东北不夜城做到了"周周有活动、月月有节过"，游客来到这里可以尽情嗨起来。

以东北不夜城为代表的轻资产不夜城以在地文化为核心，商业为载体，场景为纽带，文、商、旅三位一体，有效统一，开创了"多、快、好、省、迭、灵、潮、播"的运营理念，可谓是引领了新文旅的发展。

"多、快、好、省"："多"就是流量多、增益多；"快"就是创新快、落地快、回报快；"好"就是体验好、内容好、效果好；"省"就是投资省、运营省、营销省。"迭、灵、潮、播"："迭"就是迭代升级；"灵"就是用地灵活、时间灵活；"潮"就是时尚+实时+热点+潮流；"播"就是传播广、引流快、爆点多。

（二）运营前置深受关注

注重运营前置，让项目从创意、立项开始就具备市场生命力，并且在运营的过程中注重细节，确保游客的满意度和市场的热度。

有些文旅项目失败的一个重要原因就是运营不前置，在打造景区的时候花钱如流水，不知道节制；到了运营的时候却如针挑土，不知道投入。文旅项目失败，往往是因为没有人能真正地对项目负责，建设前的专家、学者、设计院，建设运营中的设计团队、招商团队、运营团队、建设团队等等，他们很难紧密团结在一起，反而常常互相指责、互相埋怨，结果整个链条上的所有环节，都只对自己的环节负责，却没有一个会对最终结果负责，而真正的责任者、受害者只能是甲方。

还有一种情况，文旅项目建设周期很长、建造速度很慢，看似慢工出细活，结果项目打造完成了，该有的游客却不见了。比如，前些年打造的一些古镇古村落，投资人在建设时是踌躇满志、一腔热血的，可是这样的项目建设周期一般得三到五年，等最终建好的时候，期待的客群却不再出现了，原因就是旅游市场的热点变化得太快，大家对古镇的兴趣很快就转移并消失了。文旅项目规划时所做的市场调研是不能很好预测几年后的情况的，如果不能很快"交付产品"，偏离市场需求往往是大概率的，这就是慢思维的风险。

做文旅最好不要大而全，而应定位核心、单点突破，我们去饭店吃饭往往是因为一两道特色菜，进而点了一桌菜；想把一桌菜都做成特色菜进而吸引所有的客人，这样的想法是不可取的，因为没有谁会有足够的资金、资源、人才、供应链等条件来实现。试问袁家村、大唐不夜城、拈花湾等国内成功的文旅项目，哪个不是靠着特色而鲜明的文化IP，哪个在做着大而全？世上没有十全十美的人，也不会有十全十美的文旅项目，只需要把其中的一个优势做到国人皆知已经足够了。但是这个点的梳理一定是后期的运营方负责落地，进而由运营方牵头做规划设计，选定施工等前期入驻团队，并帮助资方把控投资风险，如避免一些无效的投资。运营方应该成为项目的监理，一是为资方节省资金，二是把控项目未来的发展方向。

很多人认为模仿了设计，学学演艺形式，商业也同比例植入就可以成功了，其实那仅仅是表面。景观演艺再好游客也会厌倦，美食再好也不能天天去吃，何况模仿也不过是学了一半，项目运营的核心是超强的运营和营销能力，设计和演艺是静态的，好学，运营是动态多变的，想克隆复制几乎不可能。

运营是策划定位、筹建督导、商业植入、品控优化、演艺互动、营销导流、品宣推广七个关键环节的一气呵成，封闭性闭环作业，而国内具有综合能力的运营团队很少，更不用说具有多年实战经验的运营团队。都说十年磨一剑，资深的文旅人其实也都知道，对于文旅项目的运营团体来说，十年只能是合格的基本要求，想要达到优秀，光年限还远远不够。因为文旅行业创新多、变化快、火得迅猛、退潮也迅速，能经受住实战检验的团队屈指可数，能在文旅市场潮涨潮落的大潮中摸爬滚打拼杀出来，并总结出有效的市场运营方略的，更是寥寥无几。

归根结底，文旅项目启动的第一步，先要落实合适的运营团队，这才是真正的运营前置的开始。而在运营过程中，还要及时根据市场热点，不断策划新奇特的活动，提高游客的满意度和重游率。这是新文旅爆火的运营逻辑和要求。

（三）新业态爆发，市场需要什么文旅项目？

一年一年又一年，当逛公园和露营大行其道，当游客的出游半径日益缩小，当旅游也未必诗和远方时，传统的旅游业态正在节节败退，而文旅新业态却以崭新的形象，一路过关斩将，迎来繁荣。当下的旅游业，进入了新老业态既共存又竞争的阶段；而未来，双方之间的竞争将会更加激烈。

新业态的新体验和老业态的优质资源都是双方征战文旅市场的利器，从短期上来看，新业态或许占优；但从长远发展来看，老业态仍有更大的优势。但无论是老业态还是新业态，都是旅游业不可或缺的一部分，都是为游客提供旅游服务的，大家争抢的都是同一个市场的游客。而谁能够打造让市场尖叫的项目，谁能为游客提供更加符合其真实需求的旅游体验，谁将受到更多的欢迎和喜爱。

（四）改变思维是策划爆款文旅的前提

前人干成的，也只是过去的成功经验，即便如此，我们也未必能掌握。齐白石说："学我者生，似我者死"。唯有创新，我们才能走出一条真正的成功之路。而学会新技能，切入新思维，也许可以从打破旧模式开始。

从内打破的才叫作生命，而觉悟的只能是经历过挫折之后的顿悟。

道、法、术、器，道是万物之始，也是最重要的先天因素。

道对了，即便是走得慢一点也能到达目的地。策划首先要符合道，方向对了，成功只是早晚的问题。道，不仅仅是决策者的思维方式，更是项目顶层设计最关键的部分，是对这个世界的认知，是对项目所在行业的认知，是对项目、对自身及对周边资源的认知。

道生一，一生二，二生三，三生万物。道无常，但亦有章可循。道，一直都在，遵循道，乃万事成功之始！法、术、器三者，锦上添花尔。

第二篇
聚焦"打破思维枷锁"

好的策划，首先是思维的突破！

生活是一堵墙，悟透道理的时刻，大多是在自己撞到墙上的那一刻！

思维茧房太可怕了，生活中无处不在。

一、两个思维枷锁

（一）思维茧房

我们生活在一个信息高度发达的社会，互联网和手机成了我们日常离不开的获取信息的工具。互联网的发展，增加了人们社交意义上的空间范围，人们可以通过互联网认识世界各地的人，由此，很多用户开始逐步脱离现实中的社交，并转移到线上，开始到互联网上寻求志同道合的群体；然而，互联网和手机在方便我们获取信息的同时，我们也主动或者被动地进入了一个所谓的"信息茧房"中，因为很多软件为了获取用户及增加对用户的黏性，会以大数据算法为依托，对用户进行画像，并针对性地推送其感兴趣的内容，这样一来，我们就只能接触到心里愿意看到的信息了，这就是信息茧房。

信息茧房（Information Cocoons），又称网络茧房，是美国学者凯斯·桑斯坦提出的理论假说。信息茧房理论认为，网络信息时代给人们带来了更多的资讯和选择，看似是信息量很大，但实际上隐藏着对人们认知的操控。因为人们对信息往往是有选择性地接触、吸收和记忆的，信息领域会受到个人的兴趣、爱好、习惯的引导，从而在自己的身边织出一个巨大的茧子。只有通过检测的信息才能够通过茧子进入人们的接收范围，从而将自己的生活桎梏于像蚕茧一般的"思维定式"中。同时，信息技术的进步提供了一个去中心化的虚拟环境，一些人还可能进一步逃避社会中的种种矛盾，在虚拟的茧房中生存，成为与世隔绝的孤立者。因此，在网络世界中，社群内部的交流更加高效，但社群之间的沟通反而受到更多的阻碍。

所谓思维定式，就是根据已有的知识、经验，在头脑中形成的一种固定的思维模式，也就是思维习惯。遇到问题，会自然地沿着固有的思维模式进行思考。思维受到一个框框的限制，缺乏求异性与发散性，难以打开思路，难以产生出创造性的思维结果。所以，当我们面对一个问题的时候，要警觉头脑思维定式的影响和束缚，要用发展的眼光，怀疑思维定式，肯定它的局限性，要用思维的求异性、发散性压倒思维定式，这样就有可能产生出新的、创造性的思维结果。

我们在信息传播中扮演着接受者、参与者的双重角色，因此更需要擦亮双眼，能够正确认识信息茧房的各种影响因素，积极避免自身陷入信息茧房。互联网上的信息并非全然有用的或者是正确的，其中夹杂着不少错误的或者负面的信息，更隐藏着很多不为人知的真相和目的，这点需要自己甄别。因此，我们一方面要选择正规的信息渠道获取信息，关注不同的信息来源，减少人云亦云，减少对小道消息的听信，多元化接受信息；另一方面要重视培养自己的理性思维，提高自身的知识水平，提高自身的媒介素养，在讨论和交流中获取更多的信息和知识，打破信息茧房，使自己获得的知识及内容更加真实和全面，从而为自己对事情的决策或判断提供更多的参考和依据。

思维茧房是策划最大的敌人。所谓思维茧房，就是思维定式＋信息茧房，策划能不能创新，产品能不能刺破市场壁垒，很大程度上取决于能否打破大众对项目的认知，以及突破消费者固有的"思维茧房"，并落实到实际行动中去。

这些年笔者在全国各地行走，很多策划者常常认为文旅策划就是市场调研＋差异化的定位+惊世的创意；策划就是要找唯一、做第一、做爆款，用产品进行市场制胜，让文化成为景区的生命力；做策划需要大手笔、大策划、大投入、大回报。他们往往追求"世界第一"的产品，如果实现不了，起码要做个"国内唯一"或"国内第一"。结果，秉承差异化路数，在细分领域内"做第一、争第一、找唯一"成了策划界最偏爱的核心方法，也成了项目方对策划人最直观的要求。的确，如果一个策划案中，找不到项目的文化属性和品牌属性，找不到市场卖点的唯一性和不可替代性，如果策划案中没有几个令人拍案叫绝的创意，或者没有找到项目的灵魂所在，那么这个策划案就是平庸的或者是无效的，然而，真正实战有效的策划却不止于此。

虽然前面的策划方法有一定的道理，但是"做第一、争第一、找唯一"往往是很难实现的，毕竟，除了一些头部项目，大多数项目之间的资源禀赋差异并不大，再加上处于信息高度发达、高速流通的时代，所谓的创意创新上一出来便没有什么秘密可言了。中国人学习和模仿的能力特别强，一个新产品、一个新创意，这边刚推出来，那边便会迅速跟上，并且在此基础上快速进行产品升级。而策划能否成功，也就取决于策划人能否突破或超越现有的认知壁垒和行业标杆，或者说能够快速从行业中找到突破口。

在策划上找差异化没错，但是要做第一、找第一的这种想法，结果往往是创意天马行空，产品一地鸡毛，文化定位站得高，落地产品摔得狠。每个创意推出之前，谁也不敢说有百分之百成功的把握，"做第一、争第一、找唯一"或许能够让企业或者项目快速获得市场的认可，但是并不一定能够让项目具备很强的市场生命力。策划不是一朝一夕的事，更不是一个创意或者一套方案就结束的事，而是一个长期创新创意并落地实施的过程。

尖叫策划，是立足于项目现状，深入解读项目所在地的行业情况、市场情况和项目升级需求情况，通过对项目的文化定位、市场定位、产品定位、宣传定位等各个方面的深入研究，创意智造出符合本项目特色的市场引爆点。同时构建产品矩阵和宣传矩阵，使项目具备强大的市场核心竞争力和自我造血功能，从而打造成让市场尖叫的文旅新物种。尖叫策划，最主要的就是找到市场的引爆点。

尖叫策划，是以落地为目的，以结果为导向，实施过程可监督、能量化，并且可以持续改进提升的一种经营行为。打造符合行业规律、适合市场的项目个性与特色，便是尖叫策划最大的特点，即便是放到每一个小的策划内容上，也是如此。

齐白石说："学我者生，似我者死"，这句话的意思是：凡是学习、研究和借鉴别人的创造实践，从而形成自己的艺术个性和特点的，其艺术之树将会常青；而只是模仿或者复制别人的创作的，必然会走进艺术道路的死胡同。"学"是学内涵、技术、精神，学为己用，融会贯通；"似"意味着照抄，只了解表面，自然不能有大的提高。这句话强调了创新对于艺术创作的重要性，但是很多人意识不到这句话的真正含义。

在文旅行业，由于很多人缺乏必要的行业知识和开发经验，所以"考察、学习、模仿"三板斧的开发方法已经成为行业不成文的常规方法，很多从业者和决策者经常出去考察，到处学标杆、对标杆，研究并学习先进和典型。考察、学习、模仿、对标杆并没有错，然而无形中形成了文旅项目开发决策思维的"信息茧房"。每种资源类别的典型往往只有一个或者少数几个，而学习模仿考察的队伍，则是成百上千个，这种情况下去模仿，一开始就已经形成了项目开发的误区，造成了该项目发展模式的天花板和思维上的定式。有没有因地制宜的改变和创新，则成为项目落地后能否取得效果的关键因素。

打破景区节假日涨价思维定式的洛阳老君山景区，推出了"一元午餐"，连续四年被央视报道；"五一"期间"不涨价"的淄博旅游，获得了广大游客的好评。2023年，很多优秀的景区没火，反而"村超"火了，寺庙火了，淄博烧烤火了，还有西安的长安十二时辰、洛阳的洛邑古城等一系列沉浸式文旅项目火了。而2024年一开年，哈尔滨的旅游就火遍了全国，各地游客纷纷到哈尔滨打卡，哈尔滨的火不仅有丰富的旅游产品体验，更重要的是当地人的热情服务，一扫旅游目的地的旅游业旺季宰客的现象。

以上这些景区或者旅游城市的火并非偶然，因为旅游业也进入了一个全新的时代，旅游已经从原来的"从自己呆腻的地方去另外一个别人呆腻的地方"体验不同的风景，变成了深度、特色体验游。游客可以为了一种与众不同的吃法前往一座城市，可以为了体验国潮穿越而翻越千山万水，可以为了换个地方睡觉而来一次说走就走的旅行……具有吸引力的生活方式越来越在游客的出游中占据更多的比重。而这一切都在改变传统文旅的开发思维定式和文旅人对现如今旅游市场的认知。

目前，除了类似兵马俑、长城、故宫、黄山、华山等具备得天独厚的自然资源或人文资源的旅游景区，可以通过自身的资源来刺破市场壁垒外，其他景区或者目的地已经很难通过资源本身来刺破市场壁垒了。真正可能刺破市场壁垒的，有可能是一个人、一个场景或一个项目，也有可能是我们生活中常见的某种体验。无论是前些年大到上千万元的玻璃桥，小到几万块的摇摆桥，还是"一个人带火一座城"的西安大唐不夜城"不倒翁小姐姐"；无论是永兴坊的摔碗酒、黄山的小火车、华山长空栈道，还是老君山的金顶、南宁动物园的"丢那猩"，以及淄博的烧烤和贵州的"村超"，一切的一切都在说明一个问题：互联网时代，信息有其特殊的传播规律，谁能够利用好这个传播规律，谁就能够找到刺破市场壁垒的产品，而只有刺破了市场壁垒，才能够获得新媒体的大流量、大传播。

谁说文旅行业只有文旅企业能干？谁说干旅游非得做景区？不知道什么时候开始，"不夜城"成了一个热词，更是文旅行业的一个新现象。如今市面上爆火的"东北不夜城""青岛明月·山海间""梦回长平"等轻资产创意类街区，已经打破众多的行业壁垒，形成了对原有主题街区的升级，是一种文、旅、商、地等多种元素叠加的文旅新业态，突破了传统意义上的旅游和商业街区开发的固有模式，通过创意来实现"一街兴一城"的效果。项目所在地有没有旅游资源并不重要，有没有配套基础也不太重要，主要是通过主题创意和运营，通过"无中生有"的方式来打造市场化的产品，以此来吸引游客。此类不夜城项目对所在地的文化和游客储备量，甚至交通、旅游资源、区位等要求都不高，投资额度一般为一两亿元，年游客量通常在几百万到上千万人次的规模，对当地打造地方名片，快速出圈，以及服务民生，拉动当地社会经济发展，具有明显的优势。未来，以不夜城为符号的文、旅、商、地综合体需要的不是商业本身，而是在文化与商业兼容的基础需求满足的前提下，为游客提供更丰富的精神需求和文化体验，并为当地文化和城市进行赋能。

思维的桎梏是所有前进的障碍，寻求个性化跨界发展合作新模式，是打破行业思维定式的最好方法。主题餐饮+场景，成就了长沙文和友和唐山宴；主题商业+演艺，成就了长安十二时辰；主题场景+街区，成就了大唐不夜城；文创+工业厂房，成就了北京798、郑州二砂、重庆鹅岭二厂等艺术中心；主题商业+场景，成就了长春这有山；巨兽+厂房，成就了大连熊洞街……这一个个利用跨界思维打造的项目，它们不但取得了巨大的成功，更让当地消费者眼前一亮。

作为文旅企业，能否打破文旅行业的开发运营思维定式，把项目作为一个平台？就像别的行业都可以跨界做文旅一样，文旅企业为何不可以跨界到别的行业上呢？用文旅行业擅长的做人气、讲文化来跨界到别的行业，把景区做得不像景区，把景区变成一个资源融合的平台，不依靠门票，实现多元化的收益，彻底摆脱区域上和盈利模式上的单一，实现换汤不换药，生意不行换店铺的模式，从而取得新文旅的成功。这应该成为文旅行业创新升级的一个值得思考的方向。

时代的改变、产品的升级，伴随的还有消费者需求的升级。在以体验为主，人人都是自媒体的时代，所有的商业都需要更加注重主题文化的提炼和表达，这样才有可能真正抓住消费者的心，激发消费者消费的欲望。创新和满足消费者的需要，将会是永恒不变的主旋律。

（二）自我执念

中国人信奉"有志者事竟成"，在遇到困难的时候，就会发扬百折不挠的吃苦精神，并且善于钻研和学习，更有不撞南墙不回头，撞了南墙也不回头的不服输的劲头。有个性是好事，但是要看个性用在什么地方。和自己死磕到底，和项目死磕到底这种品质，在做学问的时候是一种良好的品德，然而，在项目开发的决策上，尤其在项目的策划上，往往是一种灾难般的存在。

给别人讲道理，容易；同样的道理说服自己，难。看低别人，容易；承认自己不行，很难。而目前，有些项目决策者在项目开发上会有三种执念，第一种执念：别人能干成的我一定能干成。第二种执念：别人干不成的我不一定干不成。第三种执念：我一定比别人强，凡事喜欢争行业第一。这三种执念，有时候是好事，但有时候恰恰成了项目的灾难，是值得所有策划人和策划过程中需要反思和避开的陷阱。

项目开发者多数是在某个领域已经取得成功的人士，而他们的成功，往往伴随着固执的韧性和偏执的坚持，这样的性格偏向，也会在他们成功的过程中不断得到加强，以至于最后表现得过于自信，甚至自负。这样的自我认知反馈，很容易造成前面提到的三种执念，结果"兵难常胜，事难常成"。唯有破除这三个执念，才是项目开发者和决策者最应该拥有的认知。因为，在这个信息网络高度发达的时代，人与人之间智力的差异并不大，获取到的信息和资源，以及获得的方式差异也不大，所以，别人经过实践干不成的事情，往往大多数人也干不成。如果你无意间发现了一个巨大的市场空白，那么你就要小心求证，这到底是个巨大的机会，还是一个巨大的坑。

打破执念，其实就是学会用批判性思维进行思考，它可以让我们变得更加清明，能够摒弃内心无谓的负担，看清以前看不清的东西。不要希望发现一个全新的蓝海，而要学会从红海中寻找到细分的蓝海市场。不要指望蓝海是一个没有竞争的地方，要学会通过差异化手段开辟出一片新的市场空间，在这里，企业可以凭借自身的业务能力和创新能力获得更快的发展和更多的收益。

企业通过不断创新发现独有的价值定位，并通过创新改变现有的生产运营体系，实现成本、消费群体、消费方式、产品转变等各方面的提升和优化，在众多企业里"独树一帜"，开辟属于自己的蓝海空间。这才是更进阶的"新蓝海战略"。红海市场战略更关注现状以及如何超过竞争对手，而新蓝海战略强调的是如何脱离已有的市场竞争，以新事物、新业态、新产品来满足新需求，是一种以新对旧的创造战略。

在行业当中，很多人推崇"跟随战略"，愿意采用"考察、学习、模仿"这种三板斧的开发方式，对于一些项目或者一些投资者来说，或者对于初期阶段的项目来说，这种战略，也不能说是不可行的，毕竟这样的做法，失败的风险比较小，但成功的风险，特别是长期成功的风险依然很高。因为要面临更多的抄作业者的激烈竞争，如果搞得好，最多获得个"行业第二"的名次，搞得不好，肯定是不温不火，甚至是失败。所以，跟随战略不能是长久战略，创造战略、创新战略才是永恒的战略！

在文旅行业，山水景区前些年一般都是学湖南张家界、安徽黄山、河南云台山，而近些年因为新媒体爆火的洛阳老君山、江西武功山、贵州梵净山也成了新一代山水景区学习的榜样。乡村旅游，很多地方在学陕西袁家村和浙江安吉鲁家村；民宿，大家一窝蜂学习浙江莫干山。特色小镇，离不开学习浙江的乌镇和北京的古北水镇。当淄博烧烤火了的时候，全国各地的商业街区纷纷打出了"淄博烧烤"的牌子，也有无数的城市管理者纷纷到淄博去学习取经。张家界玻璃桥火的时候，全国各地就开始一窝蜂地上马玻璃桥，两三年时间，相关项目就达到了2000多个，可谓是遍地开花，基本相当于每个县一座玻璃桥了。类似的情况，还有玻璃栈道、摇摆桥、悬崖秋千、"不倒翁小姐姐"等，模仿引进这些项目的地方火没火不知道，反正再没出现第二个因为烧烤而火的城市，倒是留下了众多荒废的"淄博烧烤"摊位。其他摇摆桥、悬崖秋千等项目，也出现了很多"货到地头死"的情况。这是模仿战略、跟随战略大行其道之后的必然结果。项目失败往往非项目之过，常是人为因素造成的！

典型之所以成为典型，一定有成功的不传之秘，不然的话，现实中就到处是因为模仿典型而取得成功的案例了。学习典型是必要的，模仿典型要思量，这是个常见的坑。不管你的资源、条件有多好，或者资金有多充足，不要执着地认为一定能在竞品上领先对手，甚至超过对手，有很大的可能，做不过人家。

项目考察和模仿时，很多人常常只关注别人的光鲜，却容易忽略他们背后资源的支撑；常常注重学习标杆项目的产品资源、景观设计、管理服务等，但不注重不同资源类型、不同规模、不同区位的景区要采纳不同的运营方法。此外，更为深入和详细的方面，比如游客消费习惯、信息接触方式、市场环境、项目宣传和具体营销操作，以及市场投入、产业链支撑等，这里的门道，也不是一次简单的考察和交谈就能学到的，也是同行不愿意传授的。所以，不能依靠项目考察和模仿的方式来做出投资决定和进行项目运作，对于每个项目来说，这都应该是不一样的。

目前，实体店正遭遇前所未有的困难，关店变得越来越频繁。随着互联网的发展，特别是5G时代的来临，消费者的关注点已经从线下转移到了以手机和网络为代表的线上，消费习惯也已经从线下逐步转移到了线上，信息渠道发生了变化，流量在哪里，消费就在哪里，不是消费消失了，而是消费发生的平台转移了。原来的实体店平台越来越不满足消费者的需求，它们与网络平台之间，正是此消彼长。如果一家企业，无法在线下获得足够的流量，还不能拥抱网络，那也将坚持不了多久。时代车轮滚滚向前，不管是一般的商业，还是文旅行业，如果还在死磕线下实体渠道，不进行符合流量规律的模式升级，那么这样的企业必将面临被淘汰的结局。

过去有种说法叫看待事物的三层境界，第一层是看山是山、看水是水，第二层是看山不是山、看水不是水，第三层是看山还是山、看水还是水。这三层境界对应的就是对事物的不同认知，能否跳出自我的执念去看待事物，能否还原事物的本相，决定了策划的角度和高度。

在策划上想要取得实质上的突破，不仅需要策划者走出执念的束缚，更需要帮助项目决策者放下执念，以一种新的思考方式，去打破和替代以往那些墨守成规的东西。放下执念，从此天高海阔，未来无限可能，方得万般自在！

二、两个基本常识

（一）遵守行业基本规律

每个行业都有自身的规律，文旅行业也概莫能外，而营销和策划也有对应的理论体系。万丈高楼平地起，要想在对应的行业和对应的专业取得突破，就必须先对这个行业以及这个专业有足够的理解。创新不是盲目的天马行空的跨界，而是在一个行业、一个岗位从事长期研究并实践之后的顿悟和突破。

从某种意义上来说，策划更注重企业的发展，更注重整体层面。中国的策划业兴起于20世纪90年代，基本上是伴随着国内商业的崛起而发展起来的，是从广告策划、公关策划、营销策划、战略策划、品牌策划这样逐步发展成型的。策划是基于市场营销等相关理论，将知识重新排列组合，替企业或者项目解决市场问题，创造"智力成果"的一个脑力劳动的过程。

而中国旅游可以认为是从20世纪80年代起步的，至今经历了40多年的发展，相比于国内的策划业更早。旅游业经历了不同的发展阶段，每个阶段都有不同的特点，但是无论如何，不管是观光旅游，还是休闲度假游，或者是体验场景游，不管是"旅游+"，还是"+旅游"，它们都一定遵从着最基本的行业发展规律，这个规律如同人类的不断生息繁衍、不断老而死去的规律一样，只能遵从，不能逃脱，这是道之束缚。

1. 文旅策划必须了解行业发展不同阶段产品及市场的特性

策划，本身已经有了一套相对成熟的理论体系和众多各行业的经典案例，但是景区策划，还缺乏足够系统的理论和案例总结，很多旅游人对此还比较陌生。其中一个重要的原因是，早期的景区开发主要以资源为主导，各景区之间互有资源优势，行业竞争主打资源和服务，基本上没有景区策划的表现机会，以至于很多人都把景区策划理解为策划一场市场营销活动、一个项目，或者出出主意，这是比较片面的、不正确的。当下，无论是新项目还是老景区，都要探索转型升级的道路，并且现在已经进入了"资源+创意"的时代，面对非常态的发展和不确定的未来趋势，旅游景区需要通过策划来进行项目提升和运营创新。

原来景区数量比较少，竞争压力不太大，但是最近一二十年来景区质量和数量都呈现了飞速增长的态势。截至目前，国内A级旅游景区已经超过14000家，而被称为旅游项目的，据不完全统计，也超过了30000家。景区发展的同时也造成了大量景区资源特色水平下降，这样的先天不足，使得做大创意、大产品变得难上加难。更为关键的是，这些景区背后的投资商，其实力多数也并不十分雄厚，再加上由于景区数量的迅速增加，景区密度也快速变大，很多景区的有效市场范围被压缩到了百公里量级里。基于这样的市场前提，更没有人敢进行大手笔的投入了，做出撼动全国旅游市场的大产品已非一般投资商所能为了，大家开始更加关注投资的风险和失败的代价。这说明中国旅游已经从拓荒阶段进入了稳定发展期。

可以说现有的中国的旅游评价标准和管理体系，是在旅游业几十年的发展过程中探索建立起来的，对推动中国旅游发展起到了至关重要的引领和规范作用。但是随着旅游业发展进入到稳定发展期，原有的标准体系，甚至是指导理念已经不适应当下的旅游市场现状了，当下的市场更加关注"新、奇、特"，更加关注创新与创造,更加关注体验与场景等,这些都与旅游景区数量快速增长所带来的旅游资源平庸化、旅游服务标准化相矛盾。如何实现百花齐放,彰显区域化、新奇化、体验化、场景化、科技化等特点,满足新世代年轻人的旅游需求,开始成为旅游市场的热点和发展趋势。如何看待标准、如何执行标准,也成为旅游人需要深入思考的重要问题。

当下,文旅行业已经诞生了很多新物种、新业态、新产品,它们很难用原有的评价标准统一起来,但又明显属于旅游的范畴。它们与传统的旅游景区各有优势和弊端,互相之间产生着激烈的市场竞争,甚至达到了你死我活的地步,而未来,这种趋势似乎将更加明显。

其实,新旧两类业态也无法用一条严格的界限进行区分,相对来说,传统景区更依赖现有的旅游资源和基础设施,更多属于重资产投资,具有投资大、回报周期长等特点。而新业态更为灵活,投资可重可轻,现有旅游资源可多可少,用地可大可小,可以是个景区,也可以是个体验场景,具有经营方式灵活、产品更新快、投资回报快等特点。

传统景区,在时间线上看,是由过去来到了当下,打造在过去、运营在当下。但因为抢占了时间先机,所以拥有资源、区位等方面的优势,不足之处在于,容易与当下市场脱节,而且因为主要资源固定了,区位也固定了,所以运营中只能基于现有的条件修修补补,整合打造一些网红项目、网红场景,举办一些创意活动,开发一些"二消"项目,等等。而新业态更贴近市场,往往由需求而成项目、因市场而成产品,以需求为导向、以市场为标准,是这类新业态的运营理念,资源、区位、创意创造、设计建设等都跟着市场来及时调整。当假景观、假建筑也能满足需求时,就使用假景观、假建筑,当互动演艺更吸引游客时,就大量引进,当游客更期待体验场景时就全力营造。

总体而言,新旧两类业态,各有优劣势,在先天景观和文化资源上,传统景区略胜一筹,在开发理念和适应性上,新业态更进一步。但无论是传统景区还是新业态,都是为游客提供不同旅游体验的,都是旅游业不可或缺的一部分,而谁能为游客提供更符合心意的旅游体验,谁将具有更强的生命力。

2. 市场营销学的基础分析工具适用于文旅行业

20世纪50年代初，美国人罗瑟·里夫斯（Rosser Reeves）提出USP理论（见图2-1），又称为创意理论，要求向消费者说一个"独特的销售主张"（Unique Selling Proposition，USP），必须向受众陈述产品的特点，同时这个特点必须是独特的、必须能够引发购买的。

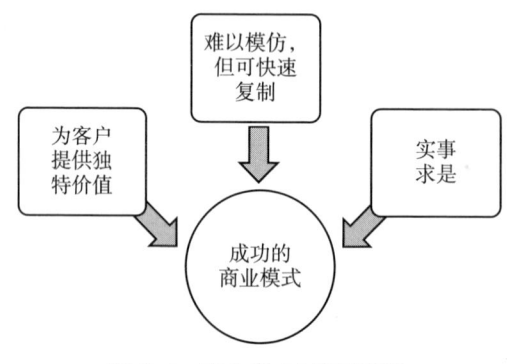

图 2-1 商业模式USP理论

USP理论的三个特点：

（1）效用：必须包含特定的商品效用，即每个广告都要对消费者提出一个说辞，给予消费者一个明确的利益承诺。

（2）独特：必须是唯一的、独特的，是其他同类竞争产品不具有或没有宣传过的说辞。

（3）说服力：必须有利于促进销售，即这一说辞一定要强有力，能招徕数以百万计的大众。这一理论被广告学、商学广泛拓展。

另外，在进行项目优劣势分析的时候，采用的SWOT分析法和4P营销理论，仍然可以作为文旅策划的基础理论。

SWOT分析法是20世纪80年代初由美国旧金山大学的管理学教授韦里克提出的，经常被用于企业战略制定，是一种企业内部分析方法，即根据企业自身的既定内在条件进行分析，找出企业的优势、劣势及核心竞争力之所在，从而将公司的战略与公司内部资源、外部环境有机结合。见图2-2和图2-3。

其中，S 代表 Strength（优势），W 代表 Weakness（弱势），O 代表 Opportunity（机会），T 代表 Threat（威胁），其中，S、W 是内部因素，O、T 是外部因素。按照企业竞争战略的完整概念，战略应是一个企业"能够做的"（即组织的强项和弱项）和"可能做的"（即环境的机会和威胁）有机组合。

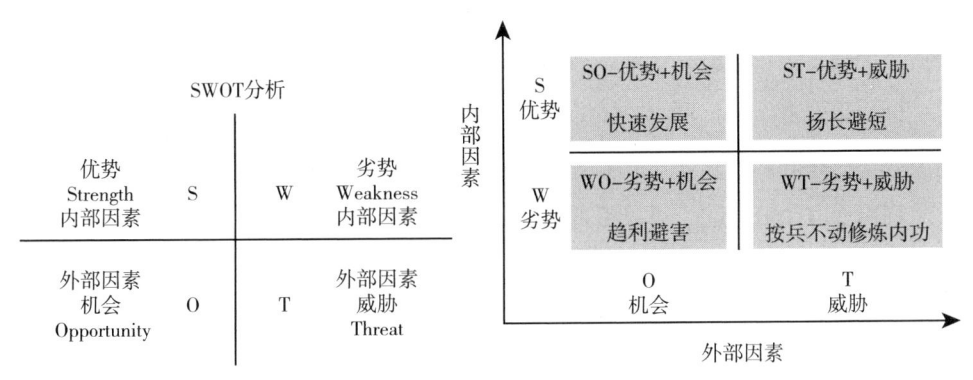

图 2-2 SWOT 分析法的两种象限表示

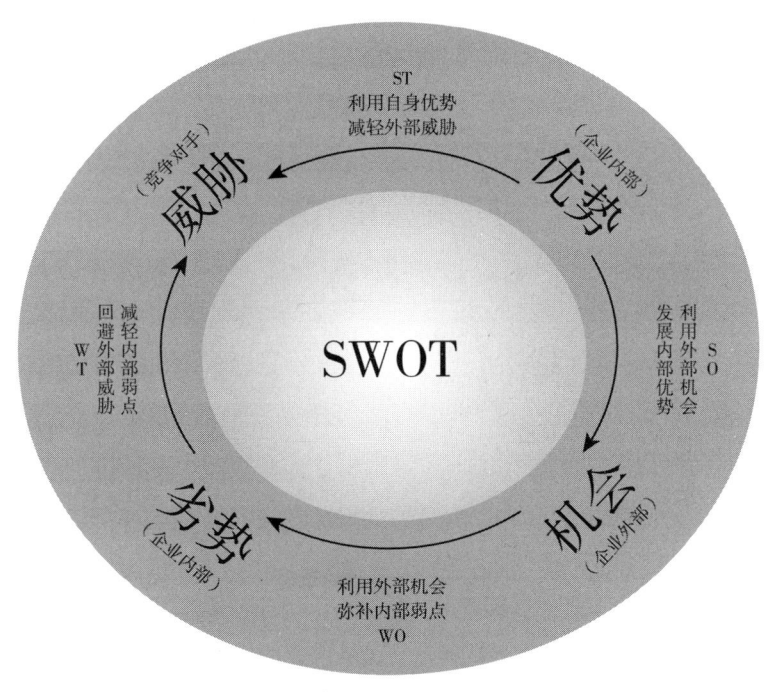

图 2-3 SWOT 分析法的环形表示

SWOT分析法，将与研究对象密切相关的各种主要内部优势、劣势及外部的机会和威胁等，通过调查列举出来，并依照矩阵形式排列，然后基于系统分析思想，把各种因素相互匹配起来加以分析，从中得出一系列带有一定决策指导性的结论。

SWOT方法的贡献在于用系统的思想将这些似乎独立的因素相互匹配起来进行综合分析，使得企业战略计划的制定更加科学全面。运用这种方法，可以对研究对象所处的情景进行全面、系统、准确的研究，从而根据研究结果制定相应的发展战略、计划以及对策等。SWOT分析法常常被用于制定集团发展战略和分析竞争对手情况，在战略分析中，它是常用的方法之一。

利用SWOT分析法，可以很好地分析出文旅项目的现有状况和发展机会，为项目寻找策划的发力点提供方向。而了解4P营销理论，可以帮助文旅项目在市场营销工作中更有头绪，是文旅项目以市场为导向，进行尖叫策划的重要理论工具。4P营销理论属于营销管理理论的基础内容，其中的4P指的是，产品（Product）、渠道（Place）、价格（Price）、促销（Promotion），各部分具体内容如图2-4所示。

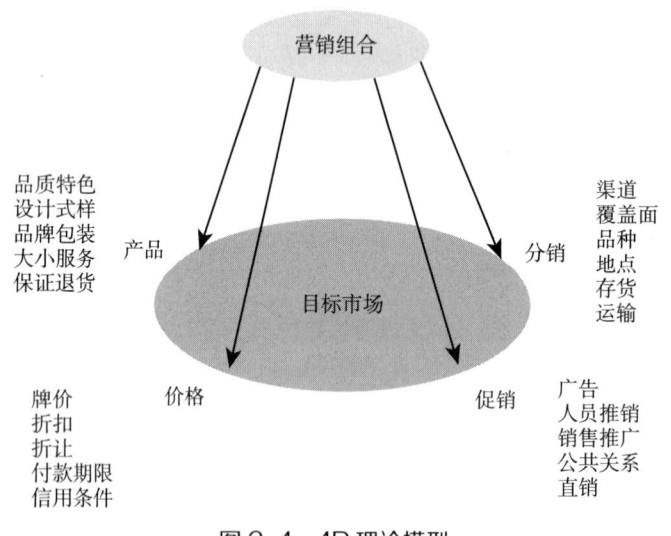

图 2-4　4P 理论模型

（1）产品：产品是营销组合中第一个和最重要的要素。产品是品牌的载体，是满足消费者需求与欲望的东西，离开了产品，任何策略、品牌都是空谈。

（2）价格：产品定价决策是重要的营销决策之一。价格调整、产品定价、销售条件与折扣等也需要制定相关的策略。如何决定新产品的价格是企业需要应对的挑战之一。

（3）分销：分销是将产品所有权从制造商移转到客户的渠道选择策略。此外，企业还需要制定中间商（如批发商与零售商）策略。

（4）促销：企业需要制定整合广告、人员推销与销售推广等策略。此外，当产品从产品生命周期的初期步入后期，其促销策略也需随之而调整。

USP 理论、SWOT 分析法和 4P 营销理论，需要每一个策划人认真研究理解和领会，并且熟练运用到实际策划工作中去。

3. 文旅策划的主要内容

（1）战略顶层设计：企业定位、项目定位、产品定位、文化定位、管理架构、远景目标、盈利模式、路径规划等，战略定位是企业生存和发展的基础，定位要务实，眼光要长远。顶层设计基本上决定了文旅项目的发展前景和能否具有强大的生命力。

（2）产品革新与升级：景观设施、智慧旅游、导视导览、二消项目、网红项目、场景打造、研学拓展等。所有的好项目都离不开好的产品，产品是文旅项目生存和发展的基石，产品有新意，满足自传播，这样才能让项目插上腾飞的翅膀！

（3）营销活动策划：营销是把产品推向市场的第一责任人，也是企业走向市场的有力抓手，要点包括营销模式、节庆活动、宣传推广、新闻炒作等，核心要求是活动有特色，善用自媒体。营销做得好，市场才能走得远，市场走得远，文旅项目才能获得更大的利润，才有更大的机会实现远景目标。

（4）运营管理升级：要点包括管理体系、运营模式、服务提升、财务预算、旅游安全、环境卫生、旅游购物等。核心要求是管理标准化，项目自动化。运营是项目运转落地的实施和管理方，更是项目能够对外正常营业的保障力量，营销主外，运营主内，两个都很重要。

（5）其他方面：上市融资、对外托管、招商管理等，项目进行平台化延伸，但跨界策划要慎重。

项目的不同阶段，策划的重点也不同：

（1）对于新建项目，策划的重点是：满足市场需要的战略设计、文化定位、产品设计和盈利模式。

（2）对于已建成项目，策划的重点是：根据市场需要和未来发展，优化产品结构、进行产品革新、实现管理提升和营销提升。

其实，复杂的问题简单地理解，营销的核心就是解决三个问题：干什么？谁来干？怎么干？所有的方案都应该聚焦这三个问题，这就是策划之道。

（二）用好冲突和反差

聚焦有很多种方式，然而，最重要也是最常用的两个技巧是：冲突和反差。这可以说是获得关注、赢得流量、达到策划效果的非常有效的妙招。

冲突，意思是矛盾、碰撞、冲撞，是能够引人注目的比较激烈的一种事物形态或者关系形态等。在影视剧或者小说中必有冲突，甚至是激烈的冲突，作用是引导故事向前发展，并把故事推向高潮，增加可看性。以戏剧冲突为核心的创作规律，叫作"冲突律"。戏剧中的一切都归结为冲突：一个题材是否适合戏剧创作取决于该题材是否包括冲突；一个戏剧情节是否具有戏剧性取决于冲突的强弱；戏剧动作只能是那些导致冲突的行为；而戏剧结构的"启、承、转、合"，指的便是冲突的不同阶段。

反差，指不同事物或者同一事物的不同方面相对比所表现出的差异程度。例如，有些影视演员常常在性格和外貌方面带给人反差感。性格反差，主要是指一位演员在台前幕后性格或气质等差别大，如某位女演员在荧屏中霸气十足，而私底下却是个呆萌可爱的小女生。外貌反差，主要是指演员在台前幕后、荧屏内外带给人的形象外貌差异，比如定妆后的某个演员，在荧屏中非常漂亮或者帅气，可是荧屏之外，甚至素面朝天时，让人感觉很一般，和普通路人没什么两样，甚至如同网友们常说的"见光死"。

旅游需要流量，也如同小说、戏剧、影视作品需要流量一样，必须学会利用人性的"弱点"（偏好事物的特点），而冲突与反差的艺术技巧，就是长期实践行之有效的好办法，必须善加利用。特别是当下，大家遭受着各类信息的"轰炸"，很难对一件事物付出太多的关注时间，如果不能用很短的时间吸引人注意，那基本上就丧失了抓住人的机会。可以说，越冲突、越反差，越有流量。

1. 冲突是为了更好地发现市场

定位是为了营销，也是为了解决冲突。很长时间以来，很多企业在用定位理论，寻找各自的目标市场。然而，市场营销的本质是什么？是洞察需求，但需求可以从企业定位中发现吗？答案是否定的。定位往往只能帮助企业明确自身在当下市场中的竞争位置，却难以帮助企业明确在未来市场中的位置。企业如果过度运用细分定位思维，就会患上市场短视症，可能会失去未来，可能会画地为牢。而且定位策略常常带来市场细分的结果，如果细分市场越分越小，企业能够获得的利润就会越来越少，风险就会变得越来越大。所以，企业除了要做好定位，做好当下的市场，更需要从消费者习惯及市场冲突中发现新的蓝海市场。

美国心理生物学家斯佩里博士通过割裂脑实验，证实了大脑的不对称性，提出了著名的"左右脑分工理论"：左脑理性，具有理解、分析、判断等抽象思维功能，有理性和逻辑性的特点；右脑感性，处理声音、图像等具体信息，具有想象、创意、灵感等功能，有感性和直观的特点。两种思维并存于人类思维和行为过程中，这也导致人们在分析、判断事物时经常会出现感性和理性冲突的情况，这种心理斗争是消费者内心冲突的主要来源。

策划大师叶茂中有一个比较经典的说法：三流的营销有本事发现冲突，二流的营销有本事解决冲突，一流的营销可以制造冲突。我们也可以把"制造冲突"理解为是一招致命的战略营销，卖点源于痛点、爽点、痒点。能解决冲突的卖点就是强卖点。

冲突意味着能吸引更多客源，它是一个比较简单实用的工具。比如，有人评价刘强东就是网络的"好战分子"，总是凭借发动"冲突"而吸引眼球，每当京东需要扩充什么品类时，刘强东总是向最厉害的那个对手发起挑战，造成冲突。但是结果呢？冲突引发了更广泛的关注，"挑衅者"占了大便宜，"受害者"也没吃亏。

类似的高手，还有IT界有名的"刺头"周鸿祎，就像评论家对他的评论："周哪里是什么无目标的逮谁咬谁啊，他的思路极其清楚。周的战略就是柿子绝不捡软的捏，要捏就捏最大的，一开始打金山，然后硬抗腾讯，现在又左手扇小米、右手打百度，全是比他更重量级的大佬。"

当你制造出冲突以后，你就站在了某种理念甚或价值观的对立面，而你脚下的位置就是你生存发展的大本营，也是你在消费者心智中的位置，这是你最宝贵的资源。

在西装市场里，市场已经饱和，无数的细分品牌已经非常全面，甚至过度地满足了消费者的需求，这样的市场还有机会吗？柒牌大胆突破界限，提出"难道正装一定就是西装吗？"，该理念一经提出就引发很大冲突，柒牌顺势推出了"中华立领"的服饰品牌，站稳了服装市场，让需要穿正装但又不想穿西装的人多了一种选择。

除了柒牌男装，叶茂中还利用"冲突"理论为几十家企业进行了品牌策划服务，如海澜之家、知乎、马蜂窝、红星美凯龙、乌江榨菜、蒙牛、美的空调、法兰琳卡、真功夫、圣象地板等等，可以说很好地验证了该理论的科学性与有效性。从理论上讲，一门营销理论的产生与创新离不开其所在时代的商业环境，理论的发展与完善也需要时间与实践的不断检验和修正，这也应该是我们对待冲突理论的一种态度，从实践中来，再到实践中去，不断完善和丰富。

小冲突来自人的需求，大冲突来自人的欲望。从消费者的需求出发，是产品研发的基础；从消费者的欲望出发，挖掘消费者的所需，创造消费者的需求，是通往伟大品牌的道路。乔布斯曾说：消费者并不知道自己需要什么，直到他看见了我们的产品，发现这就是他想要的东西！

2. 反差，也是冲突的一种

病毒式传播的本质是依附社交关系无限延展的二次传播。其实日常遇到的多数事件，都不足以触发我们的分享行为，换句话说就是，它们没有达到让我们主动分享的阈值。其中，缺乏反差感是重要的原因。人类无感于日常所见，却对反常的信息特别敏感。

"反差萌"原是二次元词汇，指的是人物表现出与自身原本形象截然矛盾的特征，因反差过大，颠覆人们的认知而产生"萌点"。如胡子拉碴的大叔喜爱粉红色，看似娇小的少女事实上是拳击达人，生活中完美的天才偶尔也会犯迷糊……这些"反差"的人设使得人物形象更加丰满立体，也更加"接地气"。

随着"反差萌"的风越刮越猛，明星也纷纷"凹"起"反差萌"人设。外表甜美的女明星称自己为"女汉子"，身材健硕的硬汉在通稿里大吹自己"有童心"，还有"怪力"人设、"吃货"人设等等，具备反差性的人设得到了很多粉丝们的喜爱。

2014年，一篇《雍正：感觉自己萌萌哒》的文章，让阅读量徘徊在千位数的故宫淘宝公众号第一次收获了"10万+"。文章中，比着剪刀手的雍正、挤眉弄眼的康熙等表情包，一炮而红，萌化众人。很明显，这篇文章用的是反差萌营销，将以往高高在上的严肃的皇帝形象，通过数字技术，与现代人流行的生活方式结合起来，让静态古画中的皇帝们"活"了起来，并配上了活泼的"解说词"，激发了大量年轻人的兴趣，形成了一波历史文物热，也带火了故宫的文创品牌。"如朕亲临"的旅行箱吊牌、朝珠形状的耳机，以及其他各式各样的带有皇宫色彩的生活用品及工艺品萌翻了各个年龄段的人，故宫文创产品的销售额迅速攀升至10亿元/年。

故宫通过反差设计，打造了众多"魔性"周边，在"卖萌"与传统文化间找到了一个适度的契合点，激发了人们的文化热情，探索了一条利用反差萌打造文创经济的有效路径，值得业界深入学习与借鉴。

三、十条经验总结

（一）寻求降维打击

商场如战场，不战而屈人之兵，往往不太容易实现，现实当中，面对市场时，常常要和竞争对手上演白刃战。但是，战胜对手未必要打消耗战，最好的方式，就是比对手高一个维度，以己之长攻彼之短，从而取得压倒性的胜利，这样的方式就是"降维打击"。

一件事物的存在，一定是基于一定维度的，商业也是由多个维度、不同的方面和要素组成的，这时候，增加一个维度或改变一个维度，就可能创造出差异化的竞争力。降维打击，前提要比别人高一个维度，所以升维很重要，可以升维的方面有很多，只要能够形成人无我有、人有我优的高维态势就好，最后利用自己的优势来攻击敌人的弱点，取得战斗的胜利。

降维打击，本质上不是打击竞争对手，或者说不与竞争对手进行正面交锋，它的核心是"打动消费者"，常常要塑造并释放"与众不同"的信息，进而打造独到的产品和品牌，要实现一出手便正中消费者下怀，并快速赢得口碑和市场。降维打击，表面上争夺的是消费者，但实际上争夺的是消费者的新偏好。当前文旅市场需求大爆发，经年不变的旅游产品已经违背了"新、奇、特"的旅游消费规律，唯有不断结合时代背景和消费者画像，迅速迭代推出高性价比的旅游产品及服务，才能够实现企业和项目的持续高质量发展。

1. 行业内降维打击

进入 21 世纪以来，在旅游界出现了众多著名案例，包括"焦作云台山""栾川老君山"等，它们对旅游业的影响大而深远。

案例一：焦作云台山。

焦作市位于河南省西北部，辖区面积 4071 平方公里，人口 345 万，其中市区人口 80 万，太行山南段在焦作境内连绵百余公里，风光壮丽。焦作原为"煤城"，是一个近代因煤而兴的资源型城市，20 世纪末则沦为全国著名的资源枯竭型城市。

为了实现产业结构转型，1999 年，焦作市做出了"把旅游业作为龙头产业进行培育"的重大决策；2000 年，确立"焦作山水"的旅游定位；2001 年，着力打造"焦作山水"旅游品牌；2002 年，全面实施"品牌带动"战略；2003 年，"焦作山水"和"云台山"双双被评为中国旅游知名品牌；2004 年，焦作市正式被命名为"中国优秀旅游城市"，同年，焦作云台山首批入选联合国教科文组织世界地质公园名录，"焦作现象"国际研讨会在北京召开。至此，"焦作云台山"享誉海内外，引起全国瞩目。

"云台山现象"曾经让人们对中国旅游、对旅游产业系统升级有了一个全新的认识，它是旅游开发模式的重要创新。

（1）政府眼光超前，全面主导发展，支持力度大。

自1999年焦作市政府把旅游业作为新的经济增长点发展以来，通过制定政策、资金投入、完善设施等多方面引导市场力量转向旅游业，始终坚定不移地把旅游业作为第三产业的龙头去发展。在发展旅游过程中，始终坚持加大投入不动摇。一是加大建设资金投入。从1999年开始，焦作市把旅游业投资纳入了财政预算，投入占到全市同期地方财政收入总和的20%左右。二是加大对宣传促销的投入，自2001年开始，焦作市财政就设立了500万元的宣传促销专项经费，经费数额相当于当年地方财政收入的5‰。

另外，自1999年以来，焦作有关部门先后投资5亿多元进行了全市旅游基础设施及配套设施的建设，使旅游交通、住宿、餐饮、信息、商业、娱乐等设施日臻完善，使当地逐渐形成了功能完备的旅游服务体系。

（2）景区从建设到营销，处处大手笔，远超同时期景区的投入和活动策划力度。

云台山，是国家5A级旅游景区、世界地质公园，以山称奇、以水叫绝，拥有极为优质的旅游资源，包括国内山水景观中罕见的丹霞地貌峡谷景观和雄中含秀、南北兼长的山水风光等。从2000年开始，云台山一直在谋求蜕变，对客源市场进行了超常规的全面宣传、集中轰炸式营销，成功策划了一系列声势浩大的宣传促销活动。2008年云台山成为全国首家在北京设置办事处的景区，2008年云台山开通全国首个景区旅游专列；云台山是第一家在央视投放广告，也是第一家在北京地铁大量投放广告的景区……那时的云台山，凭借一系列"大平台""大投入""大手笔""大推介""大营销"惊艳了无数人，强有力的营销，成为"云台山"迅速崛起的一个重要原因。

之后，云台山积极开展各类节庆活动、创新各类服务模式等，不断增强其在旅游市场上的吸引力和影响力，取得了长期可持续的发展。比如，每年六七月的"云台山国际山水旅游节"，八九月的"云台山观瀑活动"，农历九月九日的"登茱萸峰活动"，全国攀岩比赛，国际摄影节，音乐节和电音节等。这些活动的举办显著增强了景区的综合吸引力，赢得了不同类型旅游群体的喜爱，获得了行业的广泛认可。

新媒体兴起以后，云台山也积极迎合新媒体游客的消费特性，在产品、服务、宣传上不断升级，打造了非常多网红打卡点，再度在全国范围内刮起了"云台山新现象"的风潮，这些都是高维绝杀、降维打击的实践成果。20年前，云台山是全国旅游业山水景区学习的标杆，20年后，云台山仍然是全国旅游业山水景区学习的标杆。

案例二：洛阳老君山。

老君山原名景室山，位于河南省洛阳市栾川县，传因道教始祖李耳在此归隐而得名，有"道源"和"祖庭"之称。老君山历史文化资源丰厚，山中树木茂盛，风景如画，有着世界地质公园、国家5A级旅游景区、中国北方道教信众拜谒圣地等诸多称号。自景区开业以来，老君山以先进的营销理念、准确的形象定位、优秀的形象策划包装能力、不断创新出奇的活动，成为全国旅游景区中市场营销工作的佼佼者，成为国内外许多景区研究和模仿的标杆。

2007年，栾川县政府前瞻性地提出了"工业支持旅游"的转型战略，鼓励工业企业家转向绿色旅游产业。老君山，作为当地旅游业的领头羊，承担起了转型的重任。同年8月23日，杨植森，一位在当地享有盛誉的企业家，在花甲之年勇敢地接过了经营陷入困境的老君山景区，立志通过整合资源，重振老君山的辉煌。在随后的17年间，杨植森带领下的老君山团队不遗余力地推进景区的改造升级，不仅建设了多条索道、悬空栈道，还打造了一系列文化景点，成功构建了"一轴两翼七大游览区"的全新布局，并顺利获评国家5A级旅游景区。

老君山金顶风光非常美，特别是冬季大雪之后，更是呈现出一片银装素裹的样子，就好像童话里的冰雪世界，皑皑的白雪覆盖在金顶之上，像是天上的仙宫，琼楼玉宇一般，引得无数游客拍照留念，此情此景，身着秀美古装，摄影入画，怎一个"美"字了得。2019年年底的老君山雪景，一经网络发布传播，很快便获得了1

亿的点击量。2020年,"十一"黄金周时,由于气温骤降老君山提早下雪了,突然到来的极致美景吸引了大量的游客、摄影师和网络达人登山赏景,在网络上引起了极大的关注。雪后10天时间,老君山美景六登中央电视台,微信检索指数增长近百倍,百度搜索指数增长10倍,力压诸多网红景点、城市,抢占抖音等短视频热搜榜榜首,抖音定位在"老君山风景名胜区"的视频曝光量达5亿次。之后,老君山的发展更是一年一个大台阶,2023年接待游客达到450万人次,综合收入历史性地超过了10亿元,"创造了弯道超车的跨越式发展奇迹"。

自开园以来,老君山景区策划并组织了"老君山李姓免票""老子喊你回家""道士下山""空气罐头""高速买单""万人豆腐宴""比基尼美女雨中走秀""选美小姐向环卫工人送花""美女悬崖练瑜伽""一元午餐""抖音打卡"等多个大型事件营销活动。在创意营销方面,每年夏天,老君山观海避暑节盛装亮相,无与伦比的云海奇观掀起了强劲的旅游风。除了云海奇观之外,仙山花海节、观海避暑节、复工热干面、粽子拼《离骚》、金婚庆典、五彩秋趣节等节日,吸引了国内外大量游客群体,并引得国内外众多主流媒体及自媒体的关注和报道,产生了巨大影响。

老君山景区每举办一个活动,都会思考在活动中植入一些利于抖音、快手等传播的点。同时,老君山景区积极打造"新媒体矩阵",景区的导游、司机、环卫工、山顶的道士,都能够发布出点赞量200万以上的高质量作品。对内部员工和社会人士,发布的作品还按照传播效果,给予一定的奖励。

老君山的爆红集合了天时、地利、人和等各方面的优势,是老君山从林场改制以来,十多年间,始终遵循市场之"道",长期坚持、不断积累的发展必然。从景区打造到营销推广,从特色产品开发到品牌战略升级,老君山始终坚持守正创新,始终走在时代前列,始终关注游客新需求,始终注重新技术与新媒体的利用,并坚守生态保护和绿色发展,切实做到经济效益、社会效益、生态效益同步提升,最终成为弯道超车的经典。

爆红的老君山,背后是早有准备的栾川,是流量、质量两手抓的成果。2000年至今,栾川的营销推广大致可分为三个阶段,1.0阶段:伴随"栾川模式"应运而生，以政府主导、部门联动、市场化运作、产业化发展为核心，通过节会活动，营造氛围、制造话题，引发关注度，扩大知名度。2.0阶段：伴随"全景栾川"而成，表现为以政府为主导，景区和涉旅企业联动，以免费式活动拉动市场，密集式营销，全部门运动式管理，通过事件营销，以点带面，串珠成线，全面推广，如连续举办三年的高速自驾免费活动便是其中的代表。3.0阶段：伴随"奇境栾川"产生，将着力点转向线上，通过互联网社交，结合事件营销等，吸引大量游客，尤其是年轻人的关注。一方面，有目的地调整和改变游客结构；另一方面，在推动流量增长的同时，通过文化旅游业高质量发展，推动"留量"增长。

2. 跨界降维打击

行业内的降维打击，需要天时、地利、人和，更多具有偶然因素和不可复制性。所以，在前些年成为标杆的那些文旅项目，大多不可复制。而跨界的降维打击，则具备了更强的参考和借鉴性，更容易通过因地制宜的调整来实现复制的成功。

案例一："淄博烧烤"出圈。

淄博历史文化源远流长，为"齐国故都"。走进淄博鲁山，仿佛进入江南水乡，尽可感受鲁中的山清水秀；进入瑰丽奇异的"天下第一石花洞"九天洞，可以感受大自然带给我们的震撼；坐饮聊斋城中，可听讲幻异曲折的聊斋故事；观赏城市新貌，能够感受历史文化与现代工业的完美融合。这里还有着享誉世界的琉璃陶瓷，能让人感受中国陶瓷文化的历史久远与博大精深。

然而淄博，却没有因为以上令人称羡的旅游资源火爆出圈，反而因烧烤而红遍全国。淄博烧烤出圈，迅速成了各地争相学习的榜样和研究的对象。

实际上，淄博是一个高度工业化的城市。2021年，淄博拥有17家国家级制造业单项冠军，位居全省第一，全国范围内与北京持平，位居第三，仅次于宁波和杭州。这些单项冠军有传统化工、纺织，也有新科技、新材料。比如，凯盛新材料是国内唯一一家能将氯化亚砜做到电池级别的公司。工陶新材料打破了陶瓷溢流砖的国外垄断。鲁阳节能打破了国外氧化铝纤维的技术垄断，成为我国第一家、世界第三家能生产氧化铝纤维毯的企业，直接使该产品价格腰斩，带动了国内相关产业的发展。

淄博更是中国"五大瓷都"之一，历史悠久，从新石器末期的蛋壳陶，到宋代问世的"雨点釉"和"茶叶末釉"，再到今天高科技的新型陶瓷，淄博陶瓷本身就是一部中国陶瓷发展史。淄博的琉璃产业更是全球天花板，鸡油黄、鸡肝石、内画鼻烟壶、灯工琉璃等一系列琉璃名品从这里走向世界，今天一半以上的高端酒瓶，用的都是淄博的琉璃。

可以说，淄博的火爆出圈，恰恰是精致、尖端的工业化向精细化服务的旅游业跨界所带来的结果。以追求极致的工业文明，去搞以烧烤为代表的旅游业，这是一种"降维打击"，打击的维度在服务品质上、在服务精神上。

一次烧烤的盛宴，让淄博人热情、好客、真诚、豪迈、礼仪等在人们口中无感传播的名词，变成了具象化、能真实感知和体验的充满人间烟火气的旅游经历。淄博人从公务人员，到烧烤摊贩、出租车司机，甚至是小学生，都能够团结一心，捍卫游客和消费者的利益，政府单位免费开放停车场、当地酒店集体降价、烧烤店不涨价、老百姓自愿热情帮助游客……政府管理、老百姓支持、商家配合、消费者信任。这些不仅是齐鲁文化的厚积薄发，更是传统文化与现代文明的深度融合，那是浓厚的人情味，是真正的政通人和。这样的淄博怎能不令人流连忘返，这也是淄博烧烤爆火的更深层的原因。

案例二：轻资产不夜城。

目前，轻资产不夜城极为火爆，而其开创者之一西安锦上添花文旅集团，前身是做餐饮场景设计的，较早之前，餐饮场景设计已经成为比较成熟且专业的一个设计分类，但在文旅行业还比较陌生。后来随着旅游业进入场景化时代，场景设计也变成了游客喜闻乐见的东西，而有场景、有故事、有情景、有意境也成了旅游景区迅速赢得市场的利器。此时，锦上添花文旅集团利用自己擅长的场景设计这个核心技术，跨界进入了文旅行业，利用降维打击的方式，顺利开创出轻资产不夜城模式，迅速成为文旅行业的一匹黑马，被誉为"人气发动机"。

有资源能干，没有资源一样干。轻资产不夜城是一种颠覆传统夜市经济的商业模式，其核心理念在于"轻资产"。不需要大量的固定资产投资，而是通过灵活的打造和创新的运营，实现快速落地和持续发展，已在全国点亮几十个城市的夜经济，包括青岛、东平、临沂、南宁、象州、武汉、宁夏、九江、平湖和乌鲁木齐等地，为城市、文商旅地和乡村经济注入了新活力，实现了旅游经济的增长与繁荣。

轻资产不夜城的打造，并不一定要依赖大规模的建筑。房子是不可能拆掉的，但是用道具思维、导演思维、场景思维，这些万物就皆可移动了。东北不夜城就是这样获得了巨大的客流量。

在东北不夜城项目中，锦上添花文旅集团就运用了场景思维，以旅游客最希望看到的旅游业态为出发点，实现了巨大的客流量，打破了传统文旅项目的局限。在顶层设计阶段，锦上添花文旅集团就明确了夜经济的核心，巧妙地将文商旅融合并转化，实现了夜经济的最大化。"轻资产不夜城"的设计是传统文化符号与当代文化消费交织的产物，整个街区实现着传统美学精神与当代时尚审美的完美结合，并在新时代激活传统文化的创造力和生命力，让人们在现代消费场景中感知传统文化，并为新消费赋予更多"传统意义"。从前端设计到中期建设再到后期运营，从线上宣传到线下食住游购娱的全链收入，加上招商、地产销售部分，"不夜城"IP力不断放大，形成巨大的盈利闭环，而其街区运营模式的成功在于对"欢乐创造财富"理念的细致执行。

轻资产不夜城模式颠覆了传统旅游上的一些认知，锦上添花文旅集团打造的各个轻资产不夜城既不位于网红城市，也不是5A级旅游景区。这个文商旅地融合的新物种"野蛮"生长，短短三年时间，已在全国20多个城市落地开花，并逐渐成为拉动地域旅游经济增长的关键引擎。武汉市黄陂区首个不夜城项目——武汉"木兰城"10天入园27万人次；青岛明月·山海间不夜城开业20天客流超过100万人次；新疆伊犁特克斯县的"八卦城之夜"，一条马路20个夜晚迎来游客30万人次……近年来，相对于投资金额大，项目周期长的重资产不夜城来说，轻资产不夜城更容易火爆出圈。

锦上添花文旅集团把旧厂房、老街道甚至泥巴路都打造成不夜城，它们既是爆款商业街区，又是小而美的文旅综合体。轻资产不夜城之所以持续火爆，核心的一个驱动力就是以"在地文化"为魂。更难能可贵的是，各种独特的本地特色文化被导演成举目可看、触手可及甚至可以参与的艺术表演场景。遍布大江南北的不夜城，把全国各地、各民族的文化元素进行了创意传播，提升了本地人的自信心，吸引了外地人来打卡。不断创新迭代是夜游项目保持长久活力的重要法则，这一点在行为演艺上体现得淋漓尽致。在东北不夜城，"造节"是一种玩法。于是，夏季推出泼水节，这是一个颇有南方气质的节日，和当地的东北风情形成了强烈的反差，互动体验性强，受到游客欢迎。在运营期内，东北不夜城实现了"周周有活动、月月有节过"，游客来到这里就可以嗨起来。

轻资产不夜城可做到商家0元入驻，与商家利益共享、风险共担；也可做到游客0元游，通过免费游的方式，吸引游客到来，"用人气带来财气"，从而最大限度地带动周边消费。

注重运营前置，让项目从创意、立项开始就具备市场生命力，并且在运营的过程中注重细节，确保游客的满意度和市场的热度。锦上添花轻资产不夜城在运营上有一个显著特点就是对结果负责，甚至用对赌的方式保证结果。如何让投资者放心，一方面是过往成功的实际案例，另一方面就是能对最终结果负责的实际行动，客流量对赌，有些粗暴，却很高效！

事实已经证明，通过文化挖掘、沉浸式场景设计、运营前置等核心竞争力的打造，轻资产不夜城不断实现"网红"到"长红"的文旅奇迹。轻资产不夜城模式在全国的成功，证明了锦上添花文旅集团敏锐的市场洞察力、精准的赛道选择力、独到的操盘力，更证明了跨界降维打击的效果是非常快并且显著的。

类似的案例还有大连博涛的"巨兽IP"，用擅长的机械设计，设计出巨兽系列产品，进而植入各个景区，形成了产品在文旅市场上的扩张，而且打造了完全属于自己的文旅街区大连熊洞街，形成了一个全新的主题景区。袁家村，在关中文化的加持下，把美食做出特色，跨界进入旅游业，促进了当地乡村旅游发展和乡村振兴。这些都是跨界降维打击的典型案例。

"旅游无界，只是门槛。"随着"旅游+"与"+旅游"的持续推进，越来越多的关联行业生产与服务要素进入旅游业，形成了一个又一个旅游新业态。这些新业态，要么重塑了原来的旅游市场格局，要么打造了新的旅游赛道，它们利用各自领域的产业优势、技术优势、文化优势、资本优势、管理优势等，通过跨界创新在旅游行业攻城略地，对原有文旅行业进行了降维打击。可以说，未来的文旅，一定还会继续跨界，一定还要遭受不同方面的跨界降维打击，所以，与其被动挨打，不如积极拥抱文旅跨界。

（二）不打价格战，注重差异化发展

1. 正确认识价格战

随着市场竞争越来越激烈，很多景区开始拿门票，或者是门票+二次消费，打起了价格战。但价格战并不总是有效，门票花费在旅游花费中的占比，有时并不显著；而且游客消费越来越理性，追求性价比正成为游客越来越明显的旅游消费习惯。从短期来看，有些景区会取得一些价格战的战果，但也可能会引发旅游市场的过度恶意竞争，终究不利于旅游业的可持续高质量发展。实际上，真正好的旅游景区，即便门票价格一涨再涨，景区人气依旧会很旺，并不会受到影响，但有些差的景区，即便门票免费，也很难吸引来多少游客。可见"门票优惠"这张牌，并不好打。

其实，有市场竞争，就会有价格战，旅游业中的价格战，一直就存在。当相似、类同的旅游产品投放到市场的时候，人们就会比较选择，而旅游企业为了更好地销售产品，就会通过各种手段刺激游客购买自己的产品，其中的一个手段就是价格优惠。最近十多年，旅游景区项目更是如雨后春笋般涌现，景区数量成倍地增长，然而由于规划设计程式化、缺少特色化，结果导致景区同质化问题严重，景观缺乏吸引力，服务缺少特色，体验没有新意。这种情况下，不少景区为了生存，采用了众多花样翻新的营销手段，拿门票做文章早已成为市场上很常见的营销手段。不过当大家都参与价格战的时候，价格战也就变成了旅游企业的集体自残，没有谁能真正捞到好处。

此外，门票不光是景区的重要收入来源，也是那些靠赚取景区门票差价的旅行社、OTA等渠道商的重要利润来源，也是和他们加强合作的重要纽带。如果拿门票做文章，参与免门票或者特价门票的市场竞争，那么将失去了和渠道商合作的重要基础，有的时候会严重影响景区的客流量，对景区发展产生非常不利的影响。

还有一个说起来奇怪的现象，打价格战效果不明显的景区，常常不会认为是自己的产品或服务有问题，而会归结于宣传不到位、游客太挑剔，甚至是促销力度不够。于是，就会进一步提高打折力度，甚至赔钱赚吆喝，不仅门票不要钱，景区里的二次消费也打折加赠送，可即便这样，也不能保障游客量，很难达到预期要求。结果是"赔了夫人又折兵"，最后陷入惨淡经营、入不敷出的地步。只寄希望于产品打折这一个办法，将会是"打折越狠，关门越早"。

目前，我国景区的门票价格，根据资源等级不同有一个相对稳定的价格区间，其中5A级旅游景区大多在100～200元之间，4A级旅游景区在80元左右。景区门票价格，不管它处于什么样的位置，是100元，还是200元，它不仅仅是景区收入的重要手段，也是景区价值的重要体现。国家重点景区在整个景区数量中占比不到5%，然而收入却占整个旅游景区总收入的90%以上，就很好地说明了这个问题。这也印证了游客真正关注的并不是景区的门票价格以及是否优惠，而是景区的品质和资源特色。真实的门票价格（市场成交价）如果很低，那只能说明这个景区的旅游价值实在不高。这两年，有些景区免门票也招不来游客的现象，即印证了这样的道理。可见，决定市场表现的因素，不单单是价格，更多可能是景区资源品质等综合因素。

有些景区之所以运营艰难，表面看起来是因为景区越来越多，市场竞争越来越激烈，实质上是景区运营不善的缘故，有些景区在前期仗着雄厚的资金实力，无论是做活动策划，还是搞建设规划，都舍得花钱。但这种短期不求回报、不算细账、大投入大产出的资金投入模式，很难抵御市场风险，常常干成"一锤子买卖"，好则好，不好则了。这是项目经营者需要认真重视的事情。

景区经营终归要赚到钱，否则便是不可持续的，虽然赚钱的地方未必全在门票上，可是降低了门票收入，则要能在别的地方弥补，如二销、商铺租金等。因此，千万不能把游客当成爱占便宜的傻子，人家要不傻呢？那景区除了"被占便宜"，也就无计可施了。要注重差异化发展，真正给游客提供独特的旅游体验与服务，以价值相当的公平交易来换取游客认可，这才是景区经营的正道。打折的"价格诱惑"无法长久，特别是在新媒体时代，游客是不会那么容易被假象所蒙蔽的。

2. 降免门票情形下的景区应对

虽然不提倡打价格战，但不意味着不能打门票的主意，成功的关键是整合旅游业上下游的产业链，由价格优势带来流量优势，由流量优势换来"留量"优势，进而达到丰富旅游内涵、增强旅游体验、扩大旅游消费等发展目标。当下，旅游业大旅游、大营销、大战略的发展趋势明显，各类型旅游企业都面临着整合或者被整合的发展现实，独自站稳市场变得越来越难，跨界合作与融合的发展模式将不断显示出竞争力。与此同时，旅游者的消费观念与习惯也都在发生显著性变化，传统观光游正在向休闲度假游迅速转变，沉浸式、体验式与场景式等旅游需求日益增强，"90后""00后"等新生代的旅游群体快速成长，这些市场方面的变化，也都在倒逼旅游产业做出顺应形势的变化。降免门票只能作为一时的运营手段，不能成为唯一的运营工具，否则顺应不了旅游业发展大势，等来的将是"人去楼空"的结局。

整体而言，旅游景区要研究并遵从消费者的消费发展习惯，在景区建设和运营中做好以下几方面：

（1）要注重植入高质量的二次甚至是多次消费项目，为游客提供特色的游玩体验。富有特色的二次消费将与景区内的特色景观同样重要，既能够成为新的重要的旅游吸引物，也能够成为新的重要的消费增长点，未来，二次消费将决定景区的核心竞争力和生存状况。

（2）要注重与周边相关旅游资源的整合。景区要明白短板所在，通过与周边吃、住、行、购、娱等特色资源及配套的整合，形成配套竞争力，用综合竞争优势参与市场竞争，而门票的损失，则可通过资源整合的方式收回来。

（3）景区营销要打破传统模式，要基于大资源整合的思路进行跨界营销，与媒体、渠道、社会团体等建立牢固的合作关系，进行客户共享、资源互换，这将是保障景区良性发展的有效途径。

（4）景区要打通融资渠道，积极争取各类资金介入，盘活各类资产，推进资金资源的有效利用，换来人流量、提升区位价值，促进地产升值或者进行上市运作，完成景区的价值转换。

（5）应围绕景区特色，打造除旅游外的第三消费产业链，通过景区带来的人气，拉动当地各类商品的销售，如当地的农副特产、特色工艺品等，并且可以把这些产品和景区的营销进行结合，从而获得远远超过门票的价值。

总而言之，以市场为导向，以满足游客消费需求为目标，开展多元化发展的盈利模式和营销模式，是未来必须坚持要走的方向。

3. 差异化发展思路

下面总结了项目差异化发展的几个思路，供旅游业同仁参考。

（1）策划成为第一个。

"成为第一个"是指在游客心目中开创一个新品类或成为一个既有品类的新一代代表。具体操作中，可以从资源上寻求突破点，或者从活动策划上寻求突破点，比如第一个打造玻璃栈道，第一个为景区景观买保险，第一个策划灯光秀，第一个策划自主采茶，等等。这类策划案已经有很多，关键在于理念上的创新。

（2）善于占据特性。

特性是能够直接对接顾客需求的。一个品类涉及很多特性，应该尽量占据更受潜在顾客青睐的特性，这涉及竞争对手对特性的占据情况，以及自己有多少资源。特别是在资源比较类似的景区，寻找属于自己的特性，尤为重要！提起乡村旅游中的典型代表袁家村，其特色就是在别的地方难以复制的。

（3）确立领导地位。

领导品牌往往能代表品类，能消除消费者的不安全感；在诉求领导地位的时候，最好能有更戏剧化的表达，而不是直来直去。领导地位，不一定非得是全国、全世界的，只要在有效的市场范围内，确立该资源的领导地位就行了，好比"宁为鸡头，不做凤尾"。常见的避暑胜地、祈福圣地等概念，就是对相应资源领导地位的通俗表述。

（4）创新制造概念。

虽然"玩概念"容易被人诟病，但那通常指纯玩概念，基于真正的文化内涵、体验场景等的概念创新和打造，是旅游营销推广的重要手段，通常能有效沟通旅游资源与游客心智，激起他们的旅游欲望，带给他们新的旅游体验。比如，森林旅游中使用到的负氧离子含量、博物馆游中使用到的研学等概念，能够让游客换一种视角看待这些旅游形式，进而从相应的旅游中得到不一样的收获。

（5）勇于自我造势。

"王婆卖瓜，自卖自夸。"这是最基础的营销原则之一，一定要学会自我"表扬"。很多拥有优质资源的景区，常常不能获得很好的客流量，就是因为相应的品牌没有深入人心，激起游客旅游的动机。这个时候，就要自造口碑，告诉游客景区好的地方、火爆的一面，要有坚定的态度，要对自己的品牌有强烈的信心，这样会让自己的品牌进入更多人的心智。比如，景区可能不是天天爆满，但是要多宣传爆满的场景，让潜在游客意识到景区是好景区，是有很多游客光临的好景区。另外，要说明的是，这样的宣传方式仍然是以特色资源及服务为基础的，否则宣传久了，就是一种"虚假宣传"。

差异化的竞争之路，才是商业的根本，才是景区长期发展的基石。景区究竟该怎么找到并开发自己的价值，是每一个景区经营者需要好好静下心来琢磨的事情。以上方法只是经验上的参考，究竟如何落地实施，还需要各个景区根据自己的情况加以研究。

（三）情绪价值是产品获得市场认可的灵魂

情绪价值，即让众多游客产生心理共鸣，激发其同理心的共情能力。

情绪价值，是造就旅游爆点的百试不爽的秘密武器。旅游爆点的出现极少是被动发现的偶然现象，多数是主动打造的必然结果。

2024年年初，哈尔滨冰雪旅游的第一波火爆，缘起冰雪大世界的"退票事件"。由于园区排队时间过长，引发游客不满。紧接着，哈尔滨一连串以"退"为进的神操作——景区各级领导现场办公，致歉、整改、退票，充分展现了哈尔滨的真情实意,也成功转"危"为"机",实现了逆转。

除了冰雪大世界,哈尔滨为了招待全国各地的游客,更是整出了很多"花活"。索菲亚大教堂上空悬挂"人造月亮",松花江上升起热气球,交响乐演出请进商场,室外建设温暖驿站,连常年生活在深山的鄂伦春族都牵着驯鹿出来为游客助兴……让五湖四海的游客期待来一次独特的冰雪之旅。

哈尔滨文旅发布数据显示,2024年元旦假日3天时间,哈尔滨市累计接待游客304.79万人次,实现旅游总收入59.14亿元。游客接待量与旅游总收入达到历史峰值。任何一个现象爆火出圈都是天时、地利、人和综合作用的结果,淄博烧烤、"村超"、哈尔滨爆火出圈也不例外。有客观的社会大环境,更有当地政府抓住机会、顺势而为的主观努力。

"主客共享""全民参与""好客精神"是2023年上半年淄博旅游成功爆火的重要"法宝"。淄博烧烤火爆出圈源于感恩,结缘于淄博人的关怀好客。"村超"是各族人民的狂欢,以足球为媒介,承载了人们对于中国足球的精神寄托和心理慰藉,"村超"比赛没有商业气息,且朴实无华、干净、纯粹,人们在"村超"比赛中享受到了体育运动的纯粹和乐趣。哈尔滨是治愈的,冰雪中的童话、心灵的温馨驿站、风格独特的建筑和浓厚的文化气息吸引着无数游客。冬天的哈尔滨营造了冰雪奇缘的世界,每个角落都散发着纯净与浪漫,飘落的雪花给古老的街道增添了几分童话般的梦幻。哈尔滨的魅力在于可以让游客忘却生活的烦恼,让心灵得到彻底的放松和治愈。三个文旅现象的爆火,其底层的逻辑透露出的深层次社会原因就是爱的弥足珍贵。面对现代生活的快节奏、高压力,需要情绪价值给予慰藉。

当下,文旅项目要想打造情绪价值,需要实施战略三步曲:发现价值、创造价值、传递价值。

1. 发现价值:发现游客(人)的需求,人的需求是最大的价值

文旅消费终是人的消费,所以应一切以人为本,一旦发现了"人"这个关键性因素,也就发现了真正的价值导向。当建立了这样的认知后,你就会发现,其实所

谓的竞争对手根本就不是旁边的其他旅游项目，而是人们的手机、电脑、电视等非旅游元素。发现文旅价值的过程，就是一个在目标游客的心智中寻找项目定位的过程，是一个可以用演绎法来呈现的"故事化过程"。

随着时代的发展，消费群体的消费需求呈现两种趋势，一种是个性化需求越来越强烈，另一种是群体性、集体性消费等具有共性特征的消费趋势越来越明显。总体而言，就是"分裂中有统一"，所以，如何在细分需求中找到更具共性的消费需求、打造共性的消费产品，是文旅企业应该重点关注的方面，当然这样的需求也不是一成不变的，也需要在文旅新时代不断迭代更新。

传统的大众观光游将慢慢成为历史，将要到来的是消费者根据自身喜好而细分的时代，个性化和特色化成了基本的消费单位，而过去一段时间内大量兴建的街区乐园、古镇古街等文旅项目及产品已很难满足消费者消费需求的变化。当前，文旅行业迫切要做到的就是重视消费者的需求变化，发现游客新的消费价值需求，重视运营，在项目提升或转型时实施运营前置战略，以目标游客群体的心智为中心，完成品牌价值定位，重新搭建自身的价值体系。当下，不少新文旅、新业态所采用的轻资产路线，就是为了更好地适应游客消费需求的不断变化，这也是它们的重要优势所在。

2. 创造价值：围绕核心价值创新

文旅项目价值赋能之后，目的是建立一个结构性的"局"，让游客在全程体验之后与景区一起创造价值，文旅项目的品牌价值应是与游客共同创造的。如今的旅游圈，哪个古镇古街区不在力推汉服文化？哪个乐园景区没有花车巡游？哪个文化街区不想打当地民俗文化的牌子？……其目的都在尝试围绕游客创新打造特色核心价值。在这个过程中，要重点关注三方面内容：

首先，打造核心吸引核。核心吸引核是文旅项目的一个重要设置，迪士尼打造童话吸引核，拈花湾打造佛学吸引核，这些都是文旅项目的招牌广告，也是运营前置的成功体现。

其次，确定并实施文化战略。对文化的理解、对文化战略的选择以及对旅游目的地在地文化的挖掘和阐释，也是影响旅游项目总体吸引力的核心因素。文旅项目的文化战略，一方面必须跳出项目本身，与项目所在地形成互相依赖和促进的文化关系；另一方面要让游客在被设计的文化体验过程中，通过表露自己的心智需求与满意度，形成并传播文旅项目的文化标签，与文旅项目一起共同打造项目的文化品牌。

最后，明确盈利模式。可落地、可持续的盈利模式是检验价值创新成效的关键一环，也是彰显运营前置效果的关键环节。

3. 传播价值：符号引爆力

文旅品牌在本质上是一个对潜在游客心智进行呼应和感召的商品元素，属于"非实物交易经济"范畴，因此文旅品牌的传播战略，须从文化旅游事物的本质出发，打造目标群体主动追逐的文化符号。符号是对文化最简洁的展示，而文化最大的效应是能够对人们的潜意识产生影响，各行各业一直如此，只要能正确激发，效果就会立刻显现。超级文旅品牌的价值传播战略，就是打造一个原本就埋藏在人们心智中的超级符号，然后用创新和创意的手段，把它激活出来，并展示出无与伦比的威力。

未来文旅的战略方向一定是游客的心智，不符合游客心智规律的项目最终都会被淘汰，抓住游客心智，不断升维迭代、不断走向极致、不断为游客创造心流体验才能做到长期主义。不断为游客创造体验价值、情绪价值才能立于不败之地。"游客心智"是体验、是文化、是IP，更是心尖儿上的哲学。

在莫高窟、乌镇、袁家村、故宫、泰山，你会产生不同的情绪。无论是注重服务的"顾客至上"的海底捞，还是具有亚文化属性激发出情绪流量的不夜城"不倒翁小姐姐"，抑或是少数民族节庆活动异地盛放的东北不夜城泼水节，这些都表明情绪价值是产品的灵魂。在东北不夜城，通过演艺为游客营造建筑沉浸、场景沉浸、人物沉浸、消费沉浸、娱乐沉浸的场景，让每个游客都能找到个体的存在，让每个游客都能跟不夜城关联，在这"遗世独立的小天地"尽情地产生情绪、释放情绪、拥有情绪，这就是以情绪价值为魂所带来的生动案例。

(四)策划的五种基本思维

思维是所有行为活动的先导，考虑问题和看待事物的角度对了、方法对了，那么解决问题的路径才会正确。文旅发展到自媒体时代，流量已成为项目快速出圈的重要决定性因素。流量等于财富，财富决定项目的未来。所以，文旅项目能否产生流量，是运营要重点思考的问题，其中做好策划则是重中之重。下面简要讨论文旅项目策划的五种基本思维。

1. 网红思维

要构建并打造满足成为网红文旅项目的一切条件和要素。

从本质上说，网红是一种在互联网上具有一定流量影响力和变现力的社交资产。网红并不局限于在网络上拥有大量粉丝的"红人"，一个产品、一个品牌、一个虚拟形象甚至一座城市都能成为网红。关于这种社交资产，还有一种更为流行的说法，认为网红是IP在垂直细分领域的流量聚合体，或者说是IP资产在移动互联技术下的延伸。网红通过流量进行变现的过程就对应网红经济，即依托移动互联网及社交平台，持续制造热点和聚集流量，逐步建立庞大的粉丝群体，通过网红IP构建定向消费市场，将粉丝的关注度转化为购买力。

网红并非一个新概念，但直到移动互联网时代，网红经济才真正迎来爆发。这是因为，移动互联网进一步加速了生活场景的碎片化，当游客的需求越来越多元化、游客信息接触的时间越来越短暂、游客的消费行为越来越不确定时，在海量的信息洪流中，只有具备爆点的产品，才能脱颖而出。

对于文旅项目来说，不是所有游客都是可以运营的用户，只有通过互联网手段联系并互动起来的才是运营的对象。只有你的游客对旅游景区或项目有深度的了解，认可其价值，才会主动维护并传播相关信息，帮助景区做好第一波传播工作，从而带来多次营销传播效应。"用户的自我认同，会倒逼着营销方式的改变。""自媒体"是社会发展倒逼运营行业衍生出来的新物种。

网红经济的前提是需要一个具有网红属性的IP资产，能够以独特的"人设"

进行内容营销。无论是被誉为"天空之镜"的青海茶卡盐湖、现实版"千与千寻"的重庆洪崖洞，还是"恶魔之眼"的青海艾肯泉，抑或是仅凭借"看夕阳"就能火爆全网的四川甘孜鱼子西村，几乎所有的网红景点都有一个共性，就是有着清晰且独特的 IP 核心，有着高识别度的传播内容。围绕 IP 核心进行有创意、有辨识度、有画面感和代入感的网红化包装，再通过社交媒体进行扩散，就变成了游客心中的必打卡之地。

文化和旅游部官网统计数据显示，2023 年全国 A 级旅游景区数量共有 14847 个。这些景区遍布我国各个省份，以自然景观类景区最为常见，达到了 8963 个；其次是文化景观类景区，共有 3465 个；其他类型包括主题公园、度假村、温泉等。面对数量如此庞大的竞争对手，没有爆点的景区将很难突出重围。网红经济背后，反映的正是爆点思维。所谓爆点，就是能够在短时间内聚集大量人气并能带来销售转化的产品。

网红思维的核心就是有爆款产品，通过一个或者一系列引爆市场的产品来提升景区运营效率，并在竞争中形成系统性的结构优势，这才是网红经济的核心逻辑。

如今旅游营销的玩法几乎完全改变，当下的文旅热点，如网红文旅局局长、淄博烧烤、洛阳全城汉服等，跟前十年的爆点完全没有交集。"不倒翁小姐姐"和盛唐密盒也一样，看似是个游客互动项目，实则是旅游营销，并且是旅游品牌营销的高阶玩法。洪崖洞原本默默无闻十几年，却突然因夜景酷似《千与千寻》场景走红抖音，变得人山人海。

随着互联网的发展，旅游传播的手段越来越多样化，旅游业者必须跟上时代变化，不断学习。网红景区需要以特色产品或景点作为线下导流的端口，以超强的线上线下运营能力为景区的日常运转提供支持，同时，要有移动互联网的流量与技术，配合景区的传播与运转。

一个旅游目的地要火，最关键的还是旅游产品的创新。除了要好玩、好看，更重要的是，要给游客创造一种不同的体验，契合当代人的喜好。如果能做到这点，游客就会主动拍照、拍短视频并分享出去，平台上的用户也会被吸引，并乐于转发。

（1）网红景区的打造需立足于独特资源。

制造爆点、打造网红景区，需要重视开发和培育景区独特品牌IP。网红产品必然会面临更新迭代，但网红品牌是具有可持续生命力的。真正的核心竞争力永远来自景区自身独一无二的资源禀赋，网红浪潮之下，更要用发现和创新的眼光，构建游客心中的"第一"与"唯一"。

比如网红仙山老君山，凭借犹如"兜率宫"一样的金顶、一场雪，打造了如梦似幻的仙界奇观，从而在网络上爆红；"远赴人间惊鸿宴，老君山上吃泡面"，更是把泡面也拉上了网红的地位，游客纷纷赶赴老君山，在犹如仙境的地方吃上一碗泡面，成了一种流行的全新旅游体验。江西景德镇高岭·中国村，除了围绕当地流传千年的茶文化，重点打造"大唐茶市"演艺小镇，不断丰富沉浸式、主题式演出和活动之外，还为了吸引年轻游客、亲子游客，在其IP形象"恬咪"的打造上，将当地瓷器与茶叶的产业底色与当下颇受全网喜爱的"撸猫"习惯进行结合，通过"萌萌哒"的媒介与更轻松有趣的方式，与更多游客进行互动。

（2）景区运营要从市场、游客需求的角度出发，加速产品创新和迭代。

网红的变迁史，也是市场需求的发展史。需求决定产品，而非产品决定需求，从"60后""70后"，到"80后""90后"，再到"00后""10后"，游客的需求变得越来越多元化，所以网红爆点也必然会持续更新。因此，在运营过程中要注重场景化、娱乐化和情绪化的构建，产业模式也要适应产品快速迭代的市场需求。应注意打造轻资产业态和主题场景，以较小的成本代价动态满足消费者不断变化的需求。

目前已经进入了流量为王的时代，景区如果想快速打开市场，则必须重视并做好新媒体。一是要玩好新媒体，要有完整的操盘理念和操盘抓手；二是要深入年轻人，了解他们的行为习惯。未来，年轻人将在旅游市场中占有更重要的地位，谁能够迎合他们谁就能做好营销。

网红意味着流量，流量就是财富和机会。获得流量、获得游客最佳的路径就是让项目具备网红元素，从原来的场景化展示进化到场景化体验，把"死物"活化。其实很多景区并没有很独特的、很好的资源，也没有识别度很高的景点，但依然可以通过打造网红元素、网红项目来进行弥补。

很多景区通过原创或者复制网红项目获得了很大发展。2016年，张家界大峡谷玻璃桥诞生，取名"云天渡"，刚一开放，就迅速成为全国各地游客追捧的热点。桥上每天人满为患，门票供不应求，原价138元的门票甚至一度被炒到了800多元一张，日均接待游客超过1万人次，更在国内景区刮起一阵"玻璃热"。安徽的马仁奇峰以前每年只有12万人次的客流量，玻璃栈道建成后，升至85万人次。北京的石林峡，因为一个玻璃观景台，客流量从每年十几万人次增长到百万人次。另外，像"不倒翁小姐姐"、粉黛花海、七彩滑道、高空秋千等项目，它们不一定很大，但都能在短时间内吸引人们的注意，并迅速将这种注意力转化为打卡行为，产生巨大的客流量，这些项目就是一类具有网红特性的文旅项目。而且，这些项目对景区的资源和条件要求并不高，值得很多景区去借鉴引进，进而带活、激活景区旅游。

另外，网红项目复制，要注意发现其中的规律和技巧，要懂得复制运营，不要生搬硬套。

打造网红景区有三大路径：一是打造网红产品；二是通过"网红"或"意见领袖"引流；三是策划网红活动。打造网红产品对应硬件投入，而"网红""意见领袖"引流和策划活动属于软性投入。打造网红产品需要提前建立完善的产品矩阵，产品矩阵应由资源类、网红类、创意新项目类三大板块组成。

2. 媒体思维

做媒体不只是开通媒体账号，更重要的是要能成为优秀的内容生产输出方。

现在已经进入了一个自媒体、新媒体的时代。这个时代的特点有很多，其中重要的是，"人人皆是媒体"。所以，对于景区来说，要利用好自己可以成为媒体的机遇，同时更要利用好"游客也是媒体"的机遇。一方面要善用媒体思维产生内容，进行产品内容输出，扩大品牌和形象宣传；另一方面，也要利用好游客的代言、推荐作用，汇集更多媒体的力量，壮大品牌宣传效果。

近些年火爆全国的文旅项目，不管是"不倒翁小姐姐"、永兴坊的摔碗酒，还是重庆奥陶纪的悬崖蹦极、步步惊心桥等，都是景区先进行原创内容生产，之后通过新媒体种草，然后激发各地游客打卡体验并自发传播，再在各地各级、各类媒体的推波助澜下才引爆全国的。

文旅项目在实地操作中该怎么做？首先，景区需要构建自己的抖音、小红书、微信公众号、微博等媒体矩阵。凡是老百姓能够接触到的，如头条系、百度系等，都是值得涉足的。其次，要保持适当频率制作并在新媒体上发布相关内容。内容形式包括短视频、图文等，内容包括活动介绍、游览攻略、产品展示等。最后，要为自媒体的宣传打卡提供必要的条件，如增加基站能力、提供充电服务等。

3. 平台思维

做旅游资源的整合和盘活者，通过流通产生价值。

不能把景区做成一个单一的个体，而应把景区当作一个资源融合的平台，通过各种资源在这个平台上的流通，收获客流量、收获影响力、收获经济效益。做旅游资源的整合和盘活者，平时要做好各种资源的积累，包括周边景区、农家、各种社会团体、企业、旅行社、户外、媒体、策划规划、二消产品厂家等，一切能与景区发生关联的，都是景区的资源。随着资源的流通，不仅能够提升景区的竞争力，而且可以随着资源的流通带来客源及合作机会。任何一个可以给景区带来收益的机会，任何一个可以扩大景区知名度和影响力的机会，景区都不应该轻易放弃。在不损害景区名誉，不影响景区长期收益的基础上，任何方式都值得尝试，任何新的做法都值得探索。

旅游景区的价值想要充分体现出来，需要给更多拥有资源或者资金的人以融入的机会，这样，才可能从各种资源中取得自己想要的东西。旅游景区宜主动出击，利用好自己的资源，拿自己的资源去换资源、去找机会，这是景区能够顺利生存下来的基础条件。

4. 用户思维

"文旅要用内容讲故事"，其要点在于依托自身文化旅游资源禀赋，精准定位区域文化基因的内核，通过讲故事的方式来塑造旅游目的地形象，打造会讲故事的可运营的可持续性文旅 IP。

文旅消费的是服务，优质的体验和享受是消费者最看重且直观的感受。运营前置，不仅是从顶层设计、全局统筹，也是细节服务品质标准化与个性化的结合，关注细节、创造感动，即使是最简单的服务也要有故事可讲、有温度可感。

"运营决定内容，内容决定业态，业态决定场景，场景决定消费。"大到演艺内容的文化元素提取与凝聚、彩灯设计的主题立意选择，小到游客线路规划、公共卫生、防疫等的点位设置，都应围绕用户需求，模拟游客实际体验，反复走访现场，尽可能做到"想游客之所想"。

每一个微小细节的处理，都可能让游客的心情变得愉悦，从而让他的整个文旅体验变得舒适开心。内容的背后是人心，运营的背后是人性。

5. 创新迭代思维

随着新媒体、户外新玩儿法、不同资源类型、文旅新业态的不断涌现和增长，旅游景区的未来发展趋势，一定是营销去渠道化和资源去中心化。只有创新迭代才有长久的市场生命力，也是文旅项目保持市场活力的非常重要的因素之一。无论干什么，都离不开迭代，因为明天的市场一定会和今天不一样。

在一次媒体报道大会中，马化腾曾说：小步，迭代，试错，快跑，到目前为止，QQ 已经进行了 300 多次的迭代。我们所用的 App 中的每一个越来越好用的功能，都不是以前团队设想的，都是企业团队不停更新迭代出来的。因为"未来是未知的"，谁也不知道这样改是对还是错，只有放在市场里面去检验一下，才知道用户是否喜欢和受用。

"实践出真知"，那些错了的不要理解成犯错，而要理解成试错，要快速地试错、验证，然后再不停地改进、向前奔跑。我们在实际的工作中也是如此，"先完成，再完美"，要坚信微小的力量，而不要想着一口气吃成一个胖子，其实每一个小改善，都是一次创新、一次迭代，迭代的同时自己也在适应，对用户也是一个慢慢教育的过程，叠加在一起，就是一个大创举。迭代思维体现在两个层面：一个是"微"，小处着眼，微创新；一个是"快"，天下武功，唯快不破。要尽快迈出第一步,把最初的成果,最早可行的产品,展现在大众面前,用它来收获用户参与、获取市场反馈,再将反馈的结果作为进一步改善的依据。这样就能用最小的代价、非致命的失败来快速判断,持续改进问题,尽管每一次的迭代引起的变化看上去可能都很小,但是实际上每一次都会比上一次有很大的进步。

迭代不仅是一种正确的做事方法,而且是一个不断获取"新认知"的过程。无论结果如何,每一次的更新迭代都能让我们对客观事物有更深入的理解和认知。在环境变化和事物发展过程中,所有事情都没有绝对值,只有快速"迭代""验证",才能更快找到符合自身的答案,进而升级认知,做出正确决策。

从文化旅游业的发展特性来看,结合市场需求,以"六新"引领文旅融合的创新方向,是未来文化旅游业发展的必然趋势。"六新"即新业态、新产品、新IP、新商业模式、新技术与新媒体。

(1)新业态创新——挖掘消费新动能。

文旅融合过程中,必然会推动产业整合与产业结构的转型升级,从而形成以文化为依托的旅游新业态,如实景演出、文创产业园、主题乐园等。只有不断进行业态创新,开发新产品,才能适应不断变化的市场需求,在新常态下挖掘文化旅游业的消费新动能。

(2)新产品创新——丰富供给。

挖掘区域文化的特色与亮点,创新文化展现形式,在旅游过程中传达文化内涵给游客,这能使文旅产品具有层次丰富的体验感、内容精致的新颖感和技术融合的科技感。

(3)新IP创新——提升品牌价值。

文化旅游新IP打造的关键在于迎合市场需求,在深度挖掘目的地文化的基础上,对文旅资源进行创新整合,打造具有当地特色的旅游形象、受众群体高的文创产品、喜闻乐见的休闲作品和个性化的旅游服务。

(4)新商业模式创新——引领运营创新。

创新商业模式,如共享经济模式、俱乐部模式、众筹模式、个性定制模式等,不同模式迎合不同需求,将引领景区获得更好的运营和管理。

（5）新技术创新——智慧化转型。

随着现代科技的发展，人工智能、虚拟现实、区块链、大数据等先进技术是未来植入文旅产业的重点内容。

（6）新媒体创新——打造精准模式。

旅游具有分享的特征，新媒体的移动性、实时性、互动性很好地契合了旅游者的游览分享需求，与文化结合的旅游业，能为新媒体提供更丰富的传播内容。

文化和旅游的融合发展，将创造更加舒适、便利的旅游环境。但未来，还需要更好地沉淀和思考文化旅游的教育属性，做好优秀传统文化的现代表达、厚重文化的轻松表达及中国文化的国际表达，在传承优秀传统文化的基础上，为旅游业高质量发展提供强大的内容支撑。

（五）做策划需要有意识培养四种能力

做策划并非出一个创意或者点子那么简单，它对应一套系统的应对文旅项目未来发展问题的解决方案和落地执行能力。所以，做文旅策划要对未来事物发展趋势做出预测，并策划出行之有效的解决方案和处理路径。处理能力考验的是专业方面的能力，而判断未来，需要有数据分析力、逻辑思维能力和推断能力，通过见微知著和逻辑推理，分析出事物未来的发展趋势，并做出对应的调整。

普通的策划，很难在市场中一鸣惊人；尖叫文旅，让市场尖叫，需要创新、创意、创奇，需要基于现状，进行奇思妙想，从而发散出让市场尖叫的可以落地执行的新创意。所以，做尖叫文旅策划必须有意识地培养以下几种能力，分别是：数据分析能力、创意创新能力、专业知识与跨界能力、应变调整能力。

1. 数据分析能力

有个成语叫"算无遗策"，形容计算、计划精密准确，从来没有失算。这个算就是计划的意思，而计划需要对当下和未来的各种因素进行充分分析，把所有可能性都算进去，然后从中选择出必胜的方案和路径。而这个算，就包含很多蕴含事物真相的数字和数据。

文化和旅游部在每个节假日都会公布当时的旅游出游人数和旅游总花费，这些数据虽然存在一些不足，如"横向不能加，纵向不好比"，然而，它们却能比较真实地反映当时的整个旅游市场和旅游消费情况。比如游客主要去哪里了，游客的平均消费水平有没有降低，旅游市场呈现什么趋势等。通过这些数据的变化，就能很好地解读每个节日的旅游业的情况，这是官方的、最权威的、最具参考价值的旅游业宏观数据，值得引起高度重视并加以认真分析和研究。

还有很多旅游景区，对客流量趋势没有明确的预期。其实，只要每天在游客比较集中的时间段内抽一个小时，对游客数量、票务种类、游客来源情况，游客年龄段情况、车牌号、天气情况、景区有没有活动等相关数据进行采集。连续采集两三年，就能够很容易获得景区现有的游客量情况，在此基础上进一步预测景区的未来市场趋势，就不会盲目了。

而这一切，不仅仅需要有很好的数据采集方式，更需要有很好的数据分析能力。数据采集是多方面的，需要系统设计，而且采集之后能不能对数据进行有效分析，也决定了得出的结论是否正确。

数据采集和分析的方面很多，除了自身景区的数据，也应该包括周边景区的旅游数据、所在区域的旅游数据，以及国内有相似旅游资源的景区的数据等。通过多方面数据采集，获得更全面的数据资料，然后进行综合分析，即便各类数据可能存在偏差，甚至存在失真，但它们依然能够提供有价值的结论。因为此时的数据采集与分析不是用来验证真伪的，主要是用来分析行业发展趋势的，这一点很重要！

2. 创意创新能力

创意，是文旅项目的生命线，是卖点，是消费者愿意消费、多次消费的理由，是项目存活并盈利的核心诉求。创意创新，就是要有市场的差异化与唯一性。这种差异化与唯一性，是基于实际条件与情况之上的拿捏到位的、恰到好处的定位与构思，是四两拨千斤的造化之作，而不是假、大、空式的标新立异，更不是无法落地的异想天开。

项目的创意与创新，既体现在整体定位、立意和架构上，也体现在每一个布局、每一个环节、每一种设计和每一次服务上，细节之处见真功夫，有没有创意，走一走，看一看就知道了。当下的旅游业，项目同质化情况严重，很多旅游景区、文旅项目"长相"惊人一致。很多项目，之所以亏本，没有生命力与盈利能力，其中一个重要的原因，就是缺乏创意创新。

让没有创意创新能力的人，去搞景区策划，对于业主、项目方来说，将是一场灾难。没有创意，既是策划者平庸无能的表现，也是其不负责态度的表现，要掌握用创意水平来识别和评价策划者。那么，创意和创新能力来自哪里呢？这既源于天赋，又源于后天的学习、积累、沉淀、消化与整合提升，更源于责任感、使命感的修炼。凡是浮躁的人、急功近利的人、不负责任的人，基本不可能有真实的大的创意与创新能力。

3. 专业知识与跨界能力

做旅游策划，当然要懂这个行业的一些规则、行情、原理、思路、技术、潮流等，这是入行的基本要求，在此不予多说。重点要强调的是，做策划的人，一定要有跨界的知识与视野，这一点，相当重要。

无论是自然景观、特色小镇、美丽乡村，还是生态农业或其他景观类项目，文化是少不了的元素，甚至很多景观项目，文化是其灵魂。这就要求，策划者应该具有一定的文化功底。如此，他才能够更好地理解项目、把握项目，从而挖掘、提炼、激活项目的文化元素，使文化成为景观项目最活跃最具价值的生命元素与竞争因素。这里说的文化功底，不只是文化知识与文化修养，更是一种对文化的理解、感悟、提炼和创新能力。

目前，旅游的边界已经越来越模糊，而未来的旅游，一定是以旅游为纽带或平台，与其他行业不断相互融合的一个新物种，旅游将不再只是本行业的事，甚至将没有旅游这个行业，但在很多行业里都有旅游的影子。所以，做旅游策划，没有跨界的知识与视野，基本上不能算是优秀的策划人。原因是，景区策划是一项综合工程，涉及政治、经济、文化、地理、历史、工业、农业等。知识面越宽广、视野越宏大，思维的深度和广度就越不同，对项目的综合把控能力、定位能力就越不同，最终策划出来的项目的创新程度、适应度和高度也将越不同。

真正的策划高手，除了必要的专业外，更应该是一个杂家，应该懂规划、设计、运营及招商引资；应该读过万卷书、行过万里路；应该做过不同的岗位或行业，也就是精而广、专而博。从这个角度讲，那些不是"科班"出身，一开始是在其他行业工作，打过杂的人，可能更擅长做策划，他们做的策划，可能比科班策划人做出来的策划更优秀、更具创新力。

4. 应变调整能力

一切都在改变，唯一不变的就是变化本身。而有能力去应对和处理变化，便是策划人需要具备的另外一种能力：应变调整能力。不能因为事情没有按照自己的预期变化，就茫然不知所措，而应随着不断发生的变化做出不断的调整，最终做到应对一切变化都游刃有余。

比如政策导向，很多旅游项目起初要吃政策饭，因此做旅游项目策划，就要及时了解和熟悉相关政策，这样，策划才会有针对性，才能更好地争取到政策的支持，做出的项目，也才能适应国家及当地的发展要求。如果政策变了，那么项目的发展方向，也需要及时进行调整。

市场敏感度，是指对市场及消费者情况了解的感知力、把握力、预测力和营销力。策划项目，如同制造产品，先要明确自己的产品属性、功能需求、市场定位、消费群体、服务要求等，才能有针对性和生命力。

又如，游客导向，中国旅游市场过去几十年发生了剧烈的变化，随着时间的推移，老一代游客不断退出旅游群体，新一代游客不断进入旅游群体，他们有着不同的成长经历、社会认识、经济基础、消费习惯等。他们的退出和进入也带来了旅游群体的结构性变化，包括年龄结构的变化、消费偏好结构的变化等。这些大的结构性变化需要旅游市场及时做出调整，以适应时代发展。比如，以前游客注重观光，而现在游客注重体验；以前游客关注大而全，而现在游客注重特色打卡和体验，并不在意那些没有什么特色的景点。所以，好的策划者，要能时刻关注并洞察市场的变化，深入了解游客的消费习惯及需求，及时调整策划出能够满足游客新需求的旅游新产品，这是优秀旅游策划者必须具备的一个能力。

再如，在景区策划活动时，如果没有达到预期的效果，特别是发生了紧急情况，如特殊事件、恶劣天气、同行业的恶性竞争等，能不能尽快调整市场策略、制定应对措施，也是对策划人应变调整能力的重要考验。

做文旅项目的策划，其实并没有那么容易，需要有效利用天时、地利、人和等多种因素，而想成为一个优秀的文旅策划人，更是不易，需要长时间的理论修炼和丰富的行业实践。

最后，再补充一点，要做旅游策划人，还是人生阅历多点好。人生阅历多一点，意味着他的社会经验比较丰富，知识面会更广，思考事情会更成熟。文旅策划是一项综合性的复杂工程，需要策划者具备综合素质和能力，才能吃透项目，把握核心，做出成熟的有价值的判断与分析，而这些东西，需要时间的积累和沉淀，勉强不得。

（六）新项目定位切莫心急

很多景区从规划开始，就忙着给景区找定位，一直到运营多年，还是在忙着给景区定位，"××故里""××精华""大美××""××秘境"，概念是一套一套的，宣传起来也朗朗上口。可是，宣传口号常常换，景区定位常常变，变来变去，游客却未必买账，景区宣传没少花钱，花来花去，到最后发现，很多是冤枉钱。

景区定位，是景区的核心竞争力和文化底蕴的体现，毫不夸张地说，定位的好坏直接决定着景区未来发展的命运。景区定位是必要的，但是不能陷入为了定位而定位的误区。事实上，有很多景区陷入了定位的误区。

景区定位，在建设和规划期，一般是规划部门根据景区特色进行总结和表述，景区投入运营以后，再根据景区管理层的运营理念进行调整。之所以会出现景区定位常常换，或者说定位不准的情况，还是因为定位不够贴近游客需求，无法彰显景区的核心竞争力和旅游价值。为此，需要思考和研究以下问题。

策划就是聚焦

1. 景区初期的定位是怎么来的？

（1）根据当地的文化。

这种情况最为常见，每个地方都有特定的传说和文化氛围，所以，"拿来主义"方式最保险，也不会犯错误，能最大程度上得到各个方面的认同，故而打文化牌的居多。

（2）根据景区的景观设施情况。

有山的说山的故事，有水的打水的牌，有峡谷森林就说风景和生态，还有的啥也没有就造景造文化，其中傍名牌做文章的不在少数，如"北方×××""东方×××""中国×××"等。这些西为东用、南为北用的名牌，曾经流行一时。

（3）根据投资商的爱好。

很多投资商做景区是为了"自我情怀"，所以，他们的个人意志往往要大于市场意志，因此景区的定位常常就会往自己的情怀上靠。

（4）根据景区的经营情况。

有些景区在引进新的演艺项目或者市场流行事物后，定位就立马转变成"××风格""××印象""唯一××项目"等，并以此作为特色定位。

以上定位，都有存在的特定环境和历史因素，不能说完全不对，但是，这些定位方式很难解决当下很多景区在运营中遇到的实际问题，所以要明辨而用。

2. 景区定位面临的现实问题

（1）与周边其他景区的差异化问题。

过去一二十年间，各地旅游景区数量爆发式增长，特别是在山岳集中的区域，甚至会出现景区"挨"景区的现象。景观相似、文化相似、资源相似的两个甚至多个景区，离得很近，甚至挨着，这就导致了区域内同质化竞争严重的问题。如何实现差异化发展，是摆在经营者面前不得不解决的难题。

（2）游客喜好程度、关注点不断调整的问题。

每个时代都有特定的时代因素，在不同时代背景下成长起来的游客，口味和欣赏习惯都是不一样的。除了历史的、民族的、世界的这些成熟的优质旅游资源外，其他类型的旅游资源，游客挑选的随机性和理由，都很容易随着时间或者事件而改变。有时，可能只是为了拍一张图片，就有上百万人来到一个景区；也有时，即便景区投入上百万元宣传费用，也吸引不来几个人。

（3）景区盈利方式变化的问题。

前些年，门票是景区的核心盈利手段，随着休闲和体验游比例的增加以及景区之间竞争的加剧，门票在景区的营收中占比越来越小。所以，景区的盈利方式，需要根据游客的消费习惯和需求变化不断调整，那么就意味着景区的宣传，必须跟随游客的喜好来进行调整。而景区定位，如何适应游客喜好及景区盈利方式的变化，也是景区运营的一大难题，甚至需要颠覆性的思考和改变。

（4）景区市场大环境竞争态势不断改变的问题。

乡村旅游一阵风，美食旅游一阵风，冰雪旅游一阵风，博物馆游一阵风，烟火气旅游一阵风。每阵风来，都引领和培养了游客新的旅游偏好，也分割了一定的游客群体，甚至重塑了旅游业。旅游业的竞争，原来的景区没退出，新型的景区不断建起，旅游业这个竞技场，不再是专项竞技场，已成了百业争胜的闹市，谁都能关联旅游，谁都能参与旅游。景区之内、景区之外，旅游无处不在，竞争也全面而多元。

这些现实的问题，逼着景区去思考、去改革，市场的问题、产品的问题、服务的问题，这些与景区的定位都有紧密的关联，如何才能推动解决这些问题，是做好景区定位不得不考虑的事情。

3. 景区的定位该怎么做？

景区定位，千万不要定那么早，也不要定那么急。最好是经过三到五年的摸索，然后再进行定位。景区定位定不准，短时间内要不了景区的命，但是乱经营、乱定位、来回折腾的景区，会导致经营混乱，直至经营困难，甚至活都活不下去了。景区定位，应当按照如下思路进行调整。

（1）先确定景区的核心盈利模式。

定位不重要，活下去才是最重要的。运营景区，最好先确定自己的盈利模式，寻找最可靠的能够让景区生存下去的方式，不要在定位的"自嗨"中迷失了自己。盈利！盈利！盈利！做景区，不盈利，就没有未来，未来都没有的景区，还要什么定位？

（2）围绕盈利模式，制定三至五年发展计划，确定景区的核心特色，保持住特色。特色就是定位！

在这三到五年的时间内，进行探索和调整，可以逐步完善或者微调，除非必要，不做大的调整；经过这三到五年的摸索后，景区的基本发展模式和未来走向已经成熟和明确，这个时候，再根据实际情况进行充分讨论和论证，最终确定景区的定位。

（3）差异化特色，是景区的核心竞争力。

无论何时，都必须清醒地认识并发展自己的核心竞争力，走差异化的道路，不断总结和调整的也应是景区的差异化的东西。

差异！差异！差异！是景区的灵魂所在，没有差异，就不要定位！

总而言之，景区定位是个长期的过程，是景区无形文化资产和形象的体现，一个好的定位，可以让景区锦上添花，事半功倍，所以，景区定位一定不能急。希望景区管理者可以端正心态，从实际出发，结合景区的具体情况，在不断总结中，确定适合自己景区的定位，经得起时间考验、市场检验的定位。

（七）换个角度去表述

策划，并不是站在自己的立场上去表述自己的观点，最重要的是要让项目的用户能够尽快、正确地接收到要传递的信息，并且确保这些用户的忠诚度。针对不同的方面，表述有一定的规律和技巧。以下三个方面是需要策划人重点注意的。

第一，用数据来说话。如果能用数据来表述现象或者结论，那就不要考虑其他方式。因为数字最直观，也最有说服力。

比如，形容玻璃桥的刺激，可以用"距离地面168米高的玻璃桥"来表述；形容玻璃栈道的投资额度巨大，可以用"投资2.6亿元的悬崖栈道"来表述；形容景区的交通到达性比较好，可以用"距离高速口500米的景区"来表述；形容漂流长度长并且刺激，可以用"全长八公里，落差几百米的漂流"来表述。数字和数据，相比"亚洲第一""极度刺激""交通便捷"等描述，有更直接的具象感，故而也有更直接的说服力。其实，游客并不会在意这些数字的具体值，但他们更容易从这些数字想象到可能的体验。这就是数据的优势，所以要学会让数据来说话。

第二，不要玩高雅。给用户传递的信息，尽量要用简单的方式，要用老百姓能够听得懂、记得住的话来表述专业的内容，不要弄一堆所谓的专业术语来表述简单的事情，来显示自己所谓的专业度。

消费者不喜欢动脑子，更不喜欢那些看起来高大上，其实没内容的所谓的专业表述，这类表述，其实都是运营者的自嗨，对于市场来说没什么用。能够把一样东西讲得既轻松又深刻的，大部分要用到讲故事的方法，进而通过讲故事来传递想要表达的理念。没有什么人喜欢在旅游中被教育，也没有什么人希望把景区变成受教育的场所，所以采用讲故事的办法，让大家轻轻松松了解点儿、记住点儿有趣有味的东西是最好不过了。比如，讲讲景区里发生的传奇故事、神话传说等，让游客在游览美景的同时，在故事中感受景区的深厚文化。

还有如"充电五分钟，通话两小时"的手机广告，让消费者一下就记住了该款手机"快速充电"特性，能很好匹配对应需求的消费者。又如"人在前面飞，魂在后面追"的悬崖秋千广告语，简单一句话就能让人了解项目的刺激程度。再如"远赴人间惊鸿宴，老君山上吃泡面"这样简单有趣的描述，不仅能够准确描述风景的优美，更把登山的另一个趣味体验表述了出来，引导游客去体验不一样的登山乐趣。这样的话，不仅简单易懂，更能让人产生共情，是表达的最高境界！

第三，站在游客的角度去"卖好处"。其实游客在意的是自己的感受，消费者首先追求的是"利己"，消费者不关心你多有特色，他们所关心的是对他们多有利，能够带给他们什么好处，解决他们什么问题。

所以，我们一定要站在消费者的角度卖好处，如"一节电池最长可以用十年"，无锡灵山大佛"如来如愿"等。游客能够从文旅项目中得到的好处，就是吸引游客前来的砝码。吸引的游客够不够多，关键看项目拿出的好处砝码够不够重。另外，卖好处，还不能光靠自卖自夸，自己夸好不如用户夸好，让别人说一句好，胜过自己说千句好。让游客在景区表达出游览的美好体验，并将其传播出去，能够消除更多潜在游客心中的"王婆卖瓜，自卖自夸"的这种"自嗨式"的宣传营销的负面影响，并吸引他们前来体验。

站在消费者的角度，就是察觉消费者的固有认知，然后加以引导和利用。不要去纠正或改变游客心中的固有认知，不要教导游客按照我们的意愿来进行消费，不要和游客的习惯作对抗，不要以为我们是对的，消费者的认知才是事实，要顺应他们的认知。要记住，做文旅，不是分对错，更不是辩高下，否则你会赢得道理，但丢掉客户。

策划的思维，首先解决的是自己的思维和表达方式，然后才是根据市场情况，解决用户的思维。

（八）并非一切皆文旅

现在有一个说法非常火，就是"一切皆文旅"，各个地方也都在大力发展文化旅游业，仿佛各行各业的转型升级如果不与文旅沾点边，那就是没有顺应潮流，没有迎接风口一样。但也许，这个观点本身就不科学。

如今的文化旅游业既涉及旅游景区、酒店、旅行社、餐饮、交通、购物等传统旅游业，也涉及影视、演艺等文化产业，还涉及地产、康养、教育、研学等多个领域。在这种背景下，文化旅游业的边界越来越模糊，呈现出跨界融合、多元化发展的趋势，出现了如不夜城、步行街区、创意工厂、文创市集、乡村旅游、城市综合体等泛文旅业态，貌似是"一切皆文旅"。但是，现实的市场情况是，不仅传统的旅游业盈利能力不强，而且跨界进入文化旅游业的新文旅项目，能完全依靠市场活得好的并不多。

在一个行业，生存都比较困难的时候，还大肆推广"一切皆文旅"，这即便是好意，也有可能把人带坑里。文化和旅游有很强的关联性，但绝不意味着任何"文旅+""+文旅"都能取得成功。跨界是好事，但不能盲目，特别是与文旅相关的牌，不好打，更不好盈利。不少文旅项目，常常是投资大、回报周期长、风险系数高，而且建设容易运营难，复制成功案例更加难。所以有想法跨界进入文化旅游业的，一定要谨慎、用心，通过踏踏实实的创新、认认真真的服务，开创跨界融合的新事业。千万不要赌风口，以为"猪都能飞上天"，能不能安全着陆，才是最重要的。

从长远看，旅游业可以充当各类资源汇聚的平台，关联产业和项目能不能盈利，并不取决于和文旅产生的连接是不是紧密，而取决于其本身有没有足够的盈利能力。文旅适合"锦上添花"，并不善于"雪中送炭"，文旅不救急，也救不了穷，需要的是与比较成熟、盈利能力较强的业态跨界融合，进而让项目在市场竞争中走得更远、更久。不是"一切皆文旅"，而是"百年大计，文旅添彩"。

（九）一句话说清项目

好的创业项目和好的商业模式，常常要求一句话就能讲清楚，并且还要能一句话就能让外行听懂，也就是用一句高度概括的话语，能够让对你不熟悉的人迅速理解。

"凡是一句话讲不清楚的创业项目，往往就做不成功！"一个创业项目，如果提炼不出这样一句话，通常有两个原因：一是创业人自己没想清楚；二是业务不聚焦，没法把这事儿用一句话串起来。

旅游业尤其如此，在项目考察的过程中，我经常会问项目决策人一个问题，那就是：请用一句话把你的项目说清楚，或者是把项目的核心竞争力说清楚。但遗憾的是，大部分项目投资人，以及项目的操盘手都很难说清楚。

很多文旅项目在立项的时候，只看见了山水不错、文化历史底蕴不错，或者只关注自己的情怀、个人喜好等，就决定投入资金做了，然后在规划的标准化作业下，开开心心地把项目建了起来。常常是，市场需要什么或者行业流行什么就上什么项目，要说没内容吧，市面上该有的都有了，要说有内容吧，转遍景区也没有特别值得拍照打卡的地方，更缺乏与别人与众不同的地方。说白了，这类情况都是投资者一开始就没弄明白自己真正想做的是什么，未来前景是什么，结果，糊里糊涂地走一步算一步。

一句话说清项目，其实说的就是市场的卖点，而市场的卖点，决定了项目的市场生命力。最起码的，项目当下的市场核心竞争力，必须一句话说清楚，不管这个卖点符不符合市场的需求，因为，卖点是可以随时进行调整的。

我们熟悉的：华硕品质、坚若磐石——华硕；每个人都是生活的导演——土豆网；再小的个体，也有自己的品牌——公众号；美团外卖，送啥都快——美团外卖；我们不生产水，只是大自然的搬运工——农夫山泉……旅游业中的例子，如桂林山水甲天下——桂林；塞上江南，神奇宁夏——宁夏；好客山东——山东；千年帝都，牡丹花城——洛阳；大西洋的最后一滴眼泪——赛里木湖；如来如愿——灵山大佛；网红仙山——老君山；天下第一关——山海关……都是一句话说清项目的经典案例。

所以，作为项目的投资人或者决策人，你需要在项目每个发展阶段进行精准的提炼，用一句话来说清项目，无论是在起步阶段、扩张阶段，还是在激烈竞争的阶段，每个阶段都应注意提炼自己的独特优势，或者叫优势资源能力。

通过这一句话，要明确表述出项目的优势资源能力，能给哪些利益相关者产生价值，产生什么价值。如果提炼不出来，那么项目的优势就不易被显现出来。所以，要不断提炼自己的优势资源能力，明确项目能够给游客带来什么价值，如情绪安抚、增长知识，或者人生阅历等。

一句话，说起来简单，但说好真的不容易。不过，即使再难，这也是项目生存的基石，更是项目未来发展的指向，如果总结不出来，那需要的是多花费点儿精力，如果还没有，那就需要更用心地去寻找和充实。

（十）三个发现、三个理解和三个借鉴

万事万物，存在就有一定合理性。对于文化旅游业，由于资源和地域等因素的差异，尤其是投资人和运营团队面临着不同的决策环境，导致了很多项目有很多特殊的因素在里面。在策划项目的过程中，最好能从优秀的项目中发现、理解并借鉴相应的方法和经验。

1. 从"三个发现"中找到景区存在的原因和价值

善于发现并深度思考和分析景区存在的合理性、景区的生存模式和亮点特色、

景区的建设背景和发展历程，以及未来的发展愿景，如果能正确理解景区的现状，也就找准了策划的基石。

为什么那么多成功的案例，却很难复制成功？为什么大家都明白市场营销的道理，却在市场运作中束手无策，或者一实施就跑偏？为什么一直重点挖掘的特色文化，游客却并不买账？为什么现在很多景区陷入了困境，连生存都难以为继？究竟怎么了？是市场不行了，还是理论过时了，还是什么原因呢？

如果说理论能轻松解决实际问题，那旅游景区营销应该很简单才对，照着理论干就行；如果说专家几句话就可以挽救景区于危难之中，那景区岂不是找找专家就行了！事实上，一切没那么简单。我们所熟知的营销管理等理论和观点，毫无疑问是各领域专家从各种案例中分析并总结出来，并在提升后返回行业进行推广的。然而，旅游业是日新月异、不断发展的行业，存在着很多特定的因素，特别是如下几个方面：

其一，旅游业是个新现象、新产品、新业态层出不穷的行业，每一个现象、每一个成功的案例都有特定的历史背景、市场环境和特殊性，难以依据其形成放之四海而皆准的真理，如果拿"唯一"进行总结，把个案当普遍进行推广，那势必犯了错误，势必会引导很多缺乏经验的人走向深渊。乡村旅游学袁家村，几乎是学一个"死"一个；山水旅游学云台山，差不多是学一个垮一个；民宿向莫干山看齐，多数是看得"荒凉凋敝"；西湖的免费模式被研究了几十年，结果搞得凤凰古城又是收费又是免费，来回折腾，国内还不知有多少人在想：自己的景区到底是免了好，还是不免好？

其二，行业理论总结不到位。很多专家们总结出来的理论，只能解释已经取得成功的项目，相应的理论往往也是以原有理论为基础的，或者是借鉴的其他行业的理论，经过"加工和修饰"后，应用到文化旅游业的成功案例上的，而且专家们研究分析案例时，无法回避一个现象，那就是成功案例常常要经历较长期的发展和成长过程，而且成功过程中也存在很多内在的机密性的因素和巧合，这是专家们所不知情的，所以，他们在研究分析案例的时候就会做出很多想当然的假设和猜想，自然就会产生片面性。依据片面的事实或设想得到的经验和理论，这能站住脚吗？即便可以用一些成功案例来佐证，但你敢全信、真信吗？

笔者以为，工作在一线的旅游同行，一定不要迷信专家的理论和观点，要保持清醒的头脑和分析能力，尽信书不如无书。理论必须不断地在实践中进行检验并提高，才能不断指导实践工作。工作是干出来的，经验是从实际工作中总结出来的，我们和专家进行交流、向专家请教，要学习的是一定的分析方法和思维方式，而不是成功的案例和一套套死板的貌似高大上的理论。

另外，旅游业的发展很快，各种旅游新理念、新玩法层出不穷，比如，降免门票、引入网红项目等景区二消，说是有助于景区引流和调整收入结构；导入田园综合体、特色小镇、文化街区、红色拓展项目等新型旅游资源，说是可以弥补原有资源上的不足；上马沉浸式、体验式、元宇宙等新项目，说是可以迎合市场的热点需求，等等。旅游业的内容产品，甚至概念名词，更新太快，很容易让人手足无措，这时候要学会保持冷静，看穿实质，抓住本质，争得最有价值的资源和内容。比如做好以下"三个发现"。

（1）发现习以为常的"错误"——事实真相。要学会分辨看到、得到的信息和内容，要明确它们究竟是不是正确的，会不会存在很多不合理的情况，要发现事实的真相，要发现人们"自以为是"的错误。而这些错误恰好就是策划提升的机会。

（2）发现当地人都习以为常的，但是在外人看来会觉得新奇的东西。这些往往是差异化的特色产品和市场引爆点。

（3）发现景区的核心价值。这个核心价值，一定程度上讲，不在景区的基础设施资源上，而在景区的企业文化和背后的关系资源上。一种以独特的企业文化或可高效调用的关系资源建立的市场壁垒，往往比产品建立的市场壁垒更不容易突破。这也是项目策划应重点发现关注的方面。

2. "三个理解"是正确认知景区的基础

很多景区看似存在各种各样的问题或者错误，但其实深究这些问题背后的原因就会发现，问题的存在本身就有一定的合理性，并不需要做到处处尽善尽美。所以，正确认知景区，不单单是找到好的方面，还要找到并理解那些看似不合理的东西背后的真相。

（1）理解景区现状。

很多做旅游的，常常会去考察，学先进、学典型。比如，山水类景区，都会考察学习张家界、黄山、云台山；乡村旅游，都会考察学习袁家村；旅游民宿，都会考察学习莫干山；特色小镇，都会考察学习乌镇、古北水镇；等等。但是，考察学习之后，却很难学得会，一模仿就跳坑。考察学习，不能只看到表面现象，不能只看到别人的成功与胜利，也要看到他们走过的弯路、遇到的挫折，还要看到人家背后的政策支持、资源支撑、产品与景观投入、管理与服务水平，以及运营方法和管理制度等等。不同资源类型、不同规模、不同区位的成功的旅游景区，其成功经验等也会存在差异，甚至有很明显的不同，这些也是行业考察与学习时需要充分理解并深入了解的方面，不能浮于表面、泛泛而论。另外，不同地域的游客其消费习惯、信息接触方式、所处的市场环境等也有巨大差异，因此，不同区域的景区的宣传和营销操作也要有针对性的变化与调整，这也是市场调研、行业考察时需要关注的重要方面。

深度思考和分析景区存在的合理性，景区的生存模式和亮点特色，景区的建设背景和发展历程，以及未来的发展愿景，正确理解景区的现状……真正脚踏实地，才能找准策划的基石。

（2）理解景区企业文化和投资人（老板）文化。

投资人（老板）文化及其所主导的企业文化，有时会被策划人及其所做的策划案所忽略，但笔者认为这恰恰是最重要的点。虽然，并不是每个投资人都是合格且成熟的，但一个企业的成败常常和这个投资人的决心、毅力、意志相关联，相关策划不能忽略他们的个性与特征，更不能忽视他们的偏好与兴趣，策划者与投资人的位置不能本末倒置了。策划的本质是协助投资人，弥补其失误、纠正其错误，但绝不能取代。景区老板才是景区建设与发展的决策人和掌门人，他们背负着整个景区的重担，他们的每一个决策都关系着自己的身家性命，所以做好策划要理解投资人文化。

景区的企业文化常常是老板决策的个性体现，景区里的每一个产品、每一处景观、每一场活动都包含着景区老板的资源、学识和经验。读懂了老板，读懂了老板的资源背景和决策方式，理解了景区的企业文化，也就读懂了项目的灵魂。

不过，需要策划人注意的是，景区老板与策划人、行业专家之间的信任关系并不牢固，原因是过去很多策划方案、规划方案缺乏落地性或者市场效益不明显，使得不少景区老板遭受了很多损失，结果激发了他们对策划与行业专家的排斥和怨气。当然，也有不少景区老板，学习能力很强、很有思想和认识，对一般的策划人和专家也看不上，要想征服他们需要策划人具有更坚实的真才实学。

另外，旅游业发展很快，各类旅游新概念、新玩法不断涌现，相应的国家政策支持也不断更新：最开始，为了景区引流和调整收入结构，采用了减免门票、引入网红项目、增加景区二消等方式；后来，为了弥补原有资源的不足，开始导入田园综合体、特色小镇、文化街区、红色文化等新型旅游资源；再后来，为了适应市场需求，提出了沉浸式、体验式、剧本杀、元宇宙等新概念新名词……行业的快速变化、理念的快速更新，使得景区老板无法也不敢充分相信所谓的策划与行业专家，特别是不敢做孤注一掷的投资。策划人要能准确把握行业发展的真实趋势，不能只玩概念，而忽略投资人的真实需求。

总之，每一个项目、每一个策划都应该是不一样的，因为不但景区资源、政策条件、区位条件、景区规模等存在不同，投资人文化、企业文化也存在很大不同，甚至投资人背后的人脉资源、金融资源等也差异巨大。用凭感觉的话来说，投资人文化在项目成功实施过程中，所起的作用超过一半。规划做得好不好，策划做得好不好，策划人自己说了不算，景区老板说了才算。更多的策划人和行业专家能够赢得景区老板的信任并成为他们的朋友，这才是行业的幸事，是以结果而论的幸事。

（3）理解当地市场和消费习惯。

随着旅游业的发展、社会的变革与进步，人们的生活方式也在不断重构，已经有不少旅游者更加习惯本地游、周边游、自助游、自驾游等出行方式，以前的跟团打卡游已经不再是主流的出游方式，旅游者开始根据自身的需求和喜好，选择不同的玩法。旅游业已经进入了游客导向的新阶段，旅游将越来越贴近游客的原始本心。当然这个本心，也是在不断变化的，反映在需求的变化上，但总体而言游客将越来越不将就，即不那么听从旅行社、景区等的安排。中国旅游研究院戴斌院长认为，不是旅游业定义了旅游者，而是旅游者定义了旅游业。旅游已经成为人民群众的刚性需求，只要有好的项目、好的产品和好的服务，就不愁没有市场。

必须了解项目所在地及周边的市场情况，特别是同类景区的经营运作情况，以下三个方面要重点关注。

一是游客特性："Z世代"年轻人，青春有活力，追求激情浪漫、个性体验，热衷网络、擅长自媒体；退休族游客，成熟稳重、有消费能力，追求生活品质、度假体验；乡村游客，体力充沛、消费能力有限，求长见识，喜欢拍照打卡。

二是不同地域游客消费能力和习性：如风行全国的春节庙会，各地习俗不同，但是都是集中出游消费；南方看雪和北方看雪的景观价值和体验完全不同。笔者总结了一个技巧，一个市场的消费能力，只要看当地老百姓最常消费的一碗面、一碗粉的价格就可以了。一碗面的价格就是活动促销能够吸引游客关注的价格的临界点。如果门票的促销价格是当地一碗面的价格的八倍、十倍，那么它的市场将会受到很大的冲击，或者说营销效果会受到很大的影响。

三是各地媒体的传播习性：乡镇市场适合大篷车大喇叭，大城市就适合抖音、小红书等平台。不同市场游客接收信息的方式不同，景区要对应采用不同的方式。

3. 三个借鉴可以让项目事半功倍

第一，其他景区负责人的成功经验。他们的经验，是最值得借鉴的，因为是经过市场检验的，是理论联系实际的，借鉴起来也是最快捷的，是最重要的知识财富之一，要尤其加以重视。

要关心这些景区是如何成功的，要关心景区的这些负责人、管理者是如何操盘的，更要关心他们在项目执行过程中遇到过什么困难、面对过什么危险，他们踩了哪些坑，避开了哪些坑，跳出了哪些坑？一定要充分了解、深入沟通、认真发现，然后把这些吸取到的经验和教训运用在自己的项目策划和运营中。

第二，各个景区的特色亮点。每个景区都有自己的特色，如一些特色的项目、一个很小的文创产品，或者一个很小的互动场景等，它们都值得借鉴和学习。目前，比较通用的或者最容易出效果的有三大类，即网红场景、特色美食和特色演艺，并且这三个方面也是媒体炒作的重点、热点。

第三，各个景区"秘而不露"的绝招，特别是盈利模式和资源盘活方式。为什么要借鉴这些"秘而不露"的绝招？因为这些不公开的事情，往往是影响成败的关键，里面常常大有文章，通常是景区成功的核心竞争力，也是景区老板们一定要捂着掖着的"宝贝"。得到这些"宝贝"，很容易让新的景区快速翻身，因此并不易得，所以求取"宝贝"时，还要小心求证得到的是"真宝贝"，还是"假宝贝"。

第三篇
聚焦"打造爆款产品"

现在的时代,其实是一个"人人都是游客,处处都是场景"的时代。旅游就是一种生活,要的就是与众不同的体验。

一、贯彻并落实运营前置

如今,文旅已经进入了行业边界比较模糊的阶段,以至于很多人、很多行业都开始相信"一切皆文旅""万物皆旅游"。其实,并不是这样的,文旅并非万能,与其他行业的跨界融合并不是轻轻松松就能实现的。

(一)旅游业发展的三个阶段

1978 年,邓小平在会见美国泛美航空公司董事长西威尔前后,同民航总局、旅游总局负责人谈话时提出:要大力发展民航、旅游业。中国现代旅游业从此真正起步。1982 年正式成立国家旅游局,1985 年中国旅游业第一部行政法规《旅行社管理暂行条例》公布实施……,21 世纪后,国内旅游日臻完善,旅游开始走入寻常百姓家。我国旅游业经过 40 多年发展,经历了不同的发展阶段,每个阶段都有不同的特点,需要有不同的发展导向,所以,了解过去,明辨当下,判断未来,能摸清我国旅游业的发展规律,为未来有效策划打下基础。

1. 第一阶段：以优质资源开发为主

第一阶段，主要指从改革开放到2000年以前，在这个阶段，各地各企业争相开发建设拥有资源优势或者地理交通优势的旅游景区，比如黄山、华山、泰山、长城、故宫、兵马俑、上海野生动物园、东方明珠塔等。

这一阶段开发的旅游资源往往具备不可替代性和不可再生性，是旅游人可望而不可即的好资源，能够面向国际旅游市场开拓业务。相应景区，多数属于国有企事业单位，虽然运营上比较保守，但是由于建设开发标准比较高，再加上不愁客源，收入比较高而且稳定，所以管理水平一般都比较高。这一阶段重点开发的旅游景区很多都变成了5A级旅游景区，它们既是国内相关行业标准的主要参考，也是很多后建景区的学习标杆，引领了一定时期内中国旅游景区的发展。

而且在这个阶段，旅游景区比较好做，旅游市场整体处于景区少而游客基数多的状态，人口红利是旅游业最大的红利，大部分景区属于山岳型或历史文物类景区。这类景区的建设运营成本相对较低，有时候只需要简单建个大门，修整好道路，修建个游客服务中心就可以对外营业了，景区挣钱相对容易。但给旅游业造成了一种错觉：旅游景区是一次投入长期赢利、稳赚不赔的项目，建景区就像造了个"印钞机"。

2. 第二阶段：以市场博弈为主

这个阶段主要指2000年至2019年这一时期，在这一时期旅游业处于快速扩张、快速发展的阶段，旅游景区无论在数量上、质量上还是管理水平上，都获得了快速提升，大量景区涌现、多类型资源并存是这个阶段的显著特色。一方面，随着市场的迅速扩大和政策的不断推动，大量新景区、大量新玩法应运而生；另一方面新旧景区进入了多方博弈阶段，市场竞争空前激烈。

在这个阶段，有靠区位优势打造的各种主题公园、复古城镇、影视城等，内容则以微缩景观、复古建筑、集锦荟萃式园区和机械游乐为主；有靠资本优势，在中国经济大繁荣的背景下结合各种有一定开发价值但不是特别"丽质"或者缺乏显著独特性的、一般人难以体验的旅游资源打造的各类旅游产品，包括旅游演艺、新建或者改造的古镇、旅游综合体等；有在国家政策引导下诞生的旅游新业态，如乡村旅游、工业旅游、康养旅游、体育旅游等各类"旅游+""+旅游"业态；还有各种各样的主题化旅游产品，产品形态五花八门，投资有大有小，资源有强有弱，很好满足了旅游市场的多样化需求。

在这个阶段，虽然整个旅游行业展现出百花齐放、百家争鸣、一片繁荣的景象，但是由于第二阶段开发的旅游资源，大多不如第一阶段，因而除了部分具有区位优势的项目，依靠庞大的周边市场，依然获得了良好的市场效益和强大的生命力外，其他更多项目则处于经营相对艰难的状态。这个阶段新开发的文旅项目，很少能扩展到全国市场范围，多数项目客群市场局限在项目周边300~500公里范围内，并且在市场运作上有一定的难度。在这个阶段，很多项目属于其他各行业资本跨界进入文旅行业的产物，尤以房地产、能源等重资产、资源性企业转型跨界为主，相关投资人，大部分有着鲜明的地产业思维、能源业思维，长期主义理念不足，往往急于投资出效益，投资文旅项目有时候是为了占地占资源。导致这个阶段开发的很多景区，运营上非常乏力，很多都处于经营不善甚至亏损状态。

不过，随着新景区数量增加，也倒逼第一阶段开发的以及第二阶段开发较早的景区不得不加强内部管理、提升服务质量。加之政府的大力提倡和推进，使得景区标准化建设，在这个阶段得到了全面的推进，也得到了多数景区的重视和贯彻。尤其是旅游产品特色体验和服务，常被并列作为对外宣传的重点来吸引游客。但在这个阶段，有些景区显得过于强调标准化，而忽视了个性化、特色化，在特色产品打造和市场开发上则缺乏一定的创意和新意，出现了同质化、山寨化等现象和趋势。

这个阶段，景区客源大多依赖渠道招揽，可以说是"渠道为王"的时代，谁掌握了渠道，谁就能在市场中获得一席之地。由于市场主体迅速增加，大众旅游消费支出增长相对缓慢，造成了僧多粥少的局面，不少景区产生了入不敷出的问题，效益良好的旅游景区占比下降明显，第一阶段产生的"错觉"开始反噬投资者。

3. 第三阶段：以创意和传播为主

新冠疫情可以视作中国经济社会和世界局势的重要分水岭，也加速了中国旅游业的转型。疫情前后，随着5G、新媒体、智能手机及相关应用的发展，旅游资讯传播、旅游宣传推广、游客群体交流互动，甚至旅游需求偏好等都发生了翻天覆地的变化。传统的旅游思维大有跟不上市场变化形势的样子，老旅游人逐渐迷失在了新的旅游行业中，由旅游从业者引导或者主导旅游需求的时代似乎一去不复返了，新的"游客定义旅游业的时代"正在全面到来。

"Z世代"的年轻人，特别是"00后"，他们生长在信息获取更自由、更便捷的时代，短视频和互联网的兴起，让他们获取信息的途径更多，信息量也超出其他时代的人。他们的消费观，甚至人生观、价值观，都和之前的"60后""70后""80后"有着截然的不同，追求自我、享受人生、不好面子，同时又强调公平、关注性价比，简直是"难得的人间清醒"。他们不接受PUA，不盲目跟随，甚至会反思过去一切看似正常的东西，如结婚生子、买车买房，以及奋斗创业等。他们敢于整顿职场，也敢于给消费行业的老板们"上一课"，他们消费会比价，除了寻找各种消费券、优惠券、薅商家羊毛之外，还热衷于找平替，"不是羽绒服买不起，而是军大衣更有性价比"。旅游也不报团了，该省省，该花花，不扎堆，不盲从，可以为了一顿好吃的出游，也可以为了打卡一个场景，而选择远方。但每一次消费，都是对生活态度的投票，不为跟风，只为取悦自己，不买贵的，只买对的。旅游，对他们而言，成为一种生活态度，不一定去景区，也可以去乡村、去博物馆，总之要去满足自己情绪价值的地方，这个已经超出了多数旅游人对旅游的认知。

根据近几年文化和旅游部发布的清明、端午、"五一"、"十一"、春节等节日旅游数据公告，各类机构发布的旅游趋势、发展报告等文献，以及笔者全国各地行走考察的情况，形成以下观点：当下，游客的选择目的性更强，出游目标也更明确。他们大部分会选择去以下四类地方。

第一类，重要旅游目的地城市和网红城市。如北京、上海、西安、南京、重庆、成都、杭州、洛阳等这些本身具备比较深厚文化底蕴和优质旅游资源的城市，以及近些年逐渐爆火的一些城市，如淄博、天水、开封等地。从以景区为旅游吸引核转到以城市为吸引核，是当前旅游风向标最明显的变化。城市的旅游吸附作用，以及在旅游市场中的比重越来越大。

第二类，具备优质资源的景区和网红景区。游客不是不去景区，而是想去心心念念的地方。具备优质资源的景区如故宫、兵马俑、三山五岳等，它们都是不可替代的重要旅游目的地，也是很多人一生要去一次的地方。而网红景区，相比传统知名景区，正在成为新一代游客的"心心念"，寄托了他们新的情感和梦想。这些网红景区，有的是因为多年的沉淀，进而在新媒体的作用下，慢慢走红，如洛阳的老君山；也有的一夜之间就红了，比如东北不夜城、开封万岁山武侠城。当然，它们的爆火有爆火的理由，但是能不能接住泼天的富贵并保持下去，也是一种考验。还有一类景区，就是近些年逐步兴起的主题乐园，因为具备一定的体验度，市场吸引力也还不错，受到了很多年轻人的欢迎。但它们往往自成一个圈子，与传统旅游景区关联并不怎么紧密。

第三类，不收门票的网红街区、文创街区、不夜城、近郊公园、博物馆、科技馆等具备一定休闲娱乐功能、商业功能、文化科技教育功能的低消费场所。老牌步行街如上海外滩、南京夫子庙、重庆解放碑，新兴的如西安大唐不夜城、青岛明月·山海间等，这些项目，平时都有很高的客流量，节假日更是人山人海。而博物馆、科技馆、美术馆等，人们来到这里能够深入了解当地的历史、文化、艺术、科技以及民俗等元素，获得独特的文化体验，提升审美能力和艺术修养，也获得了很多人的青睐。

第四类，小众的特色化的旅游项目地或者"节庆活动"举办地。随着这些年交通和旅游配套设施的完善，一些小众的旅游个体也走进了相应的旅游者视野，如新疆独库公路、城市马拉松、探秘敦煌等。另外，各地都在加大城市、乡村的美化和旅游配套服务，尤其是各地举办的美食节、文化节、音乐节等各类活动，品质也越来越高，对游客具有很大的吸引力，当活动举办的时候，就会吸引大量周边游客前去打卡。

现在的时代，其实是一个"人人都是游客，处处都是场景"的时代。旅游就是一种生活，要的就是与众不同的体验。一个商场、一个书店、一个菜市场，都可以成为一个"网红打卡地"。而其中的一部分，可以算作旅游业的数据。但是，数据归数据，旅游业的旺，并不代表着所有传统旅游企业都旺，或许吃、住、行、购方面旺得更明显一点，但游、娱方面有的还需要冷静面对。

如今，新兴的文旅项目发展呈现了以下几个特点。

（1）从存量向质量发展。

旅游景区每年都会有新的开业，也会有旧的隐入尘烟、无声无息甚至死掉；新入市的项目，多会注重市场吸引物和盈利模式，会更重视游客体验与生存壁垒。

（2）从资源支撑向"创意为王"发展。

当下很多游客，对于景区等级已经看得轻了，对景区服务的基本要求却已经提得高了，他们不再关注景区是5A级、4A级，还是3A级，他们更关注品牌、特色、体验和差异，更在意自己的旅游体验和感受，不再为出游而出游。游客关心是否有特色、有个性，特别是能否满足自己的打卡需要，这些俨然成为游客选择景区的优先考虑因素。

特别是进入自媒体时代，短视频的兴起，让无数具有画面感的新、奇、特玩法快速走进千千万万游客心中，并快速风靡。由此可以得出结论，文旅新玩法，如果想要快速传播，就必须满足短视频传播的需要。一顿烧烤能够引爆网络，就是这样的一个逻辑。这也导致很多文旅项目、旅游景区，开始努力全面拥抱新媒体，特别是短视频，而不再只依靠自身的资源优势。新媒体能力成了文旅项目的决定性长板，长板不长、高度不高。

（3）从远离市区向人口聚集的市中心区域发展。

旅游一定要远游，或许是成立的，但休闲娱乐，不一定要到远方，甚至也不一定要到远处。自然景观类、稀有人文景观类的资源常常远离多数人的居住地，但随着旅游业的不断发展、疫情的影响以及游客旅游偏好的变化，"家门口的诗和远方"，也成了人们愿意接受的旅游新玩法、新形态。加之，VR、AR、人工智能等科技赋能，家门口的旅游产品也越做越好，相对吸引游客去往远方的引力就减弱了，城市居民留在市内市郊休闲娱乐的可能性越来越大。于是，很多文旅项目，特别是不夜城、密室逃脱等体验类项目和新兴项目，纷纷落户市区商业街、商场、街心公园等，形成了更多旅游资源逐步向城市人口聚集区转移的趋势。

（4）从营收单一向多元化发展。

在旅游业发展的早期阶段，多数景区依靠门票经济，再多就是做点餐饮、旅游商品等；后来，景区的索道、小交通成了二消项目的标配；再后来，玻璃栈道、玻璃桥、七彩滑道、悬崖秋千、"步步惊心"等特色体验项目成了景区盈利的新方向，还有一部分景区，开发了各种商品类、消费类文创以增加收入。不过，这些做法有其适用性，并不能在所有景区都发挥效用。"门票＋二消"在未来，就单个景区而言，可能也不是出路。

在新时代，旅游景区将很难独立于旅游目的地（如某旅游城市）之外，它与旅游目的地百姓的生活空间的界限将越来越模糊，景区将可能只是个引流或者导流的工具，甚至有可能只是旅游的附加项，而不是必选项。未来的旅游业将在旅游目的地范围内融合文化、商业、地产、体育等多种产业和要素，旅游业可能将不再单独计算盈利，真正的盈利可能会在文化产业、商业、地产、体育业等其他环节产生。如果能如此，旅游业便将跳出原有的盈利范畴，市场抗风险能力会越来越强。不过受制于资金、产业结构、企业股权、相关政策限制等，这样的发展目标也难以轻松实现，很多景区将会面临市场调整所带来的阵痛。

（5）从旅游是一种生活向生活是一种旅游发展。

近两年，淄博烧烤、"村BA""村超"、天水麻辣烫火了，西安长安十二时辰、洛阳洛邑古城等一系列沉浸式文旅项目火了。它们的火并非偶然，而是旅游已经从原来的"从自己待腻的地方到别人待腻的地方"，变成了"重新发现家门口的美好"，或者"去体验别人家不一样的生活"。原来的旅游强调"旅行过程"，行走是其中最核心的内容；如今的旅游强调"生活体验"，停下来、坐下来、住下来体验新的生活、不一样的生活成为更主要的目标。

人们可以为了一种与众不同的美食打卡一座城市；可以为了体验国潮穿越而翻越千山万水；可以为了找个想睡觉的地方而来一次说走就走的旅行……具备吸引力的生活方式越来越在游客的出游中占据越来越大的比重。

目前，中国旅游消费处于大变化的阶段，有人认为是"消费降级"，但笔者以为这样的变化，更主要的不是游客在旅游上花钱变少的问题，而是越来越多的游客开始关注性价比，他们变得日益清醒，开始选择平替产品，而不再受传统旅游理念、旅游"规矩"的约束。不一定非得在景区吃饭，不一定非得报团，不一定非要到什么地方去，不再相信什么地方是必玩的、必游的，等等。游客的自我觉醒、城市基础服务水平的提高、交通条件的大幅度改善，这些都促成了游客消费意识的变化，也是旅游业必须面对和适应的新局面、新形势。当下旅游，火的再也不是某个景区了，而是其中充满烟火气的体验项目、充满人情味及对美好生活向往的人和场景。

（6）从旅游业向跨界无边界发展。

旅游行业定制化个性化产品不断升级，边界不断拓展，市场上将不断出现"旅游+"新模式、新业态，如旅游+运动、旅游+教育、旅游+零售，以及乡村旅游、房车旅游、研学旅游等；跨界新项目、特色新体验、多元化新业态，仍将是发展创新、升级迭代的主流。

上述未来旅游的发展趋势，是产业与市场双向奔赴的结果：一是"家门口也需要诗和远方"，结果倒逼新兴文旅的产生。二是新媒体的病毒式传播特性，使得文旅宣传走向了自媒体化。三是"Z世代"逐步成为旅游主力，他们的新需求、新玩法倒逼旅游产业跟着市场进行转型。四是社会基础的改善，如交通、住宿、通信、金融等公共服务水平的提高，以及相关促进政策的制定与实施，为跨界融合、多元化发展提供了基础保障，打破了外行业跨界进入文旅、文旅行业跨界其他行业的壁垒。总之，旅游业的未来发展，既是行业自身发展的需要，也是市场倒逼产生的结果。把握好这样的趋势，才能赢得未来。

无论旅游业将来会发展到第几个阶段，只有满足游客需要才是真正的妙招。这一点不仅是过去，还是未来，都是不会改变的。所以，旅游景区要关注游客需求、关注它们的变化，以市场为导向，升级自己的产品，以创意和创新来赢得游客青睐，收获引爆市场的品牌。未来的旅游需求，将更多偏好实用性，既有观光打卡的实用，也有体验感受的实用，还有休闲度假的实用。需求实用、产业可行，这是旅游业与游客最终要共同奔赴的目标。

（二）聚焦运营前置，做好项目之基

随着不同阶段的发展，以及在运营中出现的困局，很多管理方和文旅同行提出了运营思维和运营前置的概念，甚至很多地方政府也在相应工作报告中提出了"落实运营前置，将运营思维整体贯穿到规划、设计、建设全生命周期"。

然而，落实好运营前置并不是容易的事情。比如，什么是运营思维？运营如何前置？如何评判运营思维的正确性和有效性？项目前期没有运营团队时，运营前置的事情谁来做？如何组建运营团队？如何从头到尾，从投资、规划、设计到运营等贯彻落实好运营前置？怎样保证运营人的决策正确？怎么保障运营人的话语权、决策权？等等。这些都已经远超传统旅游业，特别是旅游景区的运作范畴，需要深入理解并探索实践。

运营是一种涉猎多个领域和学科的艺术，需要掌握各种不同的知识。优秀的运营需要对产品的每个方面进行精心策划，对其综合能力有着极高的要求。具有运营思维的策划，意味着需要将项目的整个动态过程和多要素纳入考虑范围，优化并丰富产品的内容和建设要点，必要时还要根据运营团队对产品的诉求，反过来调整产品定位及功能。

打造爆款文旅，无一不是贯彻并落实了运营前置。

关于运营，百度给了一个挺有意思的定义："一切围绕产品或服务进行人工干预的过程都叫作运营。"从字面来看，无非是"运作＋营收"，通过利用各种运作手段，持续获取营收。

总而言之，运营就是对运营过程的计划、组织、实施和控制，是与产品生产和服务创造密切相关的各项管理工作的总称。从另一个角度来讲，运营也可以指对生产和提供产品与服务的系统进行设计、运行、评价和改进的过程。它首先是一个动态的过程，其次是"时、地、人、事、物"等多要素的组织统筹。

做文旅项目的运营，就是要站在文旅项目的角度，面对眼前或好或差的旅游资源，面对文旅项目的各级工作人员以及有限的资金，面对文旅项目外部挑剔的游客和变化不定的市场，去思考和理解文旅项目的生存之道和应对方法，使得文旅项目各项工作能够达到预期的目标。

对文旅项目而言，其核心在于经营与维护，即以商业化的视角来看待运营的前半部分，而以实际的产品收益为目标看待运营的后半部分。概括来说，就是通过满足市场对环境、服务、情景等的各种要求来实现产品运作。其中，产品最为关键，如果缺乏了具体的产品，无论何种运营活动都无法持续且无利可图，可能只是"白费心机"。因此，在运营上必须遵循市场规则，先要创造引人入胜的旅游体验，然后根据市场需求制定主题产品策略、游览线路，进行景观改善、建筑设计等，最后才是建设和运营管理的实施阶段。

为什么要运营前置？因为运营最终对结果负责，运营最了解市场一线的需求，运营最了解业态落位的需求。项目所有方必须彻底转变重前期、轻运营的观念，这是运营前置的保障。

项目运营方需要丰富的实战经验，具有商业、营销、演绎、推广全体系的操盘能力及强大的资源支撑，运营方不能是多个团队的拼盘，一定是能融为一体、各司其职的"战斗小组"。

随着文旅市场深入发展，建立清晰的经营性思维越来越成为市场共识，更倒逼文旅项目必须以运营结果为导向，对建筑等硬件设施的投入回收率、成本—效益比例等财务数据进行精细化的测算，从而指导文旅项目的立项建设与运营管理。也就是说，文旅项目要想成功，要想体现文旅的价值，必须运营前置，必须以"O"（运营）单位作为总统筹，将项目可持续发展的甲方立场作为操盘标准和依据，向全体供应商提出工作要求和执行标准，并在项目全周期中一直担任业主方专业、贴心的"项目制片人"角色。

1. 项目运营原则

运营前置思维要求从项目初始规划开始，就把全部的项目流程及所有因素都包含进去思考，坚持以市场和经营为导向，充分理解和落实为何而做、为谁而做、何种体验、位于何处、何时去做，以及怎么做等问题。下面就一一展开来说。

（1）为何而做？

许多策划者在构思他们的方案时，往往更关注怎样使产品变得更加有趣和富有创新力，而忽略了其背后的"何以如此"，即他们所创造的产品究竟是为了什么？实际上，理解这个"何以如此"对文旅产品的设计至关重要。因为只有当产品被视为一种解决方案的时候，才能被称为真正的产品。

就文旅项目运营而言，主要涵盖以下五点：宣传推广、流量引入、客户服务、收益获取和社会影响。目标差异会带来策略选择上的区别，进而导致产生不同的经济效果。例如，景区内的演艺通常无法自我负担成本，但具有吸引游客驻留、促进酒店及餐饮消费等作用，因此它的首要任务可以设定为导入客源而非追求直接获利。在规划旅游项目时，特别是在规划文商旅或田园综合体这种项目时，关键不在于单一产品的吸引力有多大，而在于产品的组合吸引力有多大。只有在考虑上述五个因素后，旅游产品体系才会具有完整性和最大化效益。

（2）为谁而做？

当前，旅游业正逐步由传统的观光阶段，转变为更注重休闲体验的新阶段，旅游消费需求也呈现出更加多样化的趋势。与此同时，随着市场的不断扩大，各地间的竞争压力也在逐渐增大，这使得前期的市场调查及精确目标客户群体的识别显得尤为关键。

在调查前期，需要明确运营的目的，是要吸引大量游客还是少量特定人群？是服务于老年人、孩子和年轻的家庭，还是商业接待？只有想明白未来的目标客群是谁，才能构思出具有市场竞争力的产品。虽然这个原则看似简单易懂，但是它常常会被人们忽视。

（3）何种体验？

为什么是"体验"，而不是"功能"或"内容"？因为在规划产品的过程中，如果仅局限于功能和内容方面进行思考，就无法真正站在用户的角度来考虑问题。项目策划人要寻找那些能让游客费尽周折前来并愿意再次光临的产品和理由。项目为游客提供哪种非比寻常的体验？是梦境般的环境、沉浸式的感官感受、有趣刺激的冒险活动、知识增长的愉悦，还是身心的放松疗愈？这些独一无二的体验，正是产品吸引力的关键。

"主题"是旅游项目向游客提供的最重要和全面的感官体验。在一个文旅项目中，所有的体验应保持一致性并相互协作，以产生相似的感觉，从而加强项目的主题。所以，所有产品的设计都要紧密围绕核心主题。任何与核心主题相悖的产品，都会使项目变得混乱不堪，缺乏统一性和协调性。在进行具体产品设计时，要在尊重主题的前提下，对主题进行拓展和深化，创建出属于自己独特的感受和价值。

在这个方面，迪士尼为我们做出了榜样。在规划游乐设施时，迪士尼会先构建出一种被称为"至高理念"的核心概念，这是一种简洁明了且形象化的描述，通过一句话能够表达游客体验到的感觉，例如，"在月球上骑行""穿越动画王国"或"翱翔于浩渺星空之中"等，这种表述将会作为所有娱乐项目的主题与内容的基石。只要它激起了游客的探索欲望并引起他们的关注，那么产品的开发就已经取得了一半的胜利。因此，在开始设计产品的内容及功能前首要思考的是：你想让这款产品为游客带来何种感官体验呢？

（4）位于何处？

每一个文化旅游产品都需要占有一定区域，并位于特定的地域环境内。在考虑其所在的位置时，重点并不在于具体点位、所需面积大小等，而在于它与周围环境的关联程度。通常情况下，地理位置会直接影响该产品是否能够存活下去、是否有扩展的可能，以及能否和其他产品发生交互作用。

例如，项目的最高点通常是最好的观赏地，能够与餐厅、咖啡馆、酒店和观景台等设施相融合，将自然优势转化为可以消费的地方。在上海迪士尼乐园的加勒比海盗区，设计师巧妙地把室内漂流设施与主题餐馆融合在了一起，当顾客在这里就餐时，他们不仅能欣赏漂流中的"沉没宝藏"战斗场景，还可以看到其他游客的互动交流，这使得整个体验更加生动有趣。

（5）何时去做？

对于文旅项目，尤其是需要分期开发的一些大型工程，通常会采用分批供给的方式来实施，其建设过程可能会耗费较长时间。因此，在产品计划阶段必须充分重视项目的进度管理。

首先，根据文旅产品的运行规则，有条理地调整项目建设的时间表，涉及初期的吸引流量、后期的持续优化提升、资金循环使用等。其次，还需要考虑地块提供的时间点，在总体规划基础之上，依据地块提供的顺序，对产品建设的进程进行审核，以确保每个阶段的产品系统能适应不同的发展需求。这也从另一个角度阐述了策划和规划同步进行的重要性。

（6）怎么做？

对于单个开发商无法独立承担其全部任务的文旅项目，就需要大量跨界协作。因此，作为此类文旅项目的发起人与执行者，应努力打造一个包容共享的环境，吸引各领域的专家、合作商家共同参与，而非事无巨细地亲自操作所有环节。为了实现这一目标，必须在规划初期明确自身能胜任的项目类型和需要引进的外部伙伴，并确定他们各自的责任范围。

无论是选择自我执行或是寻找伙伴参与，都应确保经营管理团队能够尽早地加入进来，以便他们能提供建议并优化产品的内容与构建重点，必要时还要针对运营团队的诉求，反过来调整产品定位及功能。因为，未来的文旅业态，必然是生态圈式的，以连接、共享、共赢为特征。

2. 运营前置的原则和方法

基于运营前置思维进行文旅产品策划，说难也难，说不难也不难。说不难，是因为有很多经验和工作方法是现成的，如前期市场调研、策划规划同步推进、考虑时序安排、搭建产业资源库等，这些并没有多神秘、多高科技。说难，是因为它需要放弃一些投机取巧、"置身事外"的做法，要从实际出发，以问题为导向，踏踏实实地做好市场调研、规划设计、开发谋划，并一个一个产品反复推敲；还要舍得花时间花精力让开发、产业、运营、规划等多个团队充分沟通协调，做到集思广益、开放合作、共谋发展。

所谓运营前置，一方面是指项目在投入运营前，要以运营的思维来筹备项目未来的工作，另一方面是指在项目投入运营后，要以运营来统筹计划所有的工作，把运营摆到足够重要的位置上。

在文旅项目整体运营的前期，要全方位做好运营准备工作，可以依据文旅项目的各种特质，如文旅项目定位、主题开发性质、客源群体选择、地理位置、历史文化、消费水平等进行反反复复的综合测试。通过测试得出文旅项目运营管理的方向、模式、管理体系，甚至适合未来发展的企业文化等。"工欲善其事，必先利其器"，只有运营前的功夫做到位，整个运营链条的通畅方能得以顺利实现。正确的分析、决策都需要不断地从实践中获得。

在项目投入的前期，运营前置的核心是由专业的运营团队对项目的策划定位、场景设计、施工建设、商业业态等进行优化整合，一切以结果为导向，贯彻"谁对市场负责，谁有决策权"的理念，保证项目主线明确，关键环节高效落地。

（1）运营前置的主要策略。

一体化的思考模式贯穿整个流程：从早期的计划制定，到中期的项目建设，再到后期的工作运行与监管，这构成了一个完整的循环过程（见图3-1）。只有当所有这些步骤都能够协同并行时，才能确保项目顺利实施。比如，在早期策划过程中，需要提供关于各类业态的比例分配、各类落地细分品类的具体数目及所需的空间大小等详细信息。当确定要在某个地方建立一个剧院的时候，可以在规划阶段就明确该区域内观众等待区、彩排场地、主要演出场地的容量需求、面积限制以及楼层高度的要求，通过这种方式，实现一次性布置到位，防止后续设计的频繁调整。

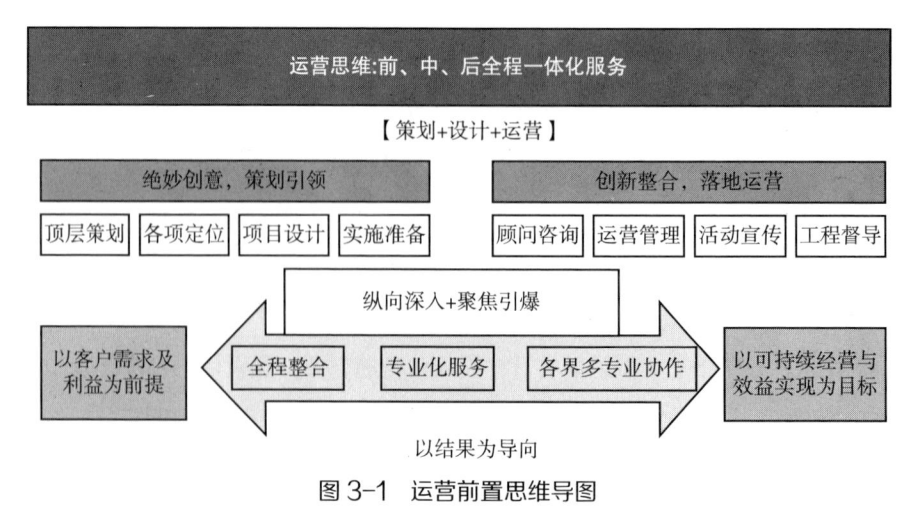

图3-1 运营前置思维导图

落实运营前置，一般来说要实现以下几个方面的内容。

第一，投运一体，策运同步。

在策划的时候，应该把投资和运营结合考虑，不能只关注投资，而忽视运营、收益和回报，这是存在问题的。有些文旅项目在初期阶段大量耗费资金，但对后续发展考虑不足，甚至对运营阶段的运营费用都没有充分考虑，这样会造成在前三年里，没有足够的资金用于市场推广、品牌塑造、表演策划及日常管理等环节，如此将会给项目带来巨大的困难。

在当前的文旅行业中，存在高标准建设而运营不佳的情况。重要原因就是文旅项目沿用了传统的运作模式，运营配置水平低，项目开发商在建设完成后就离开了，运营方后期才介入，并且缺乏运营经费投入等。只顾开发建设而忽视运营的情况是文旅行业常见的问题，这也是文化旅游业发展过程中面临的阶段性问题。运营比开发更重要，这是文旅行业发展到新阶段，带给文旅人的新经验和新教训。

运营成功，文旅项目才算成功。这应当成为文旅项目投资的衡量标准。所以，项目从立项的时候，就要考虑运营的策划和资金的分配，确保项目开业后还有足够的资金来保障项目的后期运营。

第二，"三策一规"。

什么是"三策一规"？就是在做整体策划过程中，要把三个核心的东西考虑到位。一是运营策划，就是把运营相关的事情考虑清楚。比如，景区文化该怎么定位？市场宣传该怎么做？景区内的游览区域应分为几部分？产品功能区应划成几区？游客游步线和观光线应分哪几条？交通运输服务线怎么设置？景区承载量怎么计算？节假日高峰时段有哪些应对措施？应建多少停车场？需要多少景交车？需不需要观光电梯？等等。这些方面，很多人在规划的时候并没有系统考虑，只是根据最大承载量来计划，根本不考虑现实是否合理。

二是经营策划。如商铺、演艺、饮食、文创等怎么经营，怎么收费？要做好这方面的综合考量。

三是场景演艺策划。这是当前文旅项目的必备元素，因为它能为游客带来更丰富的体验。现在一个没有演艺的文旅项目是没有意思的，光看商场、光看建筑很多地方都可以，不一定非得选择你，所以策划的时候必须把演艺纳入考量范围，这样的总体策划才能算通过。

此外，还需要考虑整体项目未来的发展目标，以及餐饮、零售、创意产业等方面的未来发展规划，以确保整体运营的顺利实施。只有当这些内容都得到充分考虑后，才有可能制定出有效的总体战略规划方案。

这些合起来，就叫"三策一规"。"三策一规"要同步考虑，否则就会出现，房子盖好了、硬件装好了，但是软装不知道装啥，紧接着就开始运营，运营的时候自然会混乱不堪。所以"三策一规"同步考虑，是非常重要的一点。

第三，"三维一体"。

将文旅项目早期的规划设计、中期的建设以及未来的运营管理三个维度同时考虑，构成一个闭环，每次循环都能提高一个层次。

第四，"三得"原则。

文旅项目在规划时，常常需要适应政策和一些在地文化植入的要求，总是追求高度、规模、地位、独特性和创新，却容易忽略市场的核心群体——普通大众。实际上，不少文旅项目的游客主要来自当地居民，他们是主要消费人群。因此，创造出能让普通人"看得到、理解得了、觉得值得"的产品和服务，实现这样的"三得"，也是运营前置的重要原则。

第五，"三重"原则。

①策划重于规划。策划讲求联系当下，讲求实现市场目标，讲求解放思想与创新突破，而规划更多侧重对未来的适应，预计、预估的成分更大，目标性不强，所以要更重视策划，策划到位，规划才可能到位。

②市场机会重于资源本身。需要注意的是，后期开发的文旅项目的市场价值往往高于资源本身产生的价值。优质的山水、人文资源多数已被开发占有了，在这个领域新的文旅企业已经没有多大机会了。所以，在开发新的文旅项目时，就不能再以资源思维为主，而要以市场思维为主，以抓住市场机会为重。

③运营重于建筑本身。对于建筑类景区，如古镇、古街区等，运营的重要性其实大于建筑本身。我国之前一段时间大量建设的特色小镇项目，有很多遭遇了经营

困难，原因并不是建筑质量不够好、特色不够鲜明，或者是因为仿造的原因，而是运营本身出了问题。而拈花湾、乌镇等这些古镇则成功展示了投资、运营一体化及策略协同的产业价值。此外，还需要一支优秀的管理团队以确保优质的服务质量。可以引入优秀团队或找寻方法自行培育人才，从学习开始，逐步实践，不断锻炼，促其成长，这样一步步建立起自己的合格的运营团队。

（2）运营前置的三大核心。

运营前置说起来容易，但在实际操作过程中也有很多不确定性，所以，一定要抓住核心。

首先，谁对结果负责，谁有决策权。

"专业的人做专业的事"，虽然很难评定谁是真正专业的人，但是可以肯定的是许多文旅项目的失利，往往源于非专业的管理者。行业中的各类专家，自然能够给投资者提供值得借鉴的知识和灵感，但实际上他们往往也只能理解行业秘密的一部分。其实，每个成功案例都有其独特的因素，多数时候需要一位有才华的核心人物来推动，这就是项目所需要的"专业的人"。

如果没有梅河口市政府的大力支持，如何能成就东北不夜城呢？如果没有袁家村郭书记多年来的坚持与当地村民的支持，怎么会出现袁家村这样的奇迹呢？在国内众多效仿袁家村、东北不夜城、拈花湾以及文和友的项目中，只有少部分能勉强生存下来，大部分项目难以为继。一个新项目要想迅速崛起，就必须选择竞争相对较弱的领域，如仅有三名参与者的百米赛跑，即使排名垫底，也能获得第三名的好成绩，这便是所谓的差异化策略。

确定市场的切入点一定要由运营团队经过系统的市场调研来完成，不要认为你是当地人，就能了解当地市场，多数时候你不如运营团队更了解市场，更懂得如何通过引流实现流量的转化。经验丰富的人多数不是来自高校和研究机构的理论专家，而是有多年一线实操经验的专业人士。

许多文化旅游项目的投资者往往会很自信，他们总喜欢把自己的意志强加在项目上，甚至于想通过简单的模仿来获得成功，其实，这样的做法表面上看似安全，实际上忽视了文旅行业所重视的新颖性和独特性。当初看起来最保险的选择有可能会让项目陷入困境，使得数亿元乃至数十亿元的投入付诸东流。

其次，运营需要团队，而不是个别"精英"。

文旅项目的运营团队通常由几位核心成员和投资者联合组建。如果这一关键步骤出现了错误，那么该项目的运营将会出现极大的问题。

文旅项目的成功必须经历市场调研、定位策划、设计优化、商业融入、品质控制、表演执行、营销策略、品牌宣传等多个阶段，仅凭少数优秀人才是无法胜任如此庞大而且系统的工作任务的。

项目的运营需要多方的默契协作，而这种协作的磨合过程通常耗时良久，如果项目团队缺乏必要的磨合时间，则会导致运营效果不佳，并产生重大财务损失。所以，在组建团队的过程中，首先要考虑招揽具有丰富实战经验的人才。但在国内，优秀的文旅项目运营人才非常稀缺，很少有人具备深厚的旅游文化教育背景，同时具有五年以上的实操经历，更没几个人全面运作过文化旅游项目，也没几个人既进行过景区规划又经营过景区。没有丰富的从业经历，就很难全面和深刻地理解问题，甚至有时会很偏颇，那些拥有多年规划与设计经验的专家也未必能真正掌握市场的脉搏。文旅运营人才极为难得，要高度重视。

通常情况下，一个文化旅游项目全面运营所需的专业团队至少要有 20 名以上专业人员，然而在国内具有这种条件的公司与团队并不多，这是未来重要的市场空间。

最后，要运营前置，资金后置。

尽管近年来文化旅游业经历了一个痛苦的阶段，但大多数决策者都意识到了一个关键的问题：经营管理是根本。许多人开始接受并重视运营前置和落地实施的重要性，许多项目在初始阶段已聘用了策划或设计公司，他们为项目设定了明确的目标，并完成了详细的项目总体规划。然而，现阶段我国多数经营管理团队的实践经验还很不足，他们的方案有时候会显得笼统，甚至不能落地，这种情况也要加以注意。例如，在古镇中加入现代化建筑试图模仿成都太古里的成功；或者在景区内设置一条餐饮步行街来效仿袁家村的成功；或者为了复制轻资产不夜城的成功，大量使用照明设备营造出浓厚的氛围。这些做法，只是简单的模仿，并不一定能起到实质性的效果，反而会削弱项目的独特优势。

如今，许多项目采用"EPC+O"或"PPP+O"的方式来运作，这无疑是一个巨大的进步，然而很多文旅人和管理者对这一概念的理解仍有待深入，更准确地说应为"O+EPC"或者"O+PPP"。

做文旅未必要追大求全，更关键的是要定位核心、单点突破。世上没有十全十美的人，也不会有十全十美的文旅项目，只要把其中的一个优势做到人人皆知就足够了。但是这个点一定是后期的运营方负责落地，所以应该由运营方牵头做规划设计、施工建设等，前期团队就要入驻，并帮助投资方把控投资风险。但也要避免使用不专业的前期团队，别被忽悠做出很多无效的投资，运营方应该成为项目的监理，能为投资方节省资金，并把控项目未来的发展方向。

实际上，一个总投资额为5亿元的项目，应该在开始时预留大约3亿元资金，用于后面第二、第三阶段的投资，这样有助于降低资金积压的风险，并节省运营开支。这种方式也使得项目的定位更为灵活，因为文化旅游市场的变化极快，足够的资金预留可以保证第二轮或第三轮的开发计划，并通过新的开发不断适应新的市场需求。

另一种认识误区是，许多投资者对运营前期所需的大笔经费持怀疑态度，并主张节约开支以降低支出压力。然而，这忽视了一个重要事实：一旦运营取得成功，便能带来丰厚的回报，并使项目健康运营下去；反之，则可能使项目一败涂地，导致彻底的损失。

此外，有些斥巨资打造的项目，试图低价委托管理公司来负责运行工作，以此规避昂贵的运营负担，这种想法也是不可取的。低价意味着更小的责任，付出与回报必须是同等的，"中彩票式"的思想和做法要不得。

项目初期阶段至关重要，若能在最初的三年内保持旺盛的人气，则可使该项目成为当地的热门景点，从而让游客形成游览惯性。这就需要高频次的营销活动、丰富的演艺体验、强大的新媒体推广，而这需要维持一定的运营投入。实际上运营投入与资产收益及升值的比值才应该是投资者关心的问题，其绝对值不是最重要的。而这一切，都必须先保证运营前置，把运营放到足够重要的位置，这样才能够保障项目的顺利成长。

基于运营结果导向制定的运营前置规划方案，是所有文旅项目的评估标准。这些标准包括：对专业供应商单位的提资需求、质量标准要求等具象化指标与执行管理工具。当标准和要求都已清晰化提示时，诸如"我感觉""我认为""我觉得"等模棱两可的主观判断就不会在决策中出现，一定程度上解决了不利于业主和项目参与方进行有效判定的"认知陷阱"。

真正的运营前置，是运营单位基于文旅项目的各项内容所做出的精算数据和制作标准，能够帮助资方精准厘清需求与目标，精准明确启动策略、资金安排、建设体量测算、产品布局等一系列决策安排，从而让资方每一步的决策都能做到胸有成竹、有的放矢。

另外，运营前置决策过程中应该遵循市场不对称竞争的逻辑，不单单做产品的差异化，更关键的是在项目开始前在每个环节就树立不对称竞争的标准。不对称竞争是什么？就是新项目不跟所在区域内的现有旅游项目、旅游产品进行竞争，也不做国内标杆项目的跟随者，要做新物种，要做"人无我有"，做差异化。通过另辟赛道或者行业跨界来实现降维打击，最终做文旅项目的创新者和实践者。

实际上"O"（运营）单位还需要承担很多职责，除了以项目可持续发展和业主方利益最大化作为服务的根基，更要设身处地地为业主评估可能遇到的风险并规避掉这些隐形的问题。例如，在业主方承受外部压力时，运营单位还需协助其进行与公众、投资方等的外部沟通，"无死角"地协助推动项目整体的高质量发展。当业主提出非专业运营意见时，运营单位应以"甲方语境"与之协调，并以前期认可的运营前置规划作为判断和执行标准，与业主进行甲方角度的沟通，避免项目在执行中背离最初的运营前置规划，造成运营偏轨。只有如此，运营单位才能保障前期所制定的规划内容，能够在实施过程中被专业供应商精准执行，实现高质量呈现的立项初心。

总而言之，文旅项目要想成功，关键在于通过具备实战经验的运营团队落实有效的运营前置。

3. 充分认识运营前置的落地实施难度

运营前置，听起来很美，讲起来也很有道理，然而，运营前置的事究竟该谁来干？怎么来判定项目未来落地运营的方向正确与否？项目落地后，运营是一个动态化的过程，怎么评判和监管？如果这些环节和问题都没有解决，没有人来落实，那运营思维和运营前置就没有支撑，就成了看起来正确的废话。没有战术支撑的战略就是空谈！

毕竟在规划、策划前期，项目是没有运营团队的，并且大部分决策人是不懂项目运营的，而项目落地的周期又比较长，落地后的运营又是不断变化和不可控的。再加上，行业人才少，经验水平不高，盈利能力不足等现状，使得很多投资方并不愿意为智慧买单、为经验买单、为未来买单。结果，运营前置成了正确但又无法选择的选择。

以市场为导向，让运营思维贯穿到文旅项目的整个环节中，谁运营谁决策，谁为结果负责谁决策的运营前置想法，虽然在执行过程中困难重重，但是，谁先觉醒，谁就可能少受损失，谁就可能占得市场先机。再困难重重，总比项目失败要强得多。

术业有专攻，每个岗位和环节都有各自的专业度，但是专业和决策能否实现有效的融合是个大考验，文旅项目的成功也一样。所谓的运营前置，总结一句话，就是：专业的人做专业的事，投资人负责协调，谁为结果负责，谁更有话语权，在此基础上进行三方监管降风险。

（三）项目运营应重视的各类调研

知己知彼方能百战不殆。无论市场怎么变化，对于企业来说，必须先了解自己的家底，然后才能制定行之有效的措施。

1. 关于项目情况的八个调研

在调研过程中，不仅要调研与自己项目相关的情况，还要调研项目所在地的与自己存在竞合关系的同类旅游项目情况，以下八个方面，需要景区提前进行调研摸底。

（1）景区的核心资源有什么，与同类资源、周边景区的区别在哪儿？一定要找到景区的核心资源和差异化资源。

　　一道山梁有时候会关联很多景区，而且大家的基础自然景观资源也可能是差不多的，即便自己有一些特色的景点，也很难脱颖而出；上百公里范围内民间流传的可能是同一个传说，或者是相同的一些名人故事，大家的民俗文化整体上也没啥差别。所以，找到自然景观或者文化内涵上区别于他人的特色是非常难的一个工程。

　　如果没有找到与周边项目的不同之处，那么就没有找到市场的核心竞争力，没有核心竞争力，就意味着在后期的市场运营中埋下了极大的隐患。

　　（2）景区的亮点特色是什么？哪些是配套的，哪些是核心的？要找到它们。

　　（3）景区核心市场区域的游客的喜好是什么？景区能为游客提供什么样的特色产品和服务？发现游客喜好是第一步，但更关键的是景区能不能为之提供相应的产品和服务。如果能，怎么做出特色、怎么做精做细？如果不能，能不能引进？如果需要引进，那又该如何引进？

　　对景区核心市场进行调研，首先要理解当地市场和消费习惯。疫情以后，人们的生活方式发生了重构，已经有不少旅行者更加习惯本地游、周边游等出行方式，以前的跟团打卡游不再成为主流的出游方式，旅行者们开始根据自身需求和喜好，选择不同的玩法。旅游景区的发展已经进入了游客导向的新时代，只要有好的项目、好的产品和好的服务，就不愁没有市场。另外，必须了解项目所在地周边的景区情况，特别是同类型景区的经营运作情况。

　　（4）景区自身的资金储备能力和调动能力有多强？任何项目，如果没有资金支撑，那么所有的都将是纸上谈兵，无法落地。

　　（5）景区可使用的人才有多少，以及储备的人才有多少？有人才能干活，没有足够优秀的人才和团队，再好的项目和内容也很难执行得好。

　　（6）景区核心的盈利模式是什么，是否具备核心竞争力，是否具备不可复制性，并能满足未来发展？

　　（7）支撑景区发展的旅游行业外的资源是什么？一定要调研行业外的资源支撑，因为有些景区自身是很难盈利的，它们的经营，特别是在淡季的时候，很大程度上需要行业外的输血。只有行业外的资源足够强，才能够支撑景区在淡季生存，才能够保证景区未来的发展，所以行业外的资源非常重要。

（8）景区未来发展目标和诉求是什么？要明白景区将来要往哪个方向走，这样才能够清晰地制定发展计划、做好项目规划和策划，并有效落地。其实笔者在景区调研的时候发现，有些景区老板不是为了经营而经营，而是为了响应政策而经营，这样的做法容易脱离经营实际、偏离景区发展目标，是不可取的。

在调研的过程中，要特别注意三个发现：

（1）发现习以为常的错误。调研同行产品，走访了解当地人的习惯和对事物的认知，这些信息或者内容究竟是不是正确的，会不会存在很多不合理的情况，会不会存在他们习以为常的错误，这是调研要重点关注的事情。这些错误往往是项目策划提升的好机会。

（2）发现当地人习以为常，但外地人感到新奇的东西。这些常常是差异化的产品和市场引爆点的来源。

（3）发现项目的核心价值。这个核心价值，很大程度上不在项目的基础设施和资源上，而在项目老板的个人魅力和企业文化上。依托独特企业文化或独特资源建立的市场壁垒，比任何产品建立的市场壁垒都更不容易被突破。

2. 确定项目的市场开发策略

多数文旅项目，由于资源特色有限，所以目标市场多在周边 200 公里范围内。但越是市场范围狭窄，越是要重视市场调研和应对策略。

目前，旅游业已经进入了新的时代，很多游客不再关注景区的等级，品牌化、特色化、体验化、差异化成了游客消费的核心。游客注重自己的旅游体验和感受，不再为出游而出游，要求一定要有特色、有个性，能满足打卡的需要，能有独特的体验，这些才是游客选择景区优先考虑的因素。

随着进入自媒体时代，"游客"发布的短视频，让无数具有画面感、真实感的新、奇、特玩法，迅速赢得了千千万万游客的心，并快速风靡。所以，新文旅如果想得到快速的传播，就必须满足短视频传播的需要、符合新媒体传播的特征。为此，景区必须静下心来，重新审视自己的资源和自己所处的环境，重点思考解决以

下五个方面的问题:

(1) 哪些游客会来?

要知道项目游客从哪里来,必须明白项目的影响力和实力所能够覆盖的市场范围有多大,是100公里、200公里,还是全国市场;并且,项目现有的特色最容易吸引哪一类游客?是男是女,多大年龄,他们的消费习惯和信息接受途径是什么?也就是说,在项目前期,就要对市场范围和将来的游客群体有一定的计划和认知。

另外,项目现有的特色景观除了不可复制的或替代的外,都不能作为项目的核心竞争力,那么,项目围绕游客而做的产品改造是什么?哪些是针对游客的消费习惯的?该如何进行项目提升?该如何创新吸引游客的关注、满足游客的需要?仁者乐山,智者乐水,老年人喜欢的夕阳红、健康养生和年轻人喜欢的游乐场,产品定位肯定是不同的。对应的项目,进行的市场细分肯定也是不同的。

游客细分、需求细分、定位分析的准确性将直接影响产品的定性,产品的定性,会直接改变或影响项目的发展方向。

(2) 游客为什么来,什么时间来,和谁来?

什么事情会引起游客关注?市场诉求点在哪里?给游客一个什么样的理由,游客才会来景区?这些是重点研究的方向。

如果有世界上独一无二的东西,诸如故宫、九寨沟之类的景区,那么很长一段时间内,游客会冲着你的独一无二而来,因为,在别的地方游客看不到类似的东西,他们来的理由很清楚。但不管有没有独一无二的东西,所有项目都必须给游客一个能够让其做出决定的理由才行。这就需要有足够的创新力和传播力,不仅要在产品上创新,更要在项目营销方面创新。

要在众多重复的景观中,找出不一样的东西来,要在消费者不同的消费习惯中,找到他们的痛点和关注点。

(3) 游客来了会干什么?

游客到景区之后,是旅游、是度假、是看新奇,还是什么?游客的兴奋点在哪里,项目的活力就在哪里。发现游客来了之后会干什么,可以很好地验证为游客制造的来景区的理由是否合理,更会为项目的下一步决策,提供更有价值的游客行为依据。

景区需要对游客进行详细分析：观光的占多少，看新奇的占多少，糊糊涂涂跟别人来的占多少，来了之后知道干什么的占多少，来之后对景区的评价如何，在景区的消费情况如何，对景区文化主题和内涵了解多少？这些都需要重点关注和分析。

游客的消费习惯和行为，是景区二次消费项目决策的核心依据，并且是景区针对性产品和服务提升的依据。

（4）游客会怎么来？

游客是自驾来，还是跟团来；是坐火车，还是坐飞机；不同交通工具占的比例是多少？哪些区域来得多，哪些区域来得少？这些问题的答案都包含着游客来源、对应需求等各方面的信息。游客的出行方式，考验着景区配套服务设施的建设，两者之间的匹配关系是决定项目游客量的重要因素。

近几年，跟团游的比例日益下降，自驾游发展势头强劲，很多地区自驾游游客数量已经达到游客总量的 80% 以上。然而，很多目的地却忽略了停车位、道路、加油站，以及其他自驾游配套服务，造成了游客旅游体验不好的问题。所以，做好自驾游游客的服务，将是旅游景区和目的地赢得未来市场的重要竞争力。

（5）游客会不会再来？

游客游览完景区之后会不会再来，会不会带着家人朋友或者同事客户再来？来的原因是什么，不来的理由是什么？第一次来景区的游客比例有多少，第二次来景区的游客比例有多少，多次重复游览景区的游客比例有多少？游客为什么只来一次，怎么让来过一次的游客重复再来，怎么才能让游客重复消费？这些都是项目需要重点考虑和解决的问题。做生不如做熟，市场开发和维护相当不容易，所以，对基础市场以及老客户的开发和维护，将帮助景区取得稳定有效的客源量和收入。

我国地大物博、资源众多，能够开发旅游的地方数不胜数，近几十年来，我国旅游景区数量飞速增长，如今，已经显得过剩了。过剩的原因并不是景区数量够了，而是千篇一律、同质化情况严重。一样的开发模式、一样的产品设计、一样的运营管理、一样的服务体验，导致旅游的特色化、差异化越来越低。随着时间的推移及游客对旅游需求的变迁，使得很多景区渐渐丧失了市场吸引力，经营越来越困难，最终造成了严重的资源浪费。

文旅项目最终要靠特色取胜。所以，旅游开发的第一步就是要从运营的角度来定位资源、发掘特色，而不是根据资源来定位景区运营。了解运营及运营前置的基本概念和意义，只是项目开始的第一步。具体到落地实施，每个环节都有不同的侧重点和要求，也有很多专业的知识和经验需要注意。

2019年，国务院办公厅发布的《关于进一步激发文化和旅游消费潜力的意见》曾提出，强化智慧景区建设，推广景区门票预约制度，加快推进国有5A级旅游景区实行门票预约制度。之后，随着新冠疫情的暴发，门票预约制度一度成为很多景区的"标配"。然而，时至今日，北京、苏州等地已经开始取消大部分景区的门票预约制度，并且不断扩大博物馆延时开放范围，大力整治票务、"黄牛"等乱象。可以预见，取消门票预约制度将是当下新的发展趋势。

对景区而言，实施门票预约制度是加强精细管理、提升景区品质、保护旅游资源的重要手段。对游客而言，预约制可以分散客流，避免因"人满为患"影响体验，同时节省排队购票时间等。从理论上说，预约制和线上化是大势所趋。但从实践来看，尽管门票预约给游客网上购票带来了很多便利，有效提升了游客的体验感，然而，很多景区的实际情况却是"平时吃不饱，过节预约难"。所以，非旺季时段，线上预约反而成了更低效的做法。而且预约规则和流程会存在漏洞，容易被"黄牛"利用，损害游客的切身利益，不利于文旅产业健康发展。

景区门票预约制，本身也是好制度，也是科技赋能文旅的必然趋势，但预约制度配套软硬件不完善、便利性不够、适用性差等问题仍需要正视并加以解决。所以，景区门票预约不能一窝蜂地上，也没必要一刀切掉，不同区域不同景区情况不同，要从方便游客的角度，该保留的保留，该取消的取消。节假日、热门文旅项目完善使用门票预约制度还是非常有必要的。

战略设计的前提就是以运营为主导来做好调研，在调研的基础上来定位项目特色，确定项目特色后，根据项目运营的要求，提前来筹备布局各类资源，这样做好各个环节，就能让项目事半功倍、少走弯路。

二、打造刺破市场壁垒的产品

这个世界一直在改变，我们面对的游客也一直在改变，从去淄博吃一顿烧烤，到去天津看大爷跳水；从去哈尔滨冰雪大世界蹦迪，到去天水吃碗麻辣烫，再到去许昌胖东来购物；从去南京喝十元一杯的速溶咖啡，到去万岁山武侠城看王婆相亲……很多这样的游客说不清是失去了消费的自主判断能力，还是有了更自主的消费意向。但不管怎么说，跟着流量、创造流量，是他们选择旅游目的地的很重要的一个标准。

一边是浮躁的流量造梦，一边是现实的生活，在文化消费、生活和各种媒体的来回洗脑下，现在的游客仿佛是有时候清醒，有时候糊涂。为了流量，他们可以不计代价去打卡跟风，但更多时候，没有了漫无目的的、说走就走的冲动。"90后""00后"逐渐成为消费主体，我们必须按照新时代、新媒体、新观念、新需求、新市场来改变现有的产品。

无论是网红产品，还是吸引游客前去打卡的旅游吸引物，都有一个非常明显的特征——产品精，而评判产品精的核心因素，就是特色和体验。

差异化的产品永远是核心竞争力。围绕三新：新场景、新品类、新IP，做精产品，由场景化展示，走向场景化体验。关键是要在场景营造中讲好主题故事，空间皆为场景，业态皆为剧情，要进行情感设计、仪式设计、氛围设计、活动设计，做好感官营造、角色塑造、实景演艺、虚拟再现、情境演艺、主题沉浸等。

另外，游客要的一定是与众不同的资源景观，或者是与众不同的体验，或者是差异化的传播内容。差异化、与众不同，这是评判产品价值的很重要的一个标准。

如今，刺破市场壁垒的往往可能不是旅游项目，有可能是一个人、一个场景或一个活动，也有可能是生活中常见的某种体验。无论是前些年大到上千万元的玻璃桥，小到几千块的摇摆桥，还是"一个人带火一座城"的西安大唐不夜城的"不倒翁小姐姐"，或者是永兴坊的摔碗酒、黄山的小火车、华山的长空栈道，再或是老君山的金顶、南宁动物园的"丢那猩"，抑或淄博的烧烤和贵州的"村超"，一切的一切都在说明一个问题：互联网时代，有其特殊的传播规律。谁能够迎合这个传播规律，谁就能找到刺破市场壁垒的产品，而只有刺破了这个市场壁垒，才能够获得新媒体的大流量、大传播。流量造就网红，网红带来客源。

市场爆点产品的策划，要实现五个聚焦，分别是：聚焦爆款体验、聚焦爆款场景、聚焦文化活化、聚焦人间烟火、聚焦模式创新。

（一）聚焦爆款体验

体验，其实说白了，就是让游客在项目中找到与生活中不一样的感觉，收获情绪价值，得到刺激与放松。体验时代，就是在文旅项目中考虑游客的感受，为他们提供对应的产品，而此类产品，大多聚焦在景区的二消网红爆款项目上。

近些年，在网络上爆火的不光有网红男女，也有一大批网红游乐项目，吸引了很多游客前去打卡，全国各地迅速刮起网红项目一阵风，景区、商场、街区等各类商业经营者也竞相推出各种网红项目。这些项目通常具备新、奇、特和刺激性、参与性强的共性，有的项目对场地有所要求，比如玻璃桥、玻璃栈道、悬崖秋千、蹦极、玻璃漂流等，必须在空旷、落差大的地方；而有的项目则不挑地方，只要有场地，什么类型的景区都可以上，如摇摆桥、彩虹滑道、呐喊喷泉等。

这些项目都是体验类爆款产品的代表，更是景区探索开发新一代爆款体验产品规律的重要案例和有益参考。当下网红爆款产品的风头，可能会随着时间的流逝而逐步消失，但打造网红产品的逻辑基本上不会有太大的变化。所以，要研究网红爆款项目，更要研究其爆火后面的逻辑。

尤其是这两年玻璃栈道类产品可谓是风头无两，这类产品可谓是刺激多巴胺分泌最好的方式之一，体验感极强。在玻璃桥上行走，而玻璃下面就是万丈悬崖，有的还随着游客脚步制造出玻璃碎裂假象，很刺激。

1. 当前网络上爆火的旅游体验产品

（1）玻璃栈道。

玻璃栈道类产品是由钢化玻璃凌空高架在悬崖峭壁上，或者悬崖峭壁间形成的悬空透明的旅游观光玻璃栈道或玻璃桥。

玻璃栈道类产品比较有名的有：白石山玻璃栈道、天门山玻璃栈道、张家界大峡谷玻璃桥、保定狼牙山玻璃桥、石牛寨玻璃桥等。漫步高空之上，脚下万丈深渊，人的视线穿透透明的玻璃，可以清晰地看到悬崖的巨大落差，加上随时掉落深渊的担忧，这样的体验既精彩也刺激。

自从白石山玻璃栈道一夜爆火、一战成名后，全国各地景区的玻璃栈道如雨后春笋般涌现出来，玻璃栈道已经成为中国游客最喜欢的旅游项目之一。白石山玻璃栈道，位于保定涞源县城南15公里处的白石山景区，全长95米左右、宽2米、海拔最高达1900米。白石山玻璃栈道为混凝土框架结构，3.2厘米厚的双层夹胶玻璃与不锈钢龙骨架巧妙结合，每平方米承重达1000千克，在为游客带来别样观光体验的同时能够保障安全。

张家界玻璃桥位于张家界大峡谷风景区栗树垭和吴王坡区域内，主跨430米，桥面长375米，宽6米，桥拱距谷底相对高度约400米，桥中心有全球最高的蹦极。张家界玻璃桥被CNN列为世界上11座壮观的桥之一。张家界玻璃桥是一座景观桥梁，兼具景区行人通行、游览、蹦极、溜索、T台等功能。这座全透明的玻璃桥自建造起就备受关注，并创下了多项世界之最，试运营期间更是吸引了全国各地的游客慕名而来，使得玻璃桥一度因游客爆多而停止开放，可见其魅力多么惊人。走上玻璃桥，脚下便是张家界大峡谷，不由得令人腿软，绝对称得上是一场身心的挑战。

平江玻璃桥位于湖南省平江县石牛寨国家4A级旅游景区内的美人峰与大矛寨两段绝壁之间，长300米，宽2.64米，高180米。大矛寨与美人峰之间，两峰高耸险峻、崖壁陡直，中间裂谷横穿。风和日丽之时，踏在玻璃桥上，石牛寨峡谷裂隙尽收眼底，行走其上仿佛御风而行，惊险无比；云深雾重之际，于桥上悬空赏景如漫步云端，如若"云中天桥"。这座悬于峡谷之间的玻璃桥经过4年的构思和近2年的艰苦施工建成，堪称现代工程与大自然奇景的完美结合。

（2）玻璃滑道、玻璃旱滑、玻璃漂流。

玻璃滑道：是一种无动力的载人滑道，靠重力自然下滑，是自然景区中一种新型的娱乐体验和代步为一体的参与性项目。

策划就是聚焦

玻璃旱滑：以玻璃钢结构做骨架，以钢化玻璃为主要材质，根据地形曲折和高度差建造而成，一般滑道两边都会增加安全防护网，男女老少都可参与，趣味性很强。

玻璃漂流：是一种小型的代步漂流设施，是近几年兴起的新景区工程项目，从花岗岩滑道借鉴而来，又融入并且结合了漂流的一些特点，成为一种合二为一的参与性的景区设施。以钢化玻璃为主要材料，依山体坡度修建，游客可以借助自身重量，或者是水流冲击，沿着滑道而下，穿越山林与溪流，感受大自然的美感与刺激。

（3）其他爆火的项目。

摇摆桥：摇摆桥是一款可以左右摇摆的软体桥。桥身由链条和木板组合而成，边上加上防护措施。桥下面一般为水池、水坑或者充气气垫。摇摆桥一般适合建在室外，旅游景区和农家乐内都可以建造。游玩时，桥上的人一起左右摇摆，以将其他人摇落下去为乐，可以同步播放动感的音乐，增加摇摆的乐趣。

彩虹滑梯：与滑雪、滑草、滑沙的原理是一样的，也与其他大理石滑道的原理一样，主要是利用游客重力产生向下的滑动，进而产生失重感和速度刺激。游客一般坐在一个气垫上，从顶端出发往下滑去，滑行体验刺激且有趣，同时也比较安全。彩虹滑道，主要是对滑道进行了相应的彩虹颜色设计，使它看起来更丰富多彩、绚丽浪漫一些，深受大家喜爱。

蹦极：蹦极是一项极具挑战性的运动，不仅在国外很受欢迎，在国内也深受大家喜爱。不管是参与者，还是围观者，都能在这项运动中，获得很多快乐与刺激体验，吸引了越来越多的人去尝试。国内最高的是澳门塔的蹦极项目，高差233米。

悬崖秋千：巴厘岛网红丛林大秋千，随便拍一张照片都是大片，在抖音上点赞量很高；而在悬崖上荡秋千是需要勇气的。重庆万盛梦幻奥陶纪有个18米高空网红秋千，有胆量的可以挑战一下。

丛林穿越：丛林穿越是近年来兴起的一项绿色户外活动，通过在林间搭建难易不同、风格迥异的关卡，让游客体验丛林穿越的刺激。高高的树林中用彩虹绳网架起了一条条充满挑战的关卡，它们相互连接成了一个独立的网绳世界，需要游玩者自己去摸索闯关。

网红游乐项目有很多种，不同的场地不同的场景适合不同的网红项目。以上这些项目可谓是遍布祖国的大江南北，只要是有景区或者有商业的地方，都能看到一些项目的身影，由此也可以看出这些项目受欢迎的程度。

重庆奥陶纪公园旅游资源独特，在成岩于距今4.56亿～6亿年的远古奥陶纪时期的石林、石峰上长满了岩藤植物，大自然的神奇造化，孕育出了这里"林中有石，石上有树，树石共生"的天下奇观。其石林形态多样、掩映于植被之中，好似一幅幅天然盆景，被誉为"绿色石林"。尤为奇绝的是整个景区有多处溶洞、地缝等，被专家称为奥陶纪景区的"地下宫殿"，其独特的观赏和科考探险价值、良好的生态人居环境在重庆周边区域中极为难得。

然而，奥陶纪在网络上火爆，在旅游领域出圈，却是因为景区里面的众多体验项目，尤其是"悬崖秋千""步步惊心""玻璃栈道""天空悬廊"等这些项目，以及景区围绕这些项目进行的宣传。这些最终抓住了游客的心智，吸引了全国各地的年轻人前往体验和打卡。"奥陶纪"已经成为惊险刺激的代名词。

贵州都匀，这座位于黔南州的城市，历史悠久，山水秀美，民族风情浓郁，旅游资源也十分丰富，是休闲避暑的绝佳胜地。但真正让它走红的是杉木湖景区的一座"黄金"佛手大桥，佛手矗立空中，托起一座玻璃高桥，凌空于杉木湖景区山巅，给人以震撼的视觉冲击。玻璃桥环形围绕，333级阶梯登顶，被一双金色佛手托起，仿佛是佛国仙境。这样震撼的视觉效果走红了网络，吸引了众多游人前来感受体验。

另外，巨物景观也是规划设计的第一选项，极易成为网红项目，如酒泉大地之子、无锡灵山大佛、南海观音、白马山的飞天转椅等。巨大的雕塑、巨大的建筑、巨大的机械装置、巨大的数字影像等，只要足够大，就是震撼级产品。巨物类型的产品，只要能够建设完成，就能成为景区的标志性景点，不管是在纸媒时代，还是在移动网络时代，都能够吸引众多游客前来参观和游览。

2. 网红旅游项目的四大特点

（1）新、奇、特、好玩、代入感强。

现在的游客要的是与众不同的体验，最好是市面上没见过的项目，最好是别人没有玩过的项目；项目不仅要让玩的人感觉好玩，也要让围观的人也觉得好玩，要让体验者和看客，都能获得快乐。这是项目爆火的基础。

（2）与景区资源匹配，并且容易参与、有广泛的群众基础。

项目如果好玩，但是没有广泛的群众基础，那么，这个项目也会因为缺乏参与性而无法获得爆火的机会。虽然有些体验项目，惊险刺激，或者机会难得，玩的人不多，但这类项目，却有数量庞大的关注群体，他们也是另类参与者。群众基础，不单单是指项目本身具体的参与人群基础，也包括关注类的参与人群基础，有人愿意看、愿意围观，才有传播价值。

（3）满足新媒体传播特性、容易传播。

酒香也怕巷子深，在新媒体时代，热点新闻层出不穷，各类信息更新频繁。如果项目不能满足新媒体传播的特性，则意味着很难获得曝光的机会，结果将只能让很少的人群关注到，就难以获得足够的关注度，形不成流量，对游客的吸引自然就会不足。

（4）有核心运营技巧。

很多项目的爆火，除了项目本身原因，运营也是关键。比如摇摆桥，这样的项目很简单，但其中蕴藏的运营逻辑很深，其中的关键便是要有氛围营造，景区内部的人先要带头上去玩儿，并且要玩儿得嗨，然后带动游客参与。等游客自主玩嗨的时候，景区工作人员则要退下来，把活动现场全部交给游客。有的景区，也打造了摇摆桥项目，但是没有掌握"氛围营造"的核心技巧，所以就造成了"货到地头死"的尴尬结果。其实，很多类似的网红项目都存在这样的问题。复制项目，更要复制运营，这值得所有景区深入研究。

此外，打造网红项目，还需要做好两方面工作：一是需要各层级的"推波助澜"。打造一个全国性的网红项目，需要从策划、设计、投资、建设、运营、宣传等各层面，以及景区、政府、各类媒体等各方面加以推动和助力。二是做好创新，甚至是在原有成功项目的创新，比如玻璃桥火了，然后延伸出了玻璃栈道、玻璃漂流等，都火得一塌糊涂。

爆款项目可以带火一个景区，甚至是一个城市，而旅游景区和旅游核心吸引物，未必会成为网民青睐的对象。那些体验性强，满足以上特点的项目，很有机会成为市场上的网红项目。流量决定旅游效益，能吸引大量游客才是王道。所以，聚焦爆款产品是景区突破市场最有效、最应优先考虑的方式。

3. 复制项目更要复制运营

以景区比较常见的摇摆桥和篝火晚会为例，这两类项目很多景区都引进或者策划过，但是，不少出现了"货到地头死"的问题，摇摆桥没什么人玩，篝火晚会有团队游客时还行，没有团队游客时，散客基本不参与，只剩下员工和演艺人员尴尬不已。

为什么同样的项目，现场的效果却差异这么大，核心就在于现场的运营，需要景区的工作人员和项目演艺人员以及游客，充分互动，只有不断调动现场的氛围，才能达到良好的效果。

比如摇摆桥，往往需要景区工作人员先上，先把气氛搞起来，然后吸引游客上，从开始到最后，都要有工作人员来调动气氛，并把控整个活动的节奏。篝火晚会也是一样，演员一定要不断拉动游客参与其中，跟着音乐跳起来，中国人是比较内向和含蓄的，只有被拉着、拽着，他们才会"羞羞答答"地加入。不过一旦加入，他们马上就会放开，会玩得很开心，这时，活动的人气自然就起来了，而游客的体验度自然就增加了。之后游客就会主动拍照进行宣传，可谓是"一拽一拉"解决了所有问题。

说白了，就是项目要带着游客玩，自始至终引导着游客，但是还不能让游客感觉到整个过程是由景区在把控着。这样一来，既能让游客玩开心，也能保障游客的安全和活动的节奏。

景区的整体是很难改变的，但里面的活动内容可以迅速更换。只有快速更新内容，才能够保障当地人的重游率，才能够保证市场的热度。

作为一个景区而言，每年植入的主题活动是有限的，而且合作的双方，未必能达成很好的配合，植入的内容，如商业、演艺、场景等板块，落地效果也存在不可预见性。结果，有些景区的现状是学费交了，时机却错过了，或者效果很差。其中的原因，是很多运营问题没有考虑清楚。比如想植入泼水节，但有没有成熟的资源？场景营造是否有经验？宣推是否有有效的途径？植入哪些二消产品，如何实现效益最大化？有没有经验丰富的执行团队？等等。这些问题都需要提前谋划并解决。

运营成功就需要打通相关链条，有效连接起资源、团队、宣传、策划、友商等多个方面，但这对很多景区而言是不可能完成的任务，最好的办法是寻找到有成熟经验的经营团队，双方一起合作，完成项目运营任务。切不可盲目启动，否则极有可能劳民伤财。

总之，根据市场热点，快速更新内容，选择有经验的运营团队，深入打通资源链条，充分使用运营技巧，做好项目运营，是项目取得成功的重要保障。

（二）聚焦爆款场景

在这个跨界混沌发展的崭新时代，万事万物皆可沉浸；所有行业仿佛都可以跨界，没有做不到，只有想不到。旅游跨界的典型标志就是场景作为旅游生活的重要组成部分，成了各行各业进行市场竞争的利器，甚至到了"无场景不旅游，无场景不消费，无场景不吸引人的地步"。

当"诗和远方"转向家门口的风景，当旅游是一种生活方式变成生活方式是一种旅游，当消费者的精神文化需求不断提升，当旅游从单纯的观光游向深度体验和休闲游转变，场景的意义就显现了出来。旅游景区在打造场景，商业街区在打造场景，甚至路边的一个餐饮小店也在打造主题化的场景，仿佛与消费有关联的所有行业，都在围绕场景做文章。不是场景改变了消费者的消费习惯，而是消费者的场景需求倒逼着这些与消费者关联的行业围绕场景做出了改变。

场景，最早常指戏剧、电影中的场面，不过现在旅游业、商场、街区等纷纷导入了场景这个概念，通过场景为消费者构建了一个不一样的世界。让他们可以拥有不一样的消费体验和情感体验，并且满足了新媒体时代，消费者拍摄、快速传播、引发关注等的需要。这是场景得以走红的重要原因。

线下场景与电影中的场景，道理是一样的，好看，才能激发人们的关注和体验欲望，人们才会主动沉浸到"让人生情"的场景里，最后依据感受买单。从"卖门票"到"卖场景"，已成为新旧文旅相区别的显著特征。从场景到意境，从意境到生活方式，这是打造爆款场景的主要路径。很多文旅项目，只是简单地搭建了一些场景，并没有把文化、IP、生活方式、流行元素等融入进去，没有文化内涵、生活内涵等的场景，并不能成为文旅爆款。真正的爆款，一定是把场景做精，做出特色，做出文化，做成众多游客争相打卡体验的一种全新的生活方式。

国内有不少项目即是因为爆款场景而迅速出圈的，如青岛的明月·山海间不夜城以山海经为主题，综合了各种元素打造一个全新的沉浸式场景；西安的大唐不夜城打造了还原大唐盛世的场景；重庆洪崖洞拥有酷似《千与千寻》故事中梦幻场景的外景；山西高平梦回长平不夜城打造了炎帝中华龙场景等。这些场景极大地满足了新时代游客打卡、体验的需要，会让游客不自觉地拿出手机进行拍照和传播，自然也就迅速走红网络。

1. 青岛明月·山海间

青岛明月·山海间于2023年6月正式开街，开街以来始终保持超高的热度，先后举办了泼水节、七夕夜游、红旗飘飘节、渔灯火把节、纵歌狂欢节、异域风情节、时空梦幻节等17项极具特色的主题活动，截至2024年8月累计客流量突破了1400万人次，这是广大游客对景区的最直接的认可。

青岛明月·山海间取名于李白的"明月出天山，苍茫云海间"，占地面积32亩，毗邻青岛地铁8号线、红岛火车站，规划建筑面积8000平方米，主要建设有步行街区及与工程相关的配套设施设备等。项目根据青岛城市特有的山海形态和地理人文特征，结合山海文化、啤酒名城、渔村民俗、非遗、海上丝绸之路等元素，以独特的建筑和景观，以《山海经》为主题，集合了传统民俗文化、互动美陈、智能夜游、衍生文创、景观打卡等诸多元素，通过实现"文旅+夜经济+科技"的融合，为广大市民和游客提供了一个具有鲜明地域特色、精致国潮文化和沉浸消费体验的青岛城市夜经济"大舞台"。

不夜城采用了独特的"白天+夜晚"模式，给游客带来了不一样的体验。白天，可以在这里感受城市的繁华和丰富多彩的生活；夜晚，则可以享受一个奇幻的夜游之旅。园区以著名的山海经四大神兽朱雀、玄武、青龙、白虎作为主题，进行了大量各具特色的设计。在这里，游客可以欣赏各种高科技的互动表演，参与到光影秀、音乐秀和特色网红打卡项目中。园区内设有大型舞台和行为艺术舞台，以传统文化为基础，结合现代科技，打造了一个充满创意和艺术氛围的气势恢宏的夜游场景。不仅如此，园区还设置了各种娱乐设施，如迪斯科转盘、神州飞碟等，无论是想寻找刺激还是寓教于乐，这里都能满足游客的需求。

除了设施和表演，不夜城还有近百名专业演员，为游客呈现精彩的主题演出和花车巡游。一年中，这里能呈现400多场次的主题演出，给游客带来视听冲击和独特体验。水中美人鱼表演、行为艺术表演等项目都能让游客享受不同的视觉盛宴。

明月·山海间开园一年内15次被中央电视台多个频道关注报道，并受到包括人民网、新华网、大众网、山东电视台等众多主流媒体的持续报道，自媒体流量更是井喷，吸引了无数自媒体达人前来打卡探店，抖音平台话题量超过8.2亿次。街区也常年在多个热门App的城市旅游排行榜中领先。

项目的建设运营带动直接就业1000余人，间接配套带动就业创业2万余人；实现经济效益2亿多元。不少临近的社区村民实现了家门口的就业创业；同时街区的巨大客流，也促进了周边相关配套的建设，社区停车场、充电站、特色海鲜街、住宿等项目也为居民带来了可观的实际收益。

明月·山海间已累计接待国内外各类考察团近400次，直接或间接促成包括浙江嘉兴平湖、江西九江、四川泸州、湖北嘉鱼等多地文旅项目落地建设以及多个原有景区的升级提升，为文旅融合发展提供了切实的成功案例。

以文塑旅、以旅带商，青岛明月·山海间项目用传统文化激发夜经济活力，以烟火气催化国潮旅游热潮，实现了文化、旅游、商业的深度融合，是文旅服务美好生活、撬动经济发展、构筑文化自信、展示中国形象，推动文化旅游业高质量发展的典型案例。

2. 西安大唐不夜城

大唐不夜城位于陕西省西安市雁塔区，北起大雁塔南广场，南至唐城墙遗址，东起慈恩东路，西至慈恩西路，街区南北长 2100 米，东西宽 500 米，总建筑面积 65 万平方米。

大唐不夜城街区均为仿唐建筑风格，外部的建筑群簇拥着内部的文化广场，佐以唐文化群雕，不仅与建筑环境所蕴含的盛唐文化相契合，还能唤起人们的文化想象与审美情感。大唐不夜城建有大雁塔北广场、玄奘广场、贞观广场、创领新时代广场四大广场，西安音乐厅、陕西大剧院、西安美术馆、曲江太平洋电影城四大文化场馆，大唐佛文化、大唐群英谱、贞观之治、武后行从、开元盛世五大文化雕塑，是西安唐文化展示和体验的首选之地。

大唐不夜城坚持"以文化为核心，以旅游为依托，以融合为手段，以体验为目的"的理念，还原了一个繁华的长安城，游客能身临其境地感受盛唐气象。这里不仅仅是一个仿古建筑群，更是一个能够让你亲身体验盛唐文化的沉浸式主题公园，可以欣赏到华丽的宫廷舞蹈、品尝到盛唐时期的美食，以及观赏各种传统手工艺品，可以参与各种互动活动，如 DIY 手工艺品、宫廷服饰拍照等。璀璨的夜景是大唐不夜城的一大亮点，为游客带来视觉上的震撼。"这里是一个让你穿越千年的梦幻之旅的起点，也是一个让你留下难忘回忆的地方。"

大唐不夜城作为西安唐文化展示和体验的首选之地，以其独特的盛唐文化背景和丰富的文化、艺术、科技展示，吸引了大量游客前来参观体验。游客进入大唐不夜城，仿佛穿越了时空的隧道，回到了那个金碧辉煌的盛唐时代。

大唐不夜城作为中国文化旅游品牌的重要代表之一，也是中国西安市标志性的文化旅游项目，以唐朝为主题，致力于传承和弘扬中华文化，让更多人了解和认识中国传统文化，并在全球范围内宣传了中国的历史和文化，成为当地城市建设、文化形象提升的代表性工程之一。为游客提供了丰富的文化、科技等方面的知识和体验，也为学生开展校外教育提供了机会。该项目的建设和运营，不仅为城市环境、交通等基础设施建设带来了影响，还为西安的文化、艺术、科技等领域注入了新活力，吸引了众多游客前往参观和体验，从而促进了地方旅游经济的繁荣发展，也为相关产业的发展提供了支撑。

3. 重庆洪崖洞

洪崖洞位于重庆市渝中区，是一座历史悠久的山城瑰宝。这个独特的地下洞窟群体揭示了过去的大都市发展，同时为游客展现了千年的文化与岁月韵味。

洪崖洞是为数不多的保留宋、元、明、清等历代建筑遗迹的古巷遗址，该区域在20世纪30年代就成为重庆的经济中心，至今仍保留着许多古建筑，是兼具观光旅游、休闲度假等功能的旅游区。2006年，由重庆市人民政府总投资3.85亿元兴建而成。

洪崖洞共有11层，形成了"一态、三绝、四街、八景"的经营布局。"一态"是指文化休闲业态。"三绝"是吊脚楼、集镇老街、巴文化；"四街"指洪崖洞的四条街：江畔酒吧街、巴渝风情街、盛宴美食街、阳台异域风情街。四条大街各融汇了不同的时尚元素，主题奇异、特色鲜明，成为重庆娱乐生活、休闲度假的目的地。"八景"为洪崖滴翠、两江汇流、吊脚楼群、洪崖群雕、城市阳台、巴文化柱、滨江好吃街、嘉陵夕照。

洪崖洞所处的解放碑商圈是重庆商业的发源地，具有核心商务区的经济职能，辐射范围涉及全重庆，同样也是重庆首个百亿元级的商圈。另外，洪崖洞的到访游客，成为解放碑商业客流的首要支撑。

洪崖洞是重庆市重点景观工程，建筑面积4.6万平方米。2007年11月，重庆洪崖洞民俗风貌区被评定为国家4A级旅游景区。2020年11月18日，被列入"成渝十大文旅新地标"。2021年12月，又被列入"重庆市第二批历史地名保护名录"。

4. "梦回长平"不夜城

除了那些地标性的街区之外，爆款场景同样能实现普通文旅项目的快速出圈。

"梦回长平"不夜城位于山西省晋城市高平市七佛山脚下，总占地面积1.3平方公里，白天是旅游景点、是休闲旅游空间，晚上则变身为"时空隧道"，仿古建筑和声光电的巧妙配合，让游客领略赵国风土人情，沉浸赵国城市繁华。

2024年甲辰龙年，在"灯火高平"第二届炎帝灯会中，不夜城景区以"炎黄子孙、龙行天下"为理念打造了浩大的龙灯灯会，祝福伟大的祖国繁荣富强。"梦回长平"不夜城打破了各地文旅做龙的思维定式，结合高平的炎帝文化，创意打造了"炎帝中华龙"龙灯，全长598米，成为目前国内现有最大、最长的龙灯，《山西高平：598米长巨型龙灯亮相街区》新闻更是受到央视财经频道（CCTV-2）、《第一时间》栏目、《天下财经》栏目、《正点财经》栏目的多轮次播报，这在高平历史上还是首次。

昔日小山村，今朝打卡地。"梦回长平"不夜城景区陆续入选或成为山西省首批省级夜间文化和旅游消费集聚区、国家3A级旅游景区、第三批国家级夜间文化和旅游消费集聚区，成为晋城市乃至周边地区的热门打卡地。2024年正月初一至正月初八，景区共接待游客40余万人次，综合旅游收入达2000余万元，景区所在的山西省晋城市高平市火爆"出圈"，累计接待游客159万人次，带动全社会收入3.9亿多元，一跃成为当地网红旅游城市。

场景打造有很多种方法和方式，场景的打造成本也有高有低，有优有劣，有的利用身边的器物，花很少的钱就能办到，如围炉煮茶，或如三两枝假桃花和一堵背景墙的三生三世，有的则需要高投入，如VR/AR、全息投影等高技术带来的神奇世界，或如迪士尼、环球影城打造的主题公园。而在场景打造上常采用以下两种策略：一种是生活化的常态，让人体验生活，享受生活，从而实现情感的宣泄；另一种是以生活中不常见的文化故事作为主题，把梦想展示到生活中，让人体验梦想生活。

（三）聚焦文化活化演艺

中国不仅地大物博，更有上下五千年悠久的历史和文化，每个地方都有各自的传说和神话故事，这些共同组成了各地的差异化的文化特色。而展现文化的大部分介质是文物，文物是实物，把文物活化成会说话的文化，就会形成不一样的效果。文化产品化，文化创意与旅游产品融合的关键是活化。

"文化"是中国语言系统中古已有之的词汇。"文"的本义，指各色交错的纹理。在此基础上，"文"又有若干引申义。其一，为包括语言文字在内的各种象征符号；其二，由伦理之说导出彩画、装饰、人为修养之义；其三，在前两层意义之上，更导出美、善、德行之义。"化"，本义为改易、生成、造化，指事物形态或性质的改变，又引申为教行迁善之义。因此，在汉语系统中，"文化"的本义就是"以文教化"，它表示对人的性情的陶冶、品德的教养，属精神领域之范畴。"激活"传统文化，需要赋予新的文化意义或新的使用场景，并将之融入现代生活。激活传统文化的核心包含两个方面：一是使传统文化获得有用的归属，二是使传统文化具有新的文化意义，最好两者兼而有之。而演艺，是激活文化、表现文化最好的方式之一。

当我们来到迪士尼主题公园，好像瞬间切换到了另一个世界，在这里只有卡通人物和童话世界，扫地阿姨、跳舞青年、路边摊贩都穿着特定服装，以夸张的表情和动作跟游客打交道，完全将迪士尼的动漫场景复制在了现实的世界里。另外，湖北木兰天池景区的山水行浸式演艺《木兰少年志》，河北山海关景区的山海关历史演艺《冲冠一怒》、河南"只有河南·戏剧幻城"的21个剧场中展现中原文化的30多场演艺，都是通过演艺方式实现文化活化的代表性项目。

1. 湖北木兰天池景区《木兰少年志》

如果说山水是最好的创作素材，那么在山水中的演出，则会带给人一番别样的体验。《木兰少年志》以山为背景，以水为舞台，酣畅淋漓地演绎了在这片土地上曾经发生的那段传奇的故事。

在湖北武汉黄陂区的国家5A级旅游景区木兰天池景区，投资千万元全国独创了山水行浸式演艺《木兰少年志》，其以木兰成长—木兰学艺—木兰出征—木兰归隐为线索，通过演艺充分讲述了木兰"忠、孝、勇、烈"的文化内涵，展示了木兰的英雄形象。与剧场演出不同的是，景区每天共有16场剧情连贯的演出，在不同时段的多个场景里上演。演员一场接着一场演，游客可以在游山玩水的同时，连续不断地观看到实景演出。

《木兰少年志》是一个独特的情景交融、文旅融合式的沉浸体验项目，不仅很好地活化了景区的木兰文化，而且打破了山水景区简单枯燥的以看景为主的旅游方式，增加了游客的新鲜感和参与度，游客对演出反响强烈，好评不断。景区通过这台山水行浸式演艺，有效地激活了市场，取得良好的社会和经济效益，在传播优秀传统文化的同时，也推动当地旅游相关产业繁荣发展。

2. 河北山海关"天下第一关"景区《冲冠一怒》

山海关有"两京锁钥无双地，万里长城第一关"的美誉，是万里长城的起点，是"辽东之咽喉，京师之屏障"，历史上发生过无数重大事件，其中最有名的当数山海关总兵吴三桂"冲冠一怒为红颜"，引清兵入关的故事。

《冲冠一怒》是天下第一关景区打造的沉浸式战争体验演艺，其以甲申山海关石河大战为背景，在传统马战的基础上，创新性融入沉浸式观演方式，再现了吴三桂手握的关宁铁骑和李自成率领的大顺军激烈马战的场面，开创了AB版双路线游览方式。游客从场地两侧分别进入演出现场，化身剧中人物与演员近距离互动，精彩震撼的演出和布景，跌宕起伏的故事和剧情，让游客拥有身临其境的沉浸式体验。

这几年，山海关不断丰富旅游业态，持续提升文旅产业融合，将本地历史文化、风土人情，用实景演艺与科技应用相融合等方式立体呈现，先后推出了《观·山海》大型长城情境光影秀、沉浸式国风主题夜游活动《身向榆关那畔行》等，多措并举打造关城旅游品牌，广迎八方游客。在古老和时尚碰撞交融中，不断创新山海关旅游新体验，全面优化旅游市场服务环境，擦亮文旅融合金字招牌，实现了旅游市场的繁荣发展和持续火爆，为市民和游客创造了更加精彩的文化和旅游服务。

3. 河南郑州"只有河南·戏剧幻城"

"只有河南·戏剧幻城"是由建业集团携手王潮歌导演共同打造的一座有21个剧场的戏剧幻城，也是中国最大的戏剧聚落群。其以黄河文明为创作根基，以沉浸式戏剧艺术为手法，以独特的"幻城"建筑为载体，通过讲述关于"土地、粮食、传承"的故事，让更多人感受中原文化、黄河文化、戏剧文化的魅力。

21个剧场内，有近千名演职人员上演30多个剧目。园区所有剧场可同时容纳一万名观众，其中三大主剧场可同时容纳观众近5000人，仅是其中的幻城剧场，就有近3000个座位。所有剧目单次演出总时长近700分钟，旺季单日演出总场次可达近200场、总时长近5000分钟。

《只有河南》是一个极具创新性的现象级作品，从规模来讲，全中国最大；从时长来讲，全中国最长；从这个品类的新鲜度来讲，是全中国唯一的。该项目着重强调"大棋盘"的设计理念，以黄土和麦子为主要设计元素，拥有56个不重样的格子空间。观众在幻城中穿行，一如在迷宫穿越未知，在时空碎片里移步换景。由于它设计上的刻意，使得游览线路呈现随机性。每位观众选择的路径可以不同，得到的体验也丰富而多彩。除了李家村剧场、幻城剧场、火车站剧场等三大剧场外，这里还有十几个微剧场、情景戏剧空间，红庙小学、张家大院、李家村茶铺、地坑院……穿过百亩丰收的麦田，走过长长的田埂，穿梭在由56个迷宫般的格子组成的戏剧聚落群里，你会在拥有不同场景的21个剧场中移步换景，一眼越千年，体验着不同时代的悲欢离合故事；你会一次次地反复追问自己：我是谁？我从哪里来？我终将到哪里去？在这里，游客将读懂粮食的意义，感受中原文化、黄河文化的磅礴伟力。

作为中华文化重要的发祥地，河南有太多的故事需要讲，河南太需要一种全新的表现形式，把藏于地下、封于书中或列于展厅的骄傲展现给中国和世界，《只有河南》便是这份使命的重要践行，这是河南、郑州带给世界的惊喜。

4. 河南开封万岁山武侠城景区《王婆说媒》

作为NPC的王干娘，在万岁山武侠城景区默默无闻地干了六年，却没想到忽然就迎来了"泼天的流量"。《王婆说媒》有多火？网友戏称道：全国14亿人，1亿人在开封看《王婆说媒》。

在《王婆说媒》爆火的影响下，河南开封脱颖而出，成为新晋的旅游热门城市。有当地导游表示，需要讲解的游客及团队已经预约到了一周后。据央视财经消息，2024年清明假期期间，河南开封的酒店预订量同比上年增长近10倍。据百度迁徙平台数据显示，开封游客除来自郑州、安阳、焦作等河南城市外，还有很多来自北京、西安以及徐州等地的游客。途家平台上，开封假期民宿预订量同比上年增长 5.7 倍。王婆所在的万岁山景区搜索量更是大涨 800%。

《王婆说媒》的爆火诚然有"王婆"自身的魅力和景区演艺形式创新的缘故，但本质上应归根于年轻人对感情的渴望和对爱情的憧憬。现实中，确实也如"王婆"所说，年轻人压力大、工作忙、学业重、圈子小，而《王婆说媒》恰好提供了这样一个免费的互动平台，让年轻人的需求和情绪得到释放。

从当年大唐不夜城的"不倒翁小姐姐"，到"兰州飞天"，到 2023 年的淄博、哈尔滨、洛阳，再到 2024 年的天水、开封、泉州，无论是 NPC 还是美食，只要是拥有一个出圈标签，就能为当地城市带来"泼天的富贵"。据去哪儿网大数据研究院估算，吃一顿天水麻辣烫人均消费 30 元，带动当地交通、住宿等消费 650 元；一张开封万岁山武侠城景区门票仅需 80 元，带动当地交通、住宿消费 850 元；体验一次泉州簪花仅需 40 元，带动当地交通、住宿 900 元。由此可见，"一人兴一城"，对当地的综合带动效应已经毋庸置疑了！

NPC，原指游戏中的非玩家角色，对应在旅游场景中，主要是指非游客类"扮演"角色，它们为游客提供情绪宣泄和表达的方式与渠道，隐藏其表象背后的是人们对美好生活的渴望与追求，它们之所以能够被广大游客喜欢并火爆起来，正源于此。真正火爆的不是一个景区、一座城，而是其中的人间烟火气、人性的温暖。

在人人都有智能手机的时代，以短视频平台为代表的互联网，正在让文旅传播形态和内涵无限发散。雪饼猴、王婆、"不倒翁小姐姐"、丢刀侍卫等，一个文旅产业线条上的小人物，在社交平台出圈，进而带动了一个文旅项目受到极大关注，乃至带动一座城市的文旅声量，这种不经意间的模式开始悄然发力。淄博烧烤、贵州"村超"、天津"大爷跳水"、哈尔滨"冰与火之歌"……事后分析，城市出圈的本质，还是公众会被足够有趣、独特、好玩的内容吸引，将线下的内容分享到线上，然后更多的人通过社交平台看见，再去往线下、再线上分享，带动更多的人如细胞裂变般参与互动。

不同的地方有不同的地域特色，也有不同的出圈方式，而这种出圈效应也正在纵深发展，但它们持续走红有一个共同基础：短视频平台的"开窗"效应。真人 NPC 属于低成本试错、低成本营销方式，从宋城千古情的帅哥保安、大唐不夜城的

"不倒翁小姐姐"，再到郑州二七万达广场的孟婆汤、成都欢乐谷的唐僧，三到五天的累计传播效果，远远超过景区本身的传播效果。NPC不只是演出，更多的是和游客互动，对演员的控场和应变能力要求很高，但是体验极佳。

"一人兴一城"中的火，虽然火的可能是一个人，但背后则需要其所在平台或单位作为支撑，然后还需要县一级、市一级、省一级乃至国家级媒体的助力，最后才能成就国家级的文旅现象。这种现象火得慢，但是也持久，对当地的经济综合拉动效应也比较大。

（四）聚焦人间烟火

虽然说"吃、住、行、游、购、娱"是旅游的六大核心要素，但是，"民以食为天"，"吃"始终有足够大的吸引力，吸引着游客的目光。而所谓的人间烟火气，其实，更多聚焦和体现的就是与百姓生活息息相关的一切，尤其以美食为佳。

从2023年的淄博烧烤，到2024年火热滚烫的天水麻辣烫，美食点燃了一团火，照亮了目的地城市的文旅天空。除直接以美食出圈外，那些热点网红旅游现象，都有着浓重的美食痕迹，游客在目的地城市品尝特色美食、体验美食文化，与主客共享的休闲空间一道，共同构成了充满浓浓人间烟火气的生活场景。美食旅游何以带火一座城市，是社会关注的热点，也是值得探讨的问题。

1. 美食最容易成为网红

美食超越其他旅游资源，快速成为旅游市场关注热点，常基于以下三个方面的逻辑：

第一，餐饮、美食，在旅游要素中一直处于基础地位。餐饮是任何国家、任何地区、任何时代都不可或缺的基础性旅游需求，美食则是大众旅游全面发展阶段的品质化需求。"仓廪实而知礼节，衣食足而知荣辱"，"民以食为天"，"食"在中国人的生活观念里一直处于特殊地位，位居旅游六要素之首也有其中之义。中国古代盛行的"游宴""船宴"，实为美食旅游的雏形。鸿篇巨制《红楼梦》中有大量关于美食的描述，堪称经典，还有无数文艺作品将中国博大精深的美食文化描绘得灿烂夺目、引人入胜。中国人对餐饮、美食的需求蕴含的是基础消费力，体验美食文化、追求异地美食已然成为人民对美好生活向往的根本所在之一，美食旅游正成为人们惯常的生活方式。

第二，对以美食为代表的美好生活的向往，是大众旅游发展的基本趋势。2010年，我国人均年出游约 2 次，"在家里吃好"是这个阶段对美食追求的主要特征，对美食文化的需求尚不明显。2015 年，人均年出游超过 3 次，达到发达国家国民旅游权利普及的门槛水平，旅游开始进入老百姓的日常生活，"走出家门去旅游"逐渐成为常态，品尝异地美食、体验美食文化开始成为人们旅游的关注事项。2019 年，我国已形成 60.06 亿人次的出游规模，人均年出游近 4.4 次，已完全进入大众旅游的纵深化发展阶段。60.06 亿人次中，八成以上的游客已经跨越单纯欣赏美丽风景的初级阶段，开始进入感受美好生活的中高级阶段，以旅游的方式享受异地美食、品味美食文化成为重要选项。中国旅游研究院的专项调查数据表明，美食是游客最关注的体验因素，45.5% 的游客重视旅途中的美食体验。"本地味道"和"网红美食"成为旅游美食关键词，甚至"为一顿美食赴一个城"。种种迹象和调研数据表明，美食旅游已经成为大众旅游时代的基础需求。

第三，美食旅游具备社交属性，对青年群体具有较高黏性。某种程度上，美食之旅也是社交之旅，是人们从众多陌生人共同的选择中获得价值认同和心灵慰藉的旅程。尤其是年轻人群体，他们的社交欲望更强，对互联网和新媒体具有更强的黏性特征，他们是文旅创新形式和内容的主要创造者、推动者，也是评判者。无论是重庆、成都、西安，还是淄博、哈尔滨等城市，都是在抖音等新媒体的推动下成就了网红现象，这背后有非常清晰的年轻人群体的力量。

成为网红美食也需要具备一定的特征。中国游客对于美食的喜爱是一以贯之的。纵观这些年来现象级的地方美食热，有几个特点值得关注，或可为其他地方美食旅游发展提供借鉴。

一是浓浓的人间烟火气。无论是川渝的火锅、兰州的牛肉面、淄博的烧烤、哈尔滨的冻梨、春夏时节江南的水八珍、山西 365 天不重样的面食，还是"南京不会有一只鸭子游过长江""没有一只鸡能活着飞出枣庄"，这些耳熟能详的地方美食和俏皮的民间段子，既是浓浓的人间烟火气，也是老百姓眼中真实的美食地图，它们远比豪华酒楼里的精美菜品更接地气，也更能快速获得社会的聚焦而形成热点。

二是鲜明的特色标签。无论是菜品的历史典故、食材的时令要求、烹饪的技法技巧，抑或依附在菜品上的温暖故事，都让某地的某个餐品充满故事性，形象立体、特色鲜明，闪耀着别样的光芒，也让"为一道美食远赴一座城"变得饱满而充满感情，而绝非满足口福那么简单。

三是浓厚的主客共享氛围。那些本地人不消费、指望外来游客喜欢的美食，几乎难以形成吸引物。无论是广州的早茶和糖水，还是长沙的夜市，能给人留下长久记忆并令人愿意重购重游的，都是能够"近悦远来、主客共享"的。只有坚持这样的理念，并形成完善的城市休闲体系，城市美食才有可能寻机以网红之名，形成全社会关注的热点。

2. 民间体育更容易吸引眼球

"村超""村BA"的爆火彰显了另一种烟火气，那就是具备底蕴的民间体育运动对文旅市场有巨大的冲击力和影响力。贵州黔东南州的"村超"（足球）、"村BA"（篮球）两大民间赛事，成为当地新的"名片"，在引导全民参与、呼应乡村文化的同时，也带动旅游业火爆增长，走出了消费复苏的新路线。

走进"村超""村BA"比赛现场，仿佛踏入了一个热闹非凡的欢乐世界。观众席上，人山人海、锣鼓喧天，欢呼声与加油声此起彼伏，一浪高过一浪，激荡人心；球场上，球员们全力奔跑、挥汗如雨，每一次进攻、每一次防守都充满了为热爱而拼搏的执着与激情；中场休息时间，民族歌舞表演轮番登场，精彩纷呈、引人入胜；与此同时，赛事直播让全国各地的网友通过屏幕与现场观众一同感受比赛的激情，大家纷纷转发、关注、评论、点赞……满场的欢乐、满屏的喝彩，生动呈现着"村超""村BA"赛事之火热、文化之多彩、市场之繁荣、快乐之纯粹。

"村超"这种接地气的体育活动，在2024年端午期间不仅吸引了前国足运动员、亚洲足球先生范志毅"范大将军"率队来踢友谊赛，还迎来了谭咏麟、陈百祥领衔的"香港明星足球队"的挑战……同样，村BA在2023年爆火后，新一届大赛也在

2024 年重启，并扩大为全国性的村级篮球赛，得到了中国篮协的鼎力支持。篮协副主席宫鲁鸣指导、前男篮主力"战神"刘玉栋、央视篮球名嘴解说员于嘉等莅临开幕赛现场。

作为首批全国足球典型县，贵州省榕江县具有浓厚的足球群众基础。榕江足球已经有了 80 多年的传承历史。早在 20 世纪 40 年代，广西大学迁至榕江县，师生们对足球的热爱，让当地人耳濡目染。到了 90 年代，开始有热爱足球的当地村民，在河边草地上自发进行足球比赛。这帮"足球迷"花费两三个月时间铲平了比赛土地，拔掉了杂草，用树枝当球门，自制了一个简易的露天足球场，这个足球场就是最早几届榕江"村超"的雏形。从 20 世纪 90 年代至今，这样的足球赛年年都有举行。2016 年榕江县被评定为省级校园足球试点县，2021 年被评为首批全国县域足球典型县。也就是说，榕江足球有深厚的群众基础，这份全民参与的热情，渐渐把"村超"带火。并且，榕江 38.5 万人口中，有接近 5 万人会踢足球、喜欢踢足球。如今，榕江县的每个村都有足球队，有的村还不止一支，全县光标准足球场就有 14 块，并且全部免费开放。近年来，榕江县多次承办校园足球比赛，当地校园足球队也在省、州赛事中屡获优秀名次。

在微博上，与"村超"相关的标签和话题已经获得了 3 亿的浏览量，相关内容在全网浏览超 20 亿次。被贵州"村超"吸引来的，不仅有上海、江西和广东等全国各地的球迷，还有海外足球运动员的关注，如英格兰球星迈克尔·欧文曾录制视频祝福贵州"村超"赛事越办越好。

"村超""村 BA"既是一场球员和球迷的大联欢，也是一次多民族同胞的大聚会，更是一台民族文化的盛宴和精神文明的大餐。赛场内外，所见皆是一张张朴实真诚、自信可爱的笑脸，到处有身着民族服饰的各族同胞。2023 年，历时 78 天的"村超"赛事，98 场比赛带来了 126 场民族文化表演。"村 BA"赛场上，极富地方特色和民族风格的非遗展示、歌舞表演，以啦啦队、中场秀等形式呈现在观众面前，引发满场欢呼。如清泉般动听的侗族大歌、高亢嘹亮的苗族飞歌、曼妙多姿的苗族芦笙舞和盛装踩鼓舞等轮番登场，与现场数万观众一起互动，将气氛一次又一次推向高潮。当地党员干部因势利导、因俗而治，鼓励和带动群众广泛参与赛事各项活动，创新开展文明创建、移风易俗等工作，文明观赛、志愿服务、有序离场、平价待客等行为成为群众的自觉行动，"多个球场、少个赌场，多场球赛、少场酒席，多看名角、少些口角"成为当地群众的共识，展现了亲善乡邻、守望相助、诚实守信的新时代农村新风尚、农民新风采。激情的现代体育运动与多彩的民族文化在这里完美融合，群众性体育活动与基层精神文明创建交相辉映，"最炫民族风"和"文明乡风"劲吹赛场内外。

在榕江、台江，他们对篮球和足球的热爱刻进了骨子里。台江县有"逢节必比赛、比赛先篮球"的惯例，"六月六"吃新节篮球赛在台盘村已举办了数十年。赛事火爆虽然带来了商业上的无限想象空间，但当地群众早已形成不能让赛事本身商业化的共识，对他们来说，纯粹的快乐更重要。在"村超""村BA"赛场上，我们看到不惑之年的大叔、十三四岁的少年都竭尽全力拼抢；助威的观众里，有五六岁的小孩，也有六七十岁、穿着民族传统服饰的大爷大妈，甚至耄耋之年的老人。在大家眼里，"懂不懂球不重要，能共享快乐最重要"。上万人的看台挤得满满当当，比赛从白天战到深夜，观众的欢呼与人浪呼应、激情与欢笑齐飞，这是体育带给每一个人的最纯粹的快乐。

（五）聚焦模式创新

"旅游+直播""旅游+航空""旅游+零售""旅游+农业"……这些崭新的"旅游+"商业模式正改变着行业格局、影响着需求端的选择和供给端的决策，为旅游业的高质量发展探寻新的方向。"旅游+"是一种方向，然而跨界上有很多的难度，而跳开旅游思维做景区，或者因地制宜创模式，则是商业创新值得推广的新路径。

城市越来越好了，免费的公园越来越多了，很多常规类景区活不下去了，而"寻梦小镇"把农村变得不像农村，采用的"村民+股民+托管"模式火了；本溪大峡谷把景区建得不像景区，采用的"体验项目+运营投资合伙人"模式也火了。

1. 山西高平市"寻梦小镇"

"寻梦小镇"位于山西省高平市东城沟北村，整个村落放眼望去，地面、墙面、目光所及之处全是3D艺术彩绘——童话森林、海底世界、非洲草原、山川湖泊等。一步入画卷，便觉身临其境、置身童话故事里。更有斥资千万打造的网红时光隧道，真人互动贞子鬼屋，滑道、滑草等几十种网红项目。

沟北村采用"创意重思维、创新定模式、创造出效果"的新模式，"做给农民看，带着农民干，领着农民建，帮着农民赚"，激发了农民的主人翁意识、发挥了农民的主体能动作用、提高了农民的积极性，让沟北村从之前的"等、靠、要"发展到如今的主动致富、快步致富。

在模式、内容、方式、方法等方面创新的"寻梦小镇"，赋予了沟北村"童话世界""网红村""彩绘第一村"等崭新亮丽的名片，吸引了众多游客，"寻梦小镇"也成为沟北村致富的重要来源。创新也需要独特的商业运营模式、较高的管理运营水平。为了提升景区的专业化运营水平，"寻梦小镇"特聘郑州风景线旅游管理有限公司进行管理运营，希望借助中原旅游的成功经验和模式，助力高平实现旅游管理水平与质量的新飞跃。

沟北村乡村旅游发展所创造的成果告诉我们：巨额投资未必能够推动旅游发展，但缺少智慧运作一定是不行的；旅游景区长远发展不能依靠"千篇一律"的项目，"因地制宜"才是最好的；景区运营不一定需要强势者，但一定需要专业人才；旅游项目是长线投资，长期培育，长远回报，没有长期主义一定不要投资旅游；切忌大规模资本盲目运营，一定要创意策划。

2. 辽宁省本溪市本溪大峡谷

从全国范围看，本溪大峡谷的知名度并不是特别高，然而论起好玩，这里却可以稳居第一梯队。提起峡谷，人们首先会想到青山秀水、风景宜人，本溪大峡谷却是个不走寻常路的选手。在本溪大峡谷中除了美丽的景色，好玩的项目数不胜数，每个都精心打造，惊险刺激到让人惊叫连连。

本溪大峡谷位于辽宁省本溪市南20公里的南芬区境内，又叫"中国冒险公园"。这里距南芬北站大约5公里，是辽宁为数不多的几处峡谷之一，也是辽东地区规模最大的峡谷。

对于喜欢惊喜刺激、以冒险为乐趣的人来说，各种游乐设施才是此行的重中之重。本溪大峡谷内几乎囊括了国内流行的所有高空惊险体验项目，玻璃悬索桥、蹦极、新西兰大秋千、悬崖秋千、彩虹滑道、空中漫步、幻影之城、丛林滑道、七彩云端水滑、呐喊喷泉……光是听名字，就足够让游客兴奋起来。

自开发建设以来，本溪大峡谷以"惊险刺激、冒险体验"为主题定位，项目是景区的核心，景区采用股份制合作的方式，景区运营者也是项目投资者，大家采用集资入股的方式，完美地解决了项目投资、建设和运营的关键问题。

如今，本溪大峡谷成为国家 4A 级旅游景区，经过 5 年的发展，不仅带动了当地经济的发展，拉动了就业，还成为当地一张响亮的文旅名片。随着景区的完善和游乐项目的增加，已成为北方地区的网红景点之一。

跨界创新已经成为常态。只有颠覆性的新的产品模式或者商业模式才能够产生意想不到的效果。

跨越，横跨，跨界融合。"跨界合作"这个词汇如今频繁出现在时尚领域中，其英文名为"crossover"，指的是来自不同行业的协作。然而，它更常被视为是一种新兴的生活理念与美学取向，即通过整合两种看似无关联的事物来创造出一加一大于二的效果。文旅产业不是孤立存在的，它需要与其他行业进行深度融合，共同构建多元化的旅游生态体系。这种融合可以是产业间的融合，如文旅与农业、科技、教育等行业的跨界合作，通过资源整合和优势互补，开发出更具市场竞争力的旅游产品；也可以是文化间的融合，通过挖掘和整理不同地域、不同民族的文化资源，将其融入旅游产品中，形成独特的文化魅力，吸引游客前来体验。

如"影视＋旅游"，随着一些影视剧的热播，也让众多影视剧取景地火了一把，带动当地旅游市场一路攀升。都市剧《去有风的地方》热播后，大理旅游火上加火，2024 年第一季度，大理共接待海内外游客 2789 万人次，同比增长 124%，实现旅游收入 389 亿元，同比增长 128%；刑侦剧《狂飙》掀起了江门旅游热潮，2023 年"五一"假期，江门共接待游客 202.78 万人次，实现旅游收入 12.28 亿元，较 2019 年同期分别增长 33.93% 和 28.9%。

如体育＋旅游，体育和旅游都是我国促消费的重点领域，随着经济发展和人民生活水平的日益提高，人们对体育与旅游活动的需求逐渐增加，以参与性、体验性、重复性为主要特色的体育旅游活动越来越受到人们的喜爱。

体育旅游是旅游业和体育产业深度融合的新兴产业形态，对于推动体育和旅游产业转型升级，探索体育消费模式创新、机制创新和产品创新具有重要作用。体育旅游具有挑战性、趣味性、主动性等特点，与纯粹的观光旅游相比，能够产生更大的黏性。因此许多地方政府把体育旅游作为"流量担当"，打造具有当地特色的城市名片。

苏州金鸡湖景区聚焦时尚休闲体育，以环金鸡湖半程马拉松等金牌赛事为引领，重点发展休闲健身、竞赛表演、体育健康，加速打造文体旅服务业产业创新集群，成功入选2023江苏省体旅融合发展示范基地。贵州"村超"开创了一种体育旅游消费经济的新场景，展现出了强大的市场潜力，带火了当地的旅游业。据了解，仅2023年6月9日至11日，由于"超级星期六足球之夜"的带动，榕江县在大众点评、美团等平台的餐饮、宾馆、超市的搜索量同比增长74%，县城整体旅游订单量较前一周增长近50%，便利店、水果店的即时零售订单量也环比增长50%。

从旅游+教育、旅游+医疗、旅游+地产、旅游+演出，到旅游+航空、旅游+金融……，中国旅游市场将迈入新阶段，即从单纯追求增长转向多领域并行发展，以满足不同客户群体的需求。未来，定制化的产品和服务质量将被视为开发的主要目标。或许在不久之后，由于旅游行业的持续跨界融合，原本存在的行业边界可能会逐渐模糊乃至消融。

异业跨界合作，关键是找准合作对象。一般来说，跨界合作活动有两个主要目的：存量客户维护和新客户开拓。存量客户维护在于加深沟通交流，以创新有趣的活动加深存量客户对品牌的印象，让客户感觉到有趣且稀缺，从而产生营销机会；新客户开拓主打集中宣传、扩大影响力，起到"品牌展示—形成印象—引导消费"的作用。

很多景区虽然有很多的产品，甚至是比较优质的旅游产品，但是运营方却不容易找到符合互联网传播规律的产品，如果不具备刺破市场壁垒的产品，那也就意味着所有的工作都将是事倍功半的，甚至是劳而无功的。所以，找到刺破市场壁垒的产品，是当下文旅企业的重中之重。

三、从单个网红产品到特色产品矩阵

在策划爆点产品的时候，应策划一系列产品，而不是策划一个产品，因为在项目火爆之前，谁也不知道哪个最终能够火起来。爆款产品不是由策划方指定的，而是在市场认知的过程中，被消费者炒作起来的。虽然有些项目具备互联网快速传播的特性，也满足成为爆款的选择条件，然而，究竟能不能如愿成为爆款，必须经过市场检验之后才能确定。

（一）产品矩阵帮助企业保持生命力

旅游项目建立产品矩阵，大概可以分为资源类、配套类、网红类、合作类和其他类五个大类。其中资源类包括景区基础旅游资源体，如山水景区的山水、文物景区的建筑文化等；景区配套类包括酒店、餐饮、基础服务设施等；网红类包括景区自己研发打造的推向市场的网红突破产品、市面上流通的网红体验项目等；合作类包括联合社会各界资源进行联合经营的项目、景区二消项目、景区特色活动等；其他类包括：景区旅游资源外的配套项目。这五个大类形成了一个金字塔结构，而网红类产品位于金字塔的顶端，见图3-2。

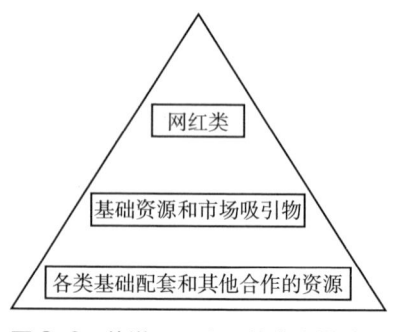

图3-2 旅游项目产品的金字塔结构

能不能刺破市场的壁垒，获得巨大的流量，主要取决于网红类产品的效果。而基础资源和吸引物，则是项目生存的基础，网红类产品可以吸引游客来，但是如果基础资源不足、核心吸引物欠缺，则游客来了将很难获得良好的旅游体验，那么这个项目就没有持续火爆的基础。各类基础配套和合作资源，是景区赖以盈利和下一步发展的保障。

从流量到吸引，从留下来到消费，这就是产品矩阵的目的。

（二）必须打造流量产品生产线

长期的流量不是靠一个网红产品带来的，而是靠一系列网红产品带来的。大唐不夜城不是只有一个"不倒翁小姐姐"，而是有一条网红生产流水线。

2017年年底，一条15秒的"摔碗酒"短视频火了，一时间，许多人将去永兴坊，喝米酒摔碗，当成一种新的打卡潮流，每个人配的音乐，都是那首《西安人的歌》。建成3年一直反响不大的永兴坊，突然火了，年末的短时间内，有20多万只碎碗，被留在了那里。这个难得的流量，成了西安的希望，官方推手开始发力。

西安一方面与抖音签订协议，让西安在短视频里先火起来。另一方面，开始打造真的"不夜城"，一年多的时间里，西安点亮了四十多条街区，又把城墙、大雁塔和芙蓉园做了亮化改造。到了2019年，西安已经是真正的"十二时辰"不夜城了，"城市夜生活活跃度"位列第一，钟楼也成了最热门的"夜间CBD"。在视频的带动下，源源不断的外地游客涌入大唐不夜城。北京、天津、山东等地的游客络绎不绝，甚至还有游客一人开车两千公里，只为一睹"不倒翁小姐姐"芳容，感受大唐风采。

精致发髻、唐朝妆容，一袭红色纱裙、一把香扇，簇拥在人群中央，轻盈飘动。"把手给我"，笑靥如花的她身体前倾，满眼深情，左手轻轻抚在游人手心，仅仅0.1秒，仙影远去，空留余香。剩下的，只有游客们激动的尖叫。她有多火？有网友评论，"第一眼就把我带回唐朝，一眼万年说的就是这个样子吧"。还有人悲伤地说："前面的等待换来一次触摸，一放手就是永别"。

事实上，"不倒翁小姐姐"这个爆火的行为艺术表演只是大唐不夜城所推出的众多网红项目之一。自2018年,大唐不夜城开始进行升级改造之后,网红项目迅速增加,仅行为艺术表演,大唐不夜城就推出了"石头人""画中人""悬浮李白""悬浮武士""提线木偶""盛唐密盒"等多个项目。其中"石头人""画中人""盛唐密盒"等实现了爆火出圈。大唐不夜城之所以能以破竹之势进入大众视线,通过行为艺术所创造的网红形象可以说是厥功至伟。很多游客其实并不了解这到底是一个怎么样的街区,也不清楚它在哪里,却知道这些网红,而大唐不夜城正是这些网红的生产者。

2024年春节,大唐不夜城节目表演中的"丢刀侍卫"又在抖音上意外爆火,持续增强了大唐不夜城在网络上的关注度,从春节开始,西安一直处在被挤爆的状态,大唐不夜城常常一天涌进80万人次,比北京早高峰的一号线地铁还要夸张。"五一"期间人流更甚,订单量比上年涨了864%,核心商圈鼓楼周围,连平价酒店都涨到了千元水平,网上那句"2亿人挤在西安,5亿人正在路上,还有2亿人没抢到车票"的话,并不夸张。

大唐不夜城为了吸引游客,打造了一批网红,注意,不是一个,是一批,就像一条流水线一样,不断推陈出新,不断在网络世界中刷存在感。石头人、画中人、悬浮李白、"不倒翁小姐姐"都只是其中之一。大唐不夜城不断利用唐朝盛世的元素进行创意性的展示来引起游客的好奇心,博取观众眼球,它的网红是有意而为之的,并不是偶然,而是一种必然。也就是说,只要网红的潮流不过,大唐不夜城能摸准大众的口味,那大唐不夜城的网红地位就难以动摇。

所以,当不知道哪个会成为爆款产品的时候,最好的办法就是尽可能多地去开发产品,进行市场测试,让游客来做出选择。这也是需求导向战略的进一步实施。

(三)围绕"十二度",打造特色产品矩阵

景区单有网红项目也不行,单有资源产品也不行,景区产品既需要主菜也需要配菜,既需要有网红吸引项目,也需要有免费为大家提供服务的一些项目,形成产品上的综合化。有爆款产品可以让项目快速出圈,但是不一定能够保障项目火得长久,更不能保障项目的整体盈利能力和长远的发展。所以,在寻求刺破市场的爆款

产品的同时，还需要整个体系的完善，项目的各种资源和配套都不能少。

景区能够提供给游客的所有内容，游客见得到的、摸得着的、感受得到的这些能够真实展现的产品，从策划和未来市场发展的角度看，应关注以下"十二度"。

1. 基本度

基本度，是指景区作为旅游项目存在的基础，是吸引游客的旅游吸引物，以及满足游客游览等需求的配套设施。在基本度上创意，就是围绕基本游览功能和基础配套服务功能进行的创意和改进。即便是一个普通的书店、一个普通的垃圾桶，一样可以做成网红；即便是景区的一棵小树，也可以做成独特的风景。

（1）阿那亚图书馆，全中国最孤独的图书馆。

阿那亚图书馆，被称为"全中国最孤独的图书馆"，是很多人心里的精神家园。它伫立在空旷的沙滩上，和现代社会在最短时间获取最多信息的原则相反，你想到达这里，没有车道和捷径，要脚踏着沙，一步一个脚印，才能抵达。阿那亚的名字来自梵语，意思是"寂静处、空闲处、修行处"，这个世界上，总有一些空间，只属于自己。

北戴河的海边一座突兀又敦实的建筑，灰色水泥墙、简单的线条带着冷淡风，确实给人孤独和略带压抑的感觉。整座建筑注重采用自然光，在下午一点半左右，阳光透过光筒型的玻璃天窗给室内投射进许多光斑，图书馆里显得影影绰绰。图书馆的水电线路都不外露，都是预先埋在地下的，为了防潮，图书馆还配有除湿设备。它面朝大海，开阔的视野能够让人内心平静安宁，它既有图书馆的模样，同时还运用"孤独"和"公益"的标签戳中了很多文青的审美趣味。

实际上"孤独图书馆"是不孤独的，它与海为伴，时时倾听海浪的阵阵涛声，每天欣赏太阳的升起与落下，感受美丽的朝霞与余晖。它外表孤寂、内心温暖，它为每一个走进它心里的真正孤独的人提供了一个特别的休整、静思、自愈的空间。人们透过玻璃窗感受阳光的温暖，体会潮起潮落的生命，在落日的光芒里，抿一口咖啡，莞尔一笑，就能暂时忘却孤独与烦恼。

实际上，阿那亚不是景区，是秦皇岛的一个社区，更直白地说，它是一个旅游地产社区，主业是"卖房"，副业才是观光，坐落于河北省秦皇岛昌黎县黄金海岸中区，是中国北方一线亲海的全资源旅游胜地。这里有数十个景区可以观赏，"世界上最孤独的图书馆""清冷大礼堂"这两个小项目在互联网上的爆火，让阿那亚火遍了中国。

网红即流量。当下，"网红配套"成为新楼盘标配。话题传播热度、观光客流会为楼盘带来营销热度。而对于阿那亚而言，网红配套只是初期策略。阿那亚礼堂、"孤独图书馆"（2015年，引入三联书店）、沙丘美术馆（2018年，UCCA博物馆群成员），从2013到2015年，阿那亚依靠高颜值的网红配套设施，完成了滞销盘到网红盘的华丽转身，也成了网红打卡胜地。这些设施虽然造价不菲，实际使用功能较弱，却通过以小搏大的方式，巧妙树立了"阿那亚"三个字在大众心目中的形象与格调，形成了持久的商业品牌。

2015年以后，阿那亚在不断更新网红打卡地的同时，也更加注重配套的参与感与体验性。把食堂、餐厅等日常服务配套，小区内的球场、游园、步道等运动设施，当作网红地标进行打造。网红引人，服务留人。流量，更多是让项目为人所知，但生活与度假体验的提升才是将观光游客转化为购买人群的关键。

（2）湘潭盘龙大观园，千年杜鹃王吸引无数游客。

"三月杜鹃开，四月杜鹃盛。"三月，阳光明媚，春暖花开，湘潭盘龙大观园杜鹃花如期而至，悬崖杜鹃、古桩杜鹃、七彩杜鹃、盘龙杜鹃惊艳盛开。

盘龙大观园的杜鹃园中共有超过15万盆精品杜鹃，涵盖800多个杜鹃品种，包括古桩杜鹃、提跟杜鹃等难得一见的名贵品种。其中，价值连城的古桩杜鹃在盘龙大观园里有800多盆，千年古桩杜鹃有35盆。盘龙杜鹃是由盘龙大观园培育的新品种，它造型独特，呈鸡冠花型，花团锦簇，雍容华贵。娇艳的杜鹃花海每天吸引2000名游客前来拍照打卡。

湘潭盘龙大观园是中南地区规模较大、数量较多、品种较全的赏花基地，是名副其实、美轮美奂的长株潭"后花园"。园区内奇花、异草、名树、山水、清泉、亭台、楼阁、水榭错落有致，人们在这里既可欣赏四季花卉，亲近动物，而且还能体验农家生活，收获安全、优质、有机的劳动成果，是一处绝佳的生态休闲乐园。

园内最高处的八合塔可"一览众山小",将长株潭三市尽收眼底。

(3)厕所、指示牌、停车场,甚至简单的餐桌、垃圾桶,这些基础的旅游资源或者配套产品,都是创意点。

比如,无边泳池,一边游泳,一边看风景,好不惬意。谁说喝酒要那么正式,挖个沙坑,把酒桌搬进沙坑里,也是一种别样的体验。还有瀑布咖啡,在瀑布下面惬意地喝着咖啡。只要你愿意,坐在水里吃饭,也不是不可能,有些景区就把餐厅设置在水上,餐桌设置在水里,让游客在水上用餐,形成别样的体验。

景观小品是景观中的点睛之笔,一般体量较小、色彩单纯,对空间起点缀作用。景观小品既具有实用功能,又具有精神功能,有很多种类,具体包括雕塑、壁画、艺术装置、座椅、电话亭、指示牌、灯具、垃圾箱、健身器械、游戏设施、建筑门窗装饰等。

把老式自行车刷上丰富多彩的颜色,将破旧的脸盆做成小蘑菇,生活中的一切都可以植入创意,变成一个全新的好玩的景观点。

网红奶茶、网红餐厅、网红景点……年轻人喜欢到一些网络热门地去拍照打卡。最近,很多去南京游玩的游客,并不是受到了那些传统景区的吸引,而是为了网络上的一句梗"我去南京,就是为了上厕所"。

"你能想到这居然是厕所门口?""我愿称之为新街口公共卫生间天花板",网友纷纷在各社交平台晒出打卡照。其实,随着"厕所革命"的推进,公共厕所除了基本功能外,也越来越兼具美观和绿色。南京新街口商圈德基商场,造价800万元、1200万元的厕所,吸引了全国各地的游客前去打卡。

1200万元的豪华厕所位于南京德基广场一期二楼,颇有量贩式厕所的感觉。里面的配套相当完善,有亲子卫生间、母婴室、无障碍卫生间,甚至有医疗急救室。有网友看过以后说这就是"厕所界的汤臣一品",也只有迪拜的黄金厕所有得一拼了。800万元的豪华厕所位于南京德基广场一期六楼,面积近500平方米,里面洗手区、化妆区、母婴室、无障碍卫生间、休息区一应俱全,镶金边的吊顶设计,搭配高级感的墨绿色,显得富丽堂皇。

南京牛首山景区的公厕则以自然生态风格"出圈"。竹吟、地衣、眺望、驻足……8个高颜值公厕名字中就流露出静谧唯美，或藏于丘壑，或隐于山林，集观景与休息为一体，与周边环境浑然相融。

座椅是景观环境中最常见的室外家具种类，为游人提供休息和交流。设计时，路边的座椅应退出路面一定距离，以避开人流，形成休息的半开放空间。景观节点的座椅应背对道路而面对景色设置，让游人休息的时候有景可观。座椅的形态，或直线构成，制作简单，造型简洁，给人一种稳定感；或曲线构成，柔和丰满，流畅婉转，和谐生动，自然得体，呈现变化多样的艺术效果；或直线、曲线组合构成，有柔有刚，形神兼备，富有对比变化，完美而有神韵；或模拟自然界动植物形态，与环境相互呼应，产生趣味和生态美。

没有做不到，只有想不到。很多景区追求标准化，特别是在垃圾桶、卫生间、标牌这些硬件设施方面下了很多的功夫，但绝不意味着统一化，越是在统一的地方做出点儿不一样，就越容易出圈。

2. 尖叫度

好的产品才拥有生命力；只有引起市场尖叫的产品才能刺破市场的壁垒，具备强大的生命力。

尖叫，人或动物在受到刺激后所发出的尖锐刺耳声。用在文旅上，就需要有引发游客"疯狂"的产品。如果景区没有这些产品，就很难在新媒体时代获得市场的关注和传播。就像在前面提出的，刺破市场的往往是一根针，而不是一套组合拳。我们聚焦的爆款产品，就是刺破市场的那根针。

评判一个景区的产品有没有市场力，或者分析其能从市场中脱颖而出的概率，常常可以用有没有尖叫产品或尖叫产品的质量和数量来衡量。

能吸引游客去景区的原因有很多，但归根结底只有一个原因，就是景区能够满足他们的需求。比如，满足梦想和夙愿，满足好奇心，满足拍照和打卡的需要，等等。人类做任何事情都是为了满足需求，不管是物质需求还是精神需求。吃饭喝水是为了满足生理需求，在家里装一个防盗门是为了满足安全需求，旅游是见识或休闲需求。不同的选择、不同的方式，归根结底，都是为了满足某种需求。

所以，我们策划一个产品落地之前，先想一想我这个产品要满足用户什么需求，能不能激发游客的情绪价值，能不能吸引游客的关注，用户是不是确实有这个需求？想清楚这一层，要再想一想，怎么满足这个需求，怎么提高用户需求的性价比？当想清楚用户的需求以及怎么去满足用户的需求，再去策划产品或项目落地时就会有很好的效果。

明确产品的用户需求，也不一定非得大张旗鼓地开展游客调研，其实最快最直接的方法就是直接问自己周围的同事，或者其他合作小伙伴。毕竟人性是统一的，需求也存在一致性，只要他们站在游客的角度对产品或者活动进行评价，那么他们基本上就可以代表游客的心声。虽然，有些同事对产品或用户需求的理解相对比较浅薄，甚至存在想当然，但是，我们至少能够获得第一手的最真实的想法。从游客处获取的信息，往往比我们从同事口中获得的信息更少、更浅层。

由此，在策划尖叫产品或者令市场尖叫的活动时，要首先问问，它们让周围的同事们尖叫起来了没有？如果连自己的同事都不尖叫，甚至理解不了，或者产生了很深的怀疑，那么，作为策划部门，这时候就需要冷静下来，好好思考一下策划的产品和活动是不是错了。

旅游业是服务大多数人的，需要满足大多数人的需求，对于这个认识，必须毫不动摇。不能因为有些人有奇特的偏好，就要以满足他们的需求为主要目标，也不能觉得有些创意，能够获得一些人喜爱，就一定能让景区与众不同并脱颖而出。

在这里，要提到两个词，一个叫尖叫美学，一个叫尖叫场景。这两个词一个是大连博涛提出的，一个是西安锦上添花提出的。这两个企业都是行业的佼佼者，也是新文旅的开创和实践先行者，他们很好地解释了尖叫产品的深刻内涵。

（1）尖叫美学。

尖叫美学是一种创作信仰。尖叫，意味着潜能的爆发，是艺术水平、创作能力、学识素养最高水平的体现。只有踏实、认真和执着的工匠精神，才能创造出令消费者尖叫的体验，产生尖叫效应。尖叫美学是一种文化精神，永不言败的奋斗是尖叫的动因。尖叫美学终将成为一种主流文化，成为生活的内核，变为根本性的文化肌理。尖叫美学是一种商业模式。尖叫产品具备强烈的眼球经济，在旧与新、平与奇的对比碰撞中产生尖叫，进而激发人们的需求和消费欲望，这就是尖叫美学。

尖叫美学，是著名装置艺术家肖迪先生在多次创作巨型装置地标过程中，提炼出来的实践性美学理论，由联合国旅游组织专家贾云峰先生提出明确概念并加以命名。从概念上讲，尖叫美学由尖叫（超出预期，大开眼界）和美学（审美哲学，鉴赏品味）组合而成。

尖叫美学是研究视觉注意力和视觉审美体验以及相应的商业和经济价值的新兴学科，是基于心理、文化理论，通过震撼视觉设计，引发一系列尖叫的新美学体系，带来了交易、处理、流通与消费的一整套社会互动模式。传统工业时代的产品观有三个特点，第一是围绕材料和科技进行产品创新，第二是最大可能地提升产品生产效率，第三是最大限度地拓展线下渠道网点。而以企业为中心的创新方式已经不能适应时代，互联网时代的企业行动法则，应以用户为中心创造产品。

让用户尖叫的三个法则：

第一，找到用户痛点。

第二，打造用户尖叫点。

第三，打造产品爆点。

另外，特别要格外重视社交化媒体的自发传播。而品牌营销最缺少的则是强刺激的视觉内容。

尖叫美学的实施逻辑也有三个：

第一，以艺术引发尖叫。

对于"巨物"的敬畏和赞叹，是人类与生俱来的本能；对让人尖叫的事物难以忘怀，是人的生理本性。尖叫美学作品，即是用具有艺术性的作品，以美学形式表现出生命的哲学。

第二，以体验带动传播。

对体验的追求，可以看作是对文旅本质的回归。游客旅游最直接的目的就是希望看到一些平常看不到的东西。"尖叫美学"通过打造巨兽装置，加上巡游活动等配套手段，能够迅速占据游客心智，强化游客的体验。同时，引发尖叫的作品，也可以通过感官的刺激和IP属性，引发自媒体时代的社会化传播。

第三，以 IP 成就产业。

尖叫美学作品，因为其独具的震撼体验感和利于记忆的识别度，通过明确项目定位、快速打造 IP，有利于迅速落地运用，进而带动人气，加快项目整体的构建进程。在树立 IP 的同时，成就文旅项目的快速崛起。

（2）尖叫场景。

在青岛明月·山海间不夜城，美人鱼在晶莹剔透的巨型龙宫中"翩翩起舞"；在新疆乌鲁木齐天山明月城，少数民族少女在灯光下踏歌起舞；在山东东平大宋不夜城，李师师在吟诗，武大郎、潘金莲改卖粽子，梁山好汉大口喝着酒；在宁夏沙湖不夜城，国潮汉服秀掀起了一阵阵美丽的旋风；在武汉木兰不夜城，花木兰和游客一起品粽子、过端午；在新疆伊犁特克斯县盛世华疆·八卦城之夜，美丽的打铁花和新疆歌舞交相辉映……

作为新文旅的代表，轻资产不夜城打造文商旅地模式创造的"尖叫场景"，可谓是西安锦上添花文旅集团开拓市场的利器，在其实战中，"尖叫场景"的打造是通过"四感"和"四化"来落地实现的。

"四感"就是仪式感、参与感、温度感和流行感。

仪式感：仪式感是文旅 DTC（Direct to Consumer）时代的造物逻辑。苹果和小米都是实践者。比如，来一场说走就走的旅行，谈一场奋不顾身的爱情。都可以视为文旅产品的"仪式感化"。几乎所有产品的表达，都逐渐从"物以类聚"进化为"人以群分"，这种人群分类的底层逻辑就是一种标签化、圈层化的文化。

参与感：好产品，一定是极致单品，但是从一开始它就是未完成的。锦上添花团队在文旅高维战略上，始终坚守"导演主义"，让游客参与到产品的打造中，游客变演员才能留下什么，带走什么，这才是情感的参与逻辑。好的文旅产品，能让游客的参与感、互动感空前提升，游客获得感、满足感空前增加，收获难忘的瞬间。

温度感：温度感是基于人格形成的，这是必然结果。人是最大的场景，人是街区最好的产品。"人"是有血有肉的，是有温度的，有情感的，这是裂变式传播的基础。正因为有"人"存在，才会有交互和沟通，才会让拥护者从需要成为想要。

情感需求告诉我们当下的产品一定要具备谈论性，具备分享力，具备治愈力，具备基于特定场景标签的针对性。要用微秀场理念，创造文旅街区的新语言，引领迎合当下"Y世代"与"Z世代"年轻人的审美。

流行感：对文旅来讲，流行即流量。精致国潮风与流行时尚元素融合表达，创造出的流行感，不再是可有可无的稀有气体，而成了人人需要的氧气。这种流行某种意义上属于移动互联网时代的流量能力，不在于online或offline，而属于全渠道表达。

美国前总统里根说过一句话，一切行业皆为娱乐业，包括政治。要善于用流行切中游客心智，进而迅速转化为社交货币并在社交平台实现裂变。

而"四化"，指的是互动化、娱乐化、爆品化和场景化。

互动化：游客喜欢体验互动。沉浸式文旅消费模式在体验感、互动性与场景感等方面优势突出，正迎合了消费升级需求。其中，节庆是独特地域文化、城市文化和民俗风情最集中的表现，当节庆与现代文旅融合互动，便形成了新的经济和文化载体——文旅节庆。线上与线下的双重互动会引发消费热潮。没有互动，就没有资金的流动。

娱乐化：游客天生具有乐活的态度。游戏化的产品更能让街区增加黏度。"新、奇、乐"成为年轻人的新消费观，文旅产品和体验越是新潮、奇特和乐趣，越能抓住年轻人的眼球。现今社会和可见的未来，文旅项目以"玩具"属性为重，除了功能更要注重情怀和情感连接，游客消费将是为IP买单、为感动买单、为共鸣买单，工具型产品已经很难再得到年轻人的青睐。他们不需要同质化的工具型产品，而会更多为新奇的体验去消费，未来的产品一定是在"玩具"上附加的，用软价值的方式将产品变为"玩具"，这样就会获得玩具溢价，甚至获得超高的复购黏性。娱乐体验，才能让游客共鸣、感动、记住。

爆品化：对于文旅街区，痛点、刚需、高频是关键词。无论是故宫口红、故宫农夫山泉水，这些爆品都是在解决内在的消费选择问题。口红是女性日常生活中普遍需要的化妆品，并且随身携带，既是痛点也是刚需，同时用完了还得用，消费频次高；瓶装饮用水，也是一样，刚需、复购率高，所以只要在相关项目上，切准消费者的痛点、痒点、爽点、尖叫点，真正挖掘到他们内在的真实诉求，精准创意、精准创新，打造出来的产品就能自带爆品属性。

场景化：场景是城市的新语言，人是最大的场景。只有尖叫的场景才能穿透游客心智。尖叫场景，是眼球经济，是体验陌生感，是游客情感叠加的最高点，是难忘的记忆点，更是文旅占位的灼伤点。如今，锦上添花的"尖叫场景"理论，正在文旅市场上引领着新一轮的消费趋势。

无论是"四感"或者是"四化"，背后的逻辑都是满足游客的各种不同的需求，而前端的表现形式则是"场景"。所以，在场景导演主义的逻辑下，爆款文旅不断出现，也就不足为奇。

3. 文化度

景区需要文化，更需要在地文化的活化，不仅要与当地文化相结合，更需要用游客看得懂的方式表达出来。

中华大地悠悠五千年的历史，有数不清的文化，也有很多历史典故，名人传记，但大家对文化的理解有深有浅，有全面也有片面。这其中，有数不清的主题可做，旅游项目开发一定要抓住根植于游客心中的文化基因，因为并不是所有的文化都可以作为旅游项目进行开发。

旅游因文化而厚重，文化因旅游而灵动。作为旅游项目，都在说文化找文化，都知道把文化作为产品的抓手，然而，很多景区把自以为是的文化作为市场化的文化抓手，进行产品打造和市场发力，其实这种想法是错误的。所谓自以为是的文化，常常指项目开发方深入挖掘的，本地人很少知道，外地人基本没听说过的历史典故或者名人传记等。并不是要否认这些文化的存在和价值，而是作为旅游开发，此类文化基本没有市场吸引力，文化开发的价值基本为零。

旅游开发最好的方式，就是激发游客根植于血液里面的文化基因，并且把这些文化真实地展现在生活中，让游客在身边就能体验到。那些本地人耳熟能详的文化不能轻易抛弃，而外地人一无所知的文化，适当地抛弃也未必是一件坏事。

青岛明月·山海间景区以《山海经》文化为依托做场景设计，充分挖掘青岛以及与青岛、海滨相关联的文化元素，如沿海渔民崇拜的海神龙王、望夫石上等夫归的海礁姑娘，剪纸为明月、裁纱绣银河的仙子……《山海经》神话在我们眼前一个个活了过来并灵动起来，随之而活的是青岛的文旅资源。麒麟祥瑞、章鱼精灵、青山流水、明月沧海、青岛佳酿、青岛美人鱼等文化主题演艺及各种山海主题神兽，分布在不同地点、全时段进行演出，精细塑造的绿水青山让人倍感亲切，中国传统文化的美好意境在灯光映衬下入脑入心。

在地文化是当地千百年形成的根植于人民骨子里的文化。所以，要想得到当地市场的认可，就必须重视与在地文化的有效结合。当文化不仅有说头，还有看头时，文化才是影响人的文化，文化才能真正游走到人心，从而提升一代人一个社会的整体文化氛围和审美素质。

保护和传承历史文化，就是在延展这座城市的精神坐标。明月·山海间就是一次对青岛历史文化转化的成功实践。明月·山海间做到了文化和旅游相互成就，相互映衬。

文化，不仅仅是一座城市的基因，也是游客内心的需求偏好和精神传承，谁抓住了这一点，谁就能在市场上获得游客，这也是旅游开发以文化为抓手的核心。所以，旅游项目开发，一定要抓住根植于游客内心深处的文化基因。无论是做产品，还是做场景，做的无非还是游客内心的那个世界！

位于河北秦皇岛的历史古城山海关，即举世闻名的"天下第一关"，紧扼要隘，成为华北联通东北的要冲。古人赞之"两京锁钥无双地，万里长城第一关"。这里位置优越，形势险要，文物众多，气候宜人，风光绚丽，是旅游者向往的游览胜地。

这座城关的影响力，不仅在于作为历史上的军事重镇，更在于它所承载的历史与文化底蕴。山海关的历史可以追溯到明朝洪武十四年，也就是1381年，当时，为了加强边防防线，修筑了城墙和城关，依山傍海的地理位置也赐予了它"山海关"的名字。关城周长约4公里，和长城相连，城墙高达14米，厚达7米。不仅如此，关城内还有四座主要的城门，以及各种防御建筑，如箭楼、靖边楼、牧营楼、临闾楼、瓮城等。1961年，山海关被列为国家重点文物保护单位，1987年又被列入《世界遗产名录》成为重要的世界文化遗产。这是对山海关历史价值和保护工作的高度肯定，也是为了让更多人了解和欣赏到这个国宝级的景点。山海关作为中国东北的重要关隘和万里长城的东方起点，承载着丰富的历史和文化底蕴，它的建筑、地理位置和历史地位都让它成为中国文化的瑰宝。

山海关是一座文化古城，明代城墙建筑保存基本完好，主要街道和小巷，大部分保留原样，特别是保存众多的四合院民居更使得古城显得典雅古朴。使古城最为增色的是关城东门，即"天下第一关"城楼，它耸立长城之上，雄视四野。登上城楼二楼，可俯视山海关城全貌及关外的原野。北望，遥见角山长城的雄姿；南边的大海也朦胧可见。"天下第一关"匾额，宽5米多，高1.5米，每个字都一米有余。字为楷书，笔力苍劲浑厚，与城楼风格浑然一体，堪称古今巨作。

由此，山海关的天下第一关景区在文旅开发的过程中即着重围绕关隘文化和古城文化来开展，无论是迎宾仪式、光影秀还是实景演艺《冲冠一怒》，一切都围绕山海关曾经的历史和故事来展开。这样的做法，最终赢得了市场上广大游客的好评。

4. 温度

产品是死的，但是游客是需要感情互动的，景区产品和服务一定要符合人性，具备温暖人心的效果。

旅游景区处于目的地运营的核心地位，景区的服务质量，是硬件与软件水平的综合呈现，旅游景区的服务质量具有非常丰富的内涵，在日益激烈的竞争中应该综合考虑各种因素，对其进行全面提升。通过提升服务质量，来增强景区软实力；严格质量管理，用优质服务提升景区核心竞争力，实现景区品牌效应，促进景区长远发展。

景区优质服务的四个表现：

（1）一个中心："以真心为游客服务"为中心。

（2）两个标准："服务动作标准，游客用语标准"。

（3）三个主动："主动微笑、主动问候和主动服务"。

（4）四个行动："文明礼仪、爱心关怀、排忧解难和解决问题"。

上海迪士尼度假区为身患肢障、视障、听障、认知障碍等的游客及其家人提供了诸多便利，除了盲文指南外，还可提供安装有乐园有声指南的iPod，园内各个特色餐厅和主题商店的窗口都设计得比较低，售票处还特别设计了可调节高低的柜台，园内沿路基本没有什么台阶，可供坐轮椅的游客顺利通过。园内《冰雪奇缘：欢唱盛会》《人猿泰山：丛林的呼唤》等演出为有需要的游客免费提供中文手语翻译，该服务需提前七天进行预约。此外，受过训练的导盲犬也可以进入上海迪士尼度假区的大部分区域，不过全程须拴着狗绳或挽具。

河南洛阳栾川县重渡沟风景区面对竞争日趋激烈的旅游市场，在抓好软硬件建设的同时，在旅游服务上狠下功夫，全力打造一个有温度的景区，努力使游客在重渡沟有一个舒心的旅游环境。秉承"和游客保持零距离"的服务宗旨，努力践行"宁可舍利，绝不舍客"的服务理念，并向社会公开承诺：重渡沟景区，绝不让一名游客受委屈，让每一名游客在重渡沟景区不仅能够看美、吃美、玩美，而且能够感受到在家一样的温馨。并且，景区在为四方游客打造舒心的旅游环境之外，还精心为员工打造了健康舒适的工作环境，"量身定做"了包括生日祝福、直系亲属大病救治、优秀员工考察学习、子女就学等一系列彰显爱心的惠民实事，让员工们也切实感受到了工作单位的温暖。使景区上下齐心协力、精诚团结，创造出一个又一个不平凡的业绩，使重渡沟景区连年来各项事业的发展都取得了优异的成绩，得到了社会各界以及旅游业的认同！

杭州西湖风景名胜区精心打造了西湖"微笑亭"公益志愿服务品牌项目。遵循区管委会规划主导、团工委管理主抓、慈善总会经费定投的"三位一体"模式，历经多年深耕细作，已先后建成固定式公益志愿服务"微笑亭"6个、西湖志愿者之家1个、志愿服务微笑点20余个，为广大市民和中外游客免费提供导游图、公益伞、医药箱、轮椅、婴儿车等16项便民服务。在不同时节，还会推出免费凉茶、免费腊八粥、免费馒头等特色服务，以及茶艺、花艺、曲艺、遗产地文化宣传等特色项目展示。

在江西庐山景区，他们创新服务举措，牢固树立"感动每一位游客"的服务理念，把游客当亲人、把自己当客人，以新颖的游览场景、优质的旅游服务让游客爱上庐山，尽最大努力满足游客日益增长的美好生活需要。景区考虑到游客需求的多样性，新增旅游服务配套设施，在三叠泉、仙人洞和东西线卡口等观光车站点分别增设了旅行家补给站、母婴室和数字智慧站台，旅行家补给站内雨伞、应急药品配套齐全，为游客解决了燃眉之急。母婴室内，窗帘、婴儿护理台、沙发、医药箱、饮水机等护理配套设施一应俱全，方便了女性游客护理婴幼儿等。母婴室旁，富有科技感的现代化数字智慧站台矗立于观光车站点，游客可随时查看观光车到站距离、时长及车辆剩余座位等关键信息，并方便及时变更出行计划。

中国首个无障碍山岳型景区，行动不便人士也可轻松登顶。莽山五指峰景区位于南岭山脉北麓、湘粤两省交界处的湖南省宜章县，是地球同纬度保存最完好的原始森林区之一，是中国南方动植物基因库。这里景色优美，令人心驰神往。但因传统山岳型景区难以攀爬，行动不便人士只能望山兴叹。为了让全国各地的残障者及行动不便的人们能够充分享受自然美景，莽山五指峰景区倾力打造了一条无障碍旅游通道，让行动不便人士全程不用下轮椅，就可登顶莽山五指峰。在海拔1400米至1600米处架设的索道、栈道、自动扶梯、电梯、提升机、爬楼机等一系列硬件设施组成了莽山五指峰无障碍系统，这些无障碍旅游设施，现已投入使用。中国旅游景区协会、中国肢残人协会分别授予莽山五指峰景区"全国首家无障碍山岳型旅游景区""全国首家无障碍山岳型景区"称号。

而这一切，都是为了让旅游更有温度。

5. 体验度

体验至上，每个细节都要考虑能否实现，从看景到与景区进行互动。目前已经进入了以体验为主的文旅时代，游客不仅需要满足看景的需求，更希望参与其中，进行深度的体验。体验度代表着游客能获得多少新奇的体验。体验就是参与感，就是通过"流程和过程"，让游客有一种参与到旅游行程中的感觉。体验度的重点是参与感，是触感，是实在感觉，不是单一的参观游览，不是以第三方视角去游玩，而是以第一视角来游玩，实打实地"融入"。

根据旅游的种种现象，可以很清晰地发现，我国旅游消费正在从"购买商品"

向"购买体验"转型。所以，旅游开发一定要把游客的体验放在重要的位置，研究如何提升和强化个体体验，让前来的每一个游客"走心""留心"，大到景区的设计和服务，小到一个商品的使用和包装设计，都应该有自己的特色和对用户体验的思考。近年蓬勃兴起的休闲游、文化体验游、海外游学游，以及亲子游、家庭游等新兴旅游业态，都是对"体验度"的最佳注解。

那么，提升景区体验感的措施有哪些呢？抓住五个方面很关键。

（1）主题体验。

景区体验主题必须能够符合景区本身的特色。推出的体验活动或者特色体验项目，必须能够与景区本身拥有的自然、人文、历史资源相吻合，才能够强化游客的体验。景区主题的设计要素和体验事件要统一风格，如此，体验主题才能吸引游客光临，才能真正有吸引力。

（2）文化体验。

景区的文化氛围是一种比较高级的软环境，是一种诉诸游人心灵深处的精神力量。需要不断挖掘景区的文化底蕴，对景区的文化进行追根溯源，寻找文化根脉。同时还要注重创造多重文化体验空间，同时要以其特色文化为主题开展以游客体验为导向的文化体验项目，利用文化创意产业的发展拓展文化产业链。

（3）智慧体验。

智慧景区时代已经来临，要注重景区智慧服务系统建设。做到游前、游中、游后的全程个性化服务，提升游客体验感，增强黏性。新建景区需要在规划建设初期进行系统化的智慧景区规划，做好顶层设计，为日后运营留足空间。老景区需要整合各零散的业务模块，实现系统优化、数据整合，持续提升智慧化景区的能力。

（4）活动体验。

景区可以根据自身特色设置多种活动类型，通过精心策划，围绕文化或者特色主题，将其特有的人文旅游景观同我国传统节日联系起来，组织丰富多彩的旅游活动和举办大型的节庆活动，既突出旅游景区的主题形象又能引发旅游者内心的情愫，在心理上形成共鸣。

（5）服务体验。

景区的服务质量，是硬件与软件水平的综合呈现。提升景区服务质量和游客满意度，要从以下三个方面入手：一是丰富旅游产品，二是完善配套功能，三是提升管理服务水平。应按照旅游景区标准化相关要求，进一步建立完善景区管理服务标准体系，积极开展人性管理、文明服务，以管理服务的科学化、规范化提升游客满意度。

潜海的惊奇、攀越的艰辛、露营的惬意、滑翔的欢快、山舍的禅度、农家的乡趣、玻璃栈道的刺激、主题公园的狂欢……，玩时放飞心情，游后留下回忆。唯有这些强烈的浸入式体验，才能铭刻于心，才能意犹未尽，才能激发游客延长初次停留、决定再次体验。换言之，游客若不"走心"，市场何以"走量"？！每一个旅游地都应努力建成"来了不想走，走了想再来"的目的地。

在宁夏，为了增加游客的体验度，各个景区纷纷策划并推出了众多体验项目。沙湖景区结合国际观鸟节，开启"白加黑"模式，白天不仅有沙宝宝、湖贝贝等萌宠与游客亲密互动，还有铜人艺术、魔术变脸、气球小丑等内容增添节日氛围；夜间还推出360度全景透明帐篷、五彩棚屋、篝火狂欢、沙滩BBQ、露天电影等活动，延长游客在景区游玩时间。沙坡头景区推出全天各时段、全场景的晨钟暮鼓、舞龙舞狮、太极生慧、骆驼迎宾、快闪互动等项目。以及免费快乐派送、手忙脚乱、疯狂下蛋和亲子泡泡秀等互动游戏，倾力打造沉浸式的沙坡头快乐旅游体验。西夏陵景区的西夏文木活字印刷体验馆成为景区打卡体验最火爆的项目。青铜峡黄河大峡谷景区的大禹精神寻访游、西夏古塔探秘游、十里长峡漂流游、引黄灌溉研学游等丰富多样、特色突出。贺兰山森林公园推出"艳遇"父亲山、奇遇父亲山、诗遇父亲山、知遇父亲山、赏遇父亲山系列活动，倡导文明旅游。张裕摩塞尔城堡庄园推出亲子游园活动，鸣翠湖景区举办"渔家美食节"，银川黄河军事文化博览园景区举办"舰上少年"夏令营活动，水上飞人表演、摩托艇、逍遥车、自驾观光船、素质拓展、射击体验等娱乐项目，吸引大批游客前往体验。

山东台儿庄为文化、文物、旅游等资源密集区。在台儿庄古城，为满足游客出游体验，文化融入旅游，带来"游客感官、行为、思维和情感体验"，古城紧扣融合发展新要求，优先开展文化和旅游融合发展。在船妹子婉转的歌声中，邂逅最美古城，寻一场不愿醒来的美梦。在东门码头的船妹子休闲吧，享受下午茶时光。这里有各种酒水、咖啡和小吃，携两三好友坐在二层露台，呼吸着新鲜空气，感受喧闹中的一处宁静再好不过了。在大衕门街谢裕大茶行内，听山东快书的幽默、品运河大鼓的魅力、识古埙陶笛的清幽。在台湾街活字体验馆，三万余枚汉字正在等着认领，把独属于自己的印记带回家……古今汇聚，传统与时尚碰撞，使其成为传统韵味与时尚派相融合的运河名城。

我国很多景区拥有大量文物资源，数字化是让文物"动起来"的有效手段。数字技术的永久性、可复制性、即时性和高效性，克服了景区文物难以远距离调运、近距离欣赏、资源分布不平衡等约束，提供了更大的文物活化和利用空间。虚拟现实技术让游客"触摸"到山西平遥古城历史、高科技光影技术让千年名楼黄鹤楼"活"起来，"数字技术+灯彩艺术"让上海豫园灯会成为充满奇花异草的美学奇境……数字技术在旅游业中不断应用，新颖的数字旅游体验项目接连出现，文化和自然遗产以更加多元、立体、鲜活的形式呈现在游客面前。在故宫博物院的"'纹'以载道——故宫腾讯沉浸式数字体验展"上，观众可在一个14米高的椭圆形空间中，观赏到高达5.3米的裸眼3D"数字文物"。新体验运用三维可视化、人工智能、体感识别、虚拟现实等数字技术，最终呈现出"以假乱真"的效果。正在进行的"数字敦煌"项目，通过计算机技术和图像数字技术，形成了数字化摄影采集、洞窟三维重建、洞窟全景漫游等海量数字化资源。网友只需轻点鼠标或者划拨手机屏幕，即能一览敦煌莫高窟文化遗存的魅力。在江西滕王阁景区，打造了人工智能大语言模型驱动的虚拟数字人"王勃"，利用先进的人工智能技术，让游客在景区内与虚拟数字人"王勃"进行互动，仿佛穿越时空，亲身感受千年文化的魅力。通过与"王勃"的对话，游客们能够更加深入地了解滕王阁的历史文化和王勃的文学成就，带来全新的旅游体验。

沉浸式体验，是近年来文旅行业的热门词。目前国内文旅消费呈现年轻化、国际化趋势，审美水平和对产品品质的要求不断提升。沉浸式文旅作为一种创新型方式，在体验感、互动性与场景感等方面优势突出，未来需要更加注重打造好场景、好内容。沉浸式体验融合新媒体艺术、装置艺术、数字影像、特效、灯光设备技术等，全面覆盖观众视角，通过互动感应系统与观众互动，让观众沉浸在充满趣味性、梦幻化的体验中。河南洛阳的《无上龙门》体验馆，甘肃敦煌的文旅演艺《乐动敦煌》，以数字化演艺手段展示了敦煌历史文化古韵，湖北武汉的《夜上黄鹤楼》光影演艺也通过打造沉浸式故事场景成功"出圈"。

可以说，未来旅游业的发展，"体验度"将成为核心竞争力，越能给人以深度体验、丰富体验的地方，越能在激烈竞争中赢得先发之机、占据优势地位。这是大的趋势，也是文旅项目开发和建设中必须高度重视的课题。

6. 创新度

文旅产业是一个不断迭代的生态系统，需要涌入新元素、新模式，使其螺旋上升。对于企业和项目而言，需要以前瞻性的战略、创新性的思维卡位高点和远点，这样才能在激烈的市场竞争中突围。

旅游是一种体验，然而，人们并不喜欢一成不变的东西，过去我们对旅游资源的认识局限在名山大川、名胜古迹等方面。但是现在发现，旅游资源有不可穷尽的特征，各行各业的深度融合、跨界创新，催生的多元化的旅游产品已经将旅游业带入了一个全新的时代。在旅游业供给侧结构性改革方面，必须以创新驱动为旅游业赋能，坚持创新在旅游高质量发展中核心地位，推动新一轮科技革命、产业变革所带来的成果深刻影响旅游全链条。

对于景区来说，必须不断创新推出新的体验及项目才能够保持景区的吸引力。景区每年、每月甚至每天，有没有新的创意出来，无论是产品还是服务，或者是管理，都需要进行创新，创新的能力也是景区的竞争力，这就意味着，创新能力水平的高低，是景区能否良性发展的最重要的一个因素。

创新时代的核心逻辑也要以客户为中心，要对产品使用者进行精准画像：他们是谁，他们在哪里，他们的需求是什么，他们的消费习惯是什么，他们的情感诉求是什么？

大数据调查显示，近些年旅游消费呈现出高品质、重体验的新趋势，旅游消费升级表现明显。"Z世代"在过去一年的出游人群中成为绝对主力，年轻旅行者在追求出行体验时，更加愿意为高品质的产品及服务买单。近3亿"Z世代"人群预计将撬动达5万亿元的消费支出。"Z世代"作为国内市场新的消费增长极，他们的消费偏好将重塑未来的市场格局。相关调查报告从文化、科技、娱乐、消费四大领域重新解构了"Z世代"的群体形象，提出："Z世代"的文化观念与价值取向十分多元；"Z世代"十分享受体验平行时空带来的快感，同时也在乎真切的感官体验；"Z世代"的消费观念从满足功能转向悦己。

旅游景区要想赢得发展主动权，必须把"创新"作为引领发展的第一动力，及时跟进时代变化，关注游客的服务诉求，认识全媒体时代的立体营销，理解新的融资模式和运营方式，捕捉新业态和网红热点。要研究变化规律，科学调整路径，积极融入大市场、大政策、大环境的核心需要和新需求。旅游景区要做好"文旅融合"这篇大文章，充分发掘现有旅游资源的多元价值，突出内容创新，拓展绿色旅游、红色旅游、夜色旅游与体育、工业、康养等深度融合，推出更多"旅游+"创新产品，推动旅游景区收入向综合性经济转变。通过旅游业态、服务方式、消费模式、管理手段的创新提升，不断壮大产业的发展新动能、新引擎，培育旅游消费新场景，激发旅游消费的新活力，保持景区旺盛的生命力。

另外，创新旅游产品与活动是景区创新提升的核心。要结合景区特色，开发出独具特色的旅游产品与活动，让游客在景区中获得独一无二的体验。例如，在山水景区推出户外探险项目，在古城景区组织民俗文化体验活动，在主题乐园推出限定季节的特色主题活动等。景区营销与推广是吸引游客的重要手段。要注重品牌建设，树立景区良好形象。同时，要运用多种营销渠道，如线上平台、社交媒体、旅游门户网站等，提高景区知名度与影响力。此外，可结合当地资源与特色，与周边景区合作，共同推出联票、套票等优惠活动，吸引更多游客。

除了以上六个景区经常用到的几个度之外，还有六个景区不经常用到的，而这六个度，可能就是景区在发展过程中，增加市场抗风险能力以及寻求多元化发展的重点。

7. 可持续度

可持续度，对应景区现有内容不断持续升级的能力，即景区在产品创新或品牌活动升级等方面具不具备持续性。游客对产品的记忆有一定的时效性和期限。而持续地输出新产品、大活动，则能有效地保持市场的新鲜度和活力。一到特定的时间点，游客就不约而同唤醒相同的记忆。如过年期间各地都会举办民俗庙会，就是根植于传统文化基础上的特定的节日活动，有的庙会可以持续上千年之久，在市场上就有很强的口碑和传播力。

淮阳，古称宛丘、陈州，相传是古时三皇之一的太昊伏羲氏定都与长眠之地。伏羲是中华人文始祖。每年的农历二月二至三月三，民众会聚而来朝宗谒拜，由此形成了声势浩大的太昊陵庙会。曾因"单日客流量82.5万人次"创造了吉尼斯世界纪录，被称为中国规模最大、历时最长、人数最多的古庙会。

根据百度百科介绍：淮阳二月二庙会是融民间艺术、宗教信仰、物资交流、文化娱乐为一体的传统民俗文化盛会。淮阳地处周口市腹心地区，历史悠久，是华夏文明的发源地之一，早在约公元前40世纪，太昊伏羲在此建立中国第一个都城，名宛丘；后炎帝神农氏继都于宛丘之旧墟，易名为陈。这里也是太昊伏羲的陵寝所在。太昊陵，占地数百亩，形制与北京故宫相仿。三间正门威严壮观，左右分别立着钟楼和鼓楼。进了正门是三进院落，前为正殿，立于两米多高的台上，显得宏伟高大，正门悬有"人文始祖"匾额，内供伏羲坐像。二殿为女娲宫，三殿为寝宫，皆为明清修建，红墙金瓦，气象森严。最后是太昊陵，陵是砖围土堆，形如小山，陵前竖有石碑，周围古木参天。二月二庙会寄托了劳动人民祛邪、避灾、祈福的美好愿望。

祭拜伏羲由来已久，世代传承。伏羲文化是海内外华人心灵相通、血脉相融的精神纽带，为中华民族生生不息、发展壮大提供了丰厚滋养。作为一种民俗文化，太昊陵庙会的起源可追溯到6000年前，据史书记载，太昊伏羲氏曾定都宛丘（淮阳）。他"一画开天分阴阳，推演万物定乾坤"，在以陈为中心的黄淮平原上拉开了华夏文明的序幕。他发明网罟，教民渔猎畜牧，开创了原始畜牧业；他自认风姓，教人循规蹈矩；他制嫁娶之礼，使原始生民摆脱了愚昧的群婚状态；他发明了最原始的乐器琴瑟，教人礼乐之大化；他以龙纪官，号曰龙师，分理海内；他仰观天文，俯察地理，创立八卦，结束结绳记事开启人类智慧，开创了人类文明的先河。

太昊陵庙会有花样繁多的民间娱乐活动，与其他庙会相比，太昊陵庙会的底蕴更丰厚，文化味道更浓。庙会上我们可以看到一群群身着黑衣、肩担花篮、手敲竹板边舞边唱的妇女，她们时而慷慨激昂，时而低吟诵唱，这舞蹈叫担经挑，舞者多是年长的妇女。她们高举黄绫青龙旗，浩浩荡荡从四面八方来到太昊陵，先祭拜"人祖爷"，然后到统天殿、显仁殿、伏羲墓前表演担经挑。担经挑传女不传男，这是远古流传下来的规矩。担经挑史诗一样地在淮阳流行了几千年，它是原始社会以舞祭媒保留下来的一种遗俗，是集祭祖、娱神、求子为一体的祭拜形式，是原始巫舞的演变，是淮阳独有的祭祀太昊伏羲氏的巫舞。舞到最后，舞者走到中间背靠背而过，两尾相碰，象征伏羲、女娲相交之状，其唱词也多与伏羲、女娲有关。这种祭拜形式与古陈国崇尚巫风、盛行巫舞有关。

太昊陵庙会上还有众多的民俗文化形式，如拴娃娃、抢旗杆、送楼子、摸子孙窑、交尾泥泥狗等，这些都表现了远古时代人们对生命起源的生殖崇拜。通过摸子孙窑得子者，还要用旗杆、楼子还愿，以示感激。太昊陵庙会众多民情风俗，反映了原始社会最本质、最自然的对生命的渴望。

淮阳太昊陵庙会至今已有上千年的历史，已被列入首批国家级非物质文化遗产名录。伏羲文化成为淮阳文化地标和推动当地经济社会发展的优势。一年一度的太昊陵庙会，在当地政府组织下，形成了集非物质文化遗产展演、伏羲书展等于一体的伏羲文化旅游节，来自四面八方的华夏子孙纷纷前来祈福拜祖、参观旅游，感受当地民俗文化的魅力。热闹的庙会，带旺的不仅是周口特产压缩馍，还有众多特色产品，在非遗静态展示区，洧川豆腐、沈丘顾家馍、逍遥镇胡辣汤等传统美食，让人们大饱口福，禹州钧瓷、陈氏木梳、泥泥狗、布老虎、葫芦烙画等非遗产品，可让大家近距离领略非物质文化遗产的独特魅力。

云游仙境，共赴山海。2024年6月29日晚，2024老君山观海避暑节暨毕业旅行季启动仪式在老君山景区流浪星球露营基地举行，来自省内外的旅游专家、旅游企业负责人、媒体代表及数千名游客齐聚一堂，共同见证了这场清凉盛事的开幕。

老君山景区位于洛阳市栾川县，是国家5A级旅游景区，也是国家级自然保护区，为八百里伏牛山主峰，这里山高林密，潭瀑成群，自然风光绝美。高海拔和茂密的植被，共同造就了老君山的清凉世界，夏季平均气温21℃，是远近闻名的避暑胜地。而特殊的地理位置和优越的气候条件则造就了老君山景区无与伦比的云海奇观，每年暑期7—9月，是老君山观云海的最佳时节。每年七八月份，老君山都会推出观海避暑节，以形式多样的活动丰富游客的体验。2024年是老君山观海避暑节举办的第11年，每一届都在不断优化和改进，结合时下热点，推陈出新，力求给每一位到访仙山的游客以最清凉、最舒适、最有趣的游玩体验，每年都会吸引数十万的游客前往，如今已发展成为中部地区夏季旅游的代表性知名品牌活动。

类似的活动还有河南洛阳牡丹文化节、广西三月三文化活动等，都持续举办了几十年，形成了当地有名的文旅品牌，有效带动了当地文化、旅游、商业等众多行业的全面增长。

8. 盈利度

经济基础决定上层建筑，项目挣钱的能力，决定了景区能否良性循环和发展。管理大师彼德·德鲁克说："没有利润，就没有企业。"所以，项目能不能挣钱，能不能长期挣钱，对景区的发展非常重要。

旅游项目的投入是非常大的，尤其是在项目的前期，不少是几亿元甚至几十亿元、上百亿元的投入，在项目运营过程中，还需要一定的运营投入。而在收入上，大部分景区主要依赖的还是景区门票，以及游乐项目、餐饮、酒店、交通、工艺品等二消，景区的盈利方式和盈利能力有很大的制约性，而产生二消收入的前提条件则是景区运营得当，有大量的游客来到景区。所以，景区在投入运营后，能不能迅速覆盖运营成本，是关乎景区未来正常发展的很大的考验。另外，能不能覆盖建设成本和财务成本，则决定了景区能不能良性发展。有些景区在建设时期用尽了全力，甚至还背负上了沉重的借贷压力，等景区建设完成之后，就没有余力投在运营上了。景区建得好，不一定就能得到市场的认可，即便是项目迎合了市场的需要，也是"酒香也怕巷子深",需要景区进行必要的媒体宣传,如果没有准备好必要的运营投入,就会造成景区在建成的那一天,开始走向毁灭。这并不是危言耸听。

目前,旅游业有种说法,说90%的景区都在赔钱,虽然很夸张,但也隐含了一个事实,那就是很多景区在赔钱或者说不赚钱,景区运营情况非常不佳。造成这种情况的原因有很多,有大环境的问题,有区域竞争激烈的问题,有定位错误、资源丰度不够、地理交通等方面的问题,但核心问题还是集中在资源同质化严重、前期投入过大、后期运营乏力上。

所以,我们一直提倡运营前置,从景区的规划阶段就考虑后期的运营,并且通过运营来调整和修正景区的规划和设计,以及产品结构和商业模式等。在景区运营的过程中,对项目运营和新项目的投入,尤其要核算好投入产出比,考虑好项目或者活动实施的财务成本。

现在的游客越来越注重旅游景区景点的文化内涵和人文内涵,更加讲究精神层面的体验和感受,注重旅游项目的参与性。因此在旅游景区开发的过程中,还需要加强设计参与性旅游项目,开发休闲娱乐项目,发展体验式个性化旅游产品,逐步实现旅游产业供给侧的结构性升级。发展以观光旅游为基础、以休闲度假旅游为主导的综合性旅游产品体系,吸引更多的游客进入景区进行选择性消费,增强景区的吸引力。

另外,目前景区采用场地出租的方式,即吸引企业付费租用景区独特的场地,已经越来越成为一种重要的景区创收渠道。例如,为企业举办会议晚餐、晚间招待酒会等招待活动;利用独特的景点环境展示新产品;拍摄具有视觉冲击力的广告宣传片;为影视作品拍摄提供外景地。这些企业用户一般付费较高,而且有助于景区充分利用淡季,或不开放的时间获得额外的收入。

除此之外,景区还可采用以下三种方式增加收入。第一种,特许经营:游乐场的游乐设施和景区内的餐饮店通常采用这种方式经营。第二种,咨询服务:景区可以向其他景区提供咨询服务,或称管理输出。第三种,赞助:景区可以利用自己的人流密集和游客集中的优势吸引一些商家出资、出物赞助一些活动,商家也可以借此推出新产品,提高自己在游客市场群体中的知名度等拓展收入的渠道,增加盈利能力。

总而言之，无论采用哪种方式，旅游景区一方面不能离开旅游吸引物的主题，另一方面要尽量不舍弃门票这个重要的盈利方式和盈利点。文旅项目最终做的不是流量，而是流量的消费能力，这决定了项目的盈利能力，如果没有消费，再多的流量都是无效流量，而找到流量与消费的最佳结合点，就找到了景区盈利的最佳方式。

9. 平台度

未来旅游的发展是多元化的，意味着必须提升项目的跨界融合能力，能否汇集融合多种资源，并通过它们产生价值，是关系文旅项目未来发展的最重要方面。文旅项目需要进一步围绕主营业务和游览功能性，进行跨界升级和合作，以产生更大的围绕项目与各界融合发展的"新平台、新模式"，这就是项目的"平台性"。

作为旅游资源的整合和激活者，文旅项目可以通过交易产生价值。不应将文旅项目视为一个独立的实体，而应将其视为一个资源整合平台，借助这个平台实现各类资源的流动，进而吸引客流并提升影响力。要持续地收集各类资源，这些资源可能来自周围景点、农户、社交组织、企事业单位、旅行团、户外活动团体、传媒、策划、设计、二次消费产品的制造商等所有可与景区产生联系的实体。

通过对资源的使用，可以提高文旅项目的竞争力和吸引力，并随之获得游客和商业伙伴。对每一个有利于文旅项目盈利或增加其知名度的机遇，都不能轻易放过。只要不破坏项目的声誉且不妨碍长远利益，管理者就应积极尝试新策略，不断探究新方法。

文旅项目的价值必须体现出来，必须给更多拥有资源或者资金的人以融入的机会，这样才有可能从各种资源中取得自己想要的东西。文旅项目应主动寻找机会，善用自身的资源，运用它们来交换、寻求机会，这是文旅项目得以存续的关键因素。

文旅项目作为整合各种元素的基本单位，其外部商业策略及商品就决定了该平台的组成成分。阿里巴巴是一个以 B2C 和 C2C 为主要业务的电商企业，据估计，每年有 1000 万个以上来自淘宝旗下的商户参与了 C2C 交易活动。同样，如果文旅项目能够定位为一个平台进行发展，并保持开放的态度，那么文旅项目需要做的就是吸引投资者、实施有效的管理措施以及提供优质的服务。这些外部商业资源及产品就像孙悟空身上变化了的猴毛一样,每一个都可以独立地对抗妖魔鬼怪而不会受到过多的束缚;当孙悟空发出召唤时,它们又可以被他牢牢地掌控。这样的平台模式可以为加入进来的商户提供更好的发展机会,帮助他们降低成本与风险,进而激发他们的积极性和创造力。

文旅项目必须同时兼顾管理和服务的双重职责。虽然文旅项目的平台不同于一般的电子商务平台,但是当消费者购买到劣质商品时,他们一样会向商家提出质疑并寻求解决方案。不同的是,旅行中的游客,他们可能会对文旅项目平台本身发起投诉,从而导致负面的结果被归咎于文旅项目。比如,青岛"大虾事件"和"中国雪乡"住宿事件,虽然问题的根源在于个别商家的"黑心操作",但真正受到损害的是旅游景区和旅游目的地。所以,景区和旅游目的地作为平台,要负起管理监督的重任。文旅项目平台要统一步调,重视人员的教育和培训工作,确保所有的工作流程都能够保持协调一致,包括统一的管理方式、市场推广活动等,以达到吸引更多游客及更多商家的目的。

10. 产业度

产业理论上可以无限延伸,延伸的主要路径在于融合,延伸的目标和手段则在产业化,产业化可以更高效地利用各类文化和旅游资源,促进经济的发展、文化的传播和旅游服务质量的提高,是旅游业高质量发展的必由之路。让文化和产品走出去,不仅可以打破旅游资源无法移动、旅游淡旺季比较明显等众多限制,更可以实现旅游收入多元化。

产业融合,是指不同产业或同一产业内部不同行业相互渗透、相互交叉,最终融合为一体,逐步形成新的产业或增长点的动态过程。与其他产业相比,文化与旅游融合更加天然,更加自觉,也具有强大的生命力。文化产业和旅游业都具有强关联性、高渗透性、边界模糊等特点。两个产业互有交叉,文化产业为旅游产业提供丰富的内容产品,旅游则为文化消费创造巨大的市场空间,为文化保护传承提供有力支撑。

产业融合，可谓是互惠互利，可将各自优势充分发挥，实现价值的最大化。比如当前，城市居民消费为农村农业与旅游业融合发展提供了契机，广阔的农村已经成为集田园风光欣赏、特色文化展示、乡村休闲体验于一体的农业旅游产业活动的集结地。农村依托农业观光、采摘体验游等，推动农业朝生态化、农庄化方向发展，催生出农事体验的新业态；以自然观光、度假为主的民宿产业，生态环境良好、靠近城市，成为城市居民理想的短途休闲旅游目的地。

以农促旅，以旅强农，探索农业与旅游业融合发展大有可为。良好的农业资源、优美的田园风光，再加上精心的策划包装，农业和旅游就能生发出意想不到的强大合力。以原生态的乡村美景为核心，以特色节庆和地域文化为载体，探索农业与旅游业融合发展，既能带来社会效益，也能实现经济效益；既能为农村农业带来蓬勃生机，也带动广大农民增收致富。"一个产区就是一个景区，一个景区带动一个产业。"把农业产业基地打造成为乡村旅游景区，把新农村建设成为乡村旅游景点，把特色农产品开发成旅游商品，不断拓展乡村旅游新业态，是乡村振兴发展的现实有效途径。

另外，文创产品，展开说就是指文化创意商品，是凭借创意人的聪慧、专业技能和天赋，借助各类科技手段对文化资源、文化用品进行创造与提升，进而生产出的高附加值产品。如今的文创产品一般会重视其创意的知识产权保护与应用。很多景区都会出售纪念品（文创产品），前些年多是包含景区图片的明信片、与景区历史文化相关的饰品摆件等。而近些年，随着故宫博物院推出一系列表情包、化妆品、书签、冰箱贴等文创产品并大火之后，让文创产品开发进入了新的阶段，文创概念也变成了主流，特色化、主题化、IP化等成为大众的共识。

好的旅游文创产品，要求富有文化内涵、彰显景区形象、设计精美、有收藏与使用价值，更重要的是要能够契合年轻人群的传播兴奋点，这样才可以真正意义上带动景区的二次消费并增长景区的知名度。长沙石牛寨依托景区诞生的BoBo牛形象，衍生创意设计了同系列的帽子、文化衫等文创产品，受到年轻人的追捧。故宫近些年的全面文创，尤其是文创商品，不仅为故宫带来了销售收入的增加，更在年轻人中形成了一股话题浪潮，以故宫为代表的传统文化仿佛重获了新生，也代表着传统文化正在以一种新的方式影响着新一代年轻人群。2017年，北京故宫接待了1670万人次的游客，文创产品销售额达10亿元。由此可见，文创产品收入已经成了不可小觑的一部分。景区开发文创产品，甚至形成产业，对景区来说意义重大。

一方面，景区文创产品是景区文化精神内涵、价值观念与管理模式的集中体现，文创产品无论是在景区体验，还是在社会上传播，都能够有重点、有层次地集中体现景区文化特色。区别于传统旅游纪念品的枯燥乏味，欠缺艺术性、设计感，景区开发的文创产品更具有吸引力，不单单会成为消费者今后追忆旅游体验过程的媒介，而且能给予旅客对当地与文创产品相关联的文化的想象空间，使游客带走的不单单是一件文创产品，更是当地独特的文化特色。

另一方面，文创产品不单单能为旅游景区带来直接的经济价值，也能通过口碑传播实现对旅游目的地的链式推广营销，扩大旅游目的地品牌及形象的传播范围，从而提高旅游景区的知名度，甚至能产生强大的旅游吸引力推动游客数量增加。从特殊的地域文化资源中获取核心元素，使其实物化，将独特的自然风光、广为流传的历史故事转化为文创产品形态，开发设计具备纪念、收藏馈赠价值的文创产品，将进一步增强放大旅游目的地的文化底蕴。

在文创产品的开发上，好的旅游文化创意产品须兼备以下特性：文化性、故事性、趣味性、创新性、实用性。景区旅游文创商品开始推出时，应先围绕景区核心的IP内容规划推出一个系列爆款产品或者必购产品，根据市场反馈再慢慢扩张畅销商品的产品线，不仅可以积累自主文创产品的设计经营经验，也可以借此降低过快发展自主文创产品产生的成本风险。形成以文化IP为核心，创新单品引爆市场，横向延伸产品线的文化创意产品开发模式。景区文创可考虑将文化元素融入日常消费品，这样可以同时吸引外地游客和市民游客群体的目光。如将本景区的风光、文化、人物等内容印在食品、化妆品等生活消费品的精美包装上。故宫和颐和园将自身的文化IP同食品、手机壳等最常见的日用消费品相结合打造的文创产品，很受游客的欢迎和喜爱。

需要注意的是，文创产品开发，其成败的关键在于这是一个景区多部门协同作战的事，从景区的角度必须"一把手"主抓，充分调动景区的财力、渠道、销售、营销、地段等资源，才能为游客提供立体化的游览体验、情感体验，从而实现文创商品的变现转化。

11. 活力度

通俗地说，活力度就是景区折腾的能力和频次，如策划产品升级迭代、大型活动、新闻炒作、对外公开发声等，为保持市场活力而采取的一系列行为的能力和频次。

正常情况下，如果一个景区想要保持在市场上的热度，每年大概需要策划三到四次的大型活动，十几次的小型活动，以及各类的新闻事件炒作，等等。有句通俗的总结就是：季季有活动，月月有创新，周周有改变。即便是达不到这个标准，起码也要根据景区自己的情况，不断进行提升和改进。

作为国内少有的、至今保存完好的、能原汁原味展现原住居民生活业态的古城，国家5A级旅游景区青州古城，烟火气、接地气一直是该景区一大特色。

青州古城充分发挥传统文化厚重、交通区位便利等优势，以千年古城历史文化为内涵，打造"梦幻古城"夜游项目，营造出浓厚的夜间文化消费氛围。引进祥云十六韵汉服体验馆、花栖酒店等特色业态，开展形式多样的夜间文化演出项目，打造精致街景小品，丰富景区文化内涵和表演形式；打造具有青州古城特色的标志性剧目，并进行常态化演出；打造东华门南巷网红街、体验式项目《大明遗韵》、夥巷夜间娱乐休闲剧场、高家亭巷特色餐饮街区等夜间文旅项目，形成古城"夜游+演艺"的发展模式，增强游客夜游古城的体验感与参与度。2024年，青州古城先后策划推出"相约美青州·古城过大年"、古城寻踪研学、新生活·新风尚——新年画展览、青州古城冯家巷新春庙会等10余项文化活动；组织开展威风千里锣鼓表演、巾帼英雄古装展演、福禄双至互动演出、"龙腾虎跃闹新春"镇街民俗队伍展演等文化演出活动90余场次。

这些丰富多彩的文旅活动，为青州古城积攒了人气，传播了文化，促进了消费，拉动了经济。无论是在日常，还是在周末或节假日，青州古城内总是游人如织、人头攒动，全国各地游客纷至沓来，感受古城的独特魅力。

12. 传播度

　　品牌传播度对应企业宣传自身品牌、形象、产品和 IP 等信息，劝说消费者其购买产品及服务的能力。项目自身产品好，也需要及时全面地宣传出去。流量意味着财富，景区要想挣钱，就必须先做好流量，而流量的核心就是景区产生内容并进行传播的能力。与公共媒体、私人媒体等进行合作传播是很重要的一方面，景区自营媒体进行传播也是很重要的一方面，景区的官方微信、抖音等账号内容的生成数量和曝光量是衡量景区品牌传播度的很重要的标准。

　　新到一个城市出差旅游，坐上出租车或者大巴车、地铁，听到、看到某个景区的宣传推广，你是不是蠢蠢欲动？景区选择大众媒体投放广告，选择当地一些重要的媒介，扩大知名度和影响力，可能真的会起到事半功倍的效果。由权威机构做背书，进行景区宣传，对于初到这座城市的人来说，会起到更好的宣传效果，也会产生必须打卡的心理。关于景区的推广，还有一些小经验，如与外卖骑手合作，与院校学生合作，与景区周边餐饮、商家合作，等等。通过景区票务分销系统，或者给佣金，或者互换资源，都会有一些宣传效果，但不管采用什么样的宣传推广手段，总之得适合景区自身。

　　另外，传播度的前提是创意与同理心，这两者做到了，那么在这个"全民旅游""全民上网"的时代，只要寻找一个引爆点，就不怕自己的内容没有传播度。传播度主要包括传播广度与传播深度，打通"粉丝路径"和"转发路径"，就能获得相当大的传播度，从而将企业品牌推广出去。现在是人人都是自媒体的时代，景区除了自身运营好自媒体外，更要调动游客的参与，让游客成为景区的宣传员，通过庞大的游客基数来拉动景区整体的曝光量。自媒体文章就热点话题发表自己独特的看法，常常引发受众的热烈讨论，获得很高的阅读量与评论量，这在景区宣传推广中是一把利剑。

　　围绕上面的"十二度"，进行景区的发展和完善，策划出差异化、特色化、体验化的核心产品和产品矩阵，达到让游客喜欢、社会满意，并具备持续改进的能力，就能赢得市场竞争，并立于不败之地。可以说，好的景区都是策划出来的，而策划的落脚点，无非是以上的"十二度"。

第四篇
聚焦"新媒体和活动策划"

流量内容的生产能力是旅游景区未来的核心竞争力,只有流量内容,才能引导游客主动传播,增加与游客之间的关联度;景区的产品和内容成为价值生活的入口,才会成为游客情绪价值的出口。

创意类的大活动,是景区吸引人气,提升收入的最好的方式之一。

互联网经济发展给传统旅游业带来了巨大的影响与改变。内容丰富的App、精美照片、爆点小视频等迅速出现在大街小巷的几乎所有人的手机里。横空出世的抖音小视频更是如火如荼,带火了一众景区。在网络传播的巨大带动下,网红景区、网红目的地、网红现象、网红场景源源不断在网上出圈,并吸引来趋之若鹜的大量游客。网红打卡地既有历史悠久的文化旅游景区场馆,也有"小而美"的精品体验项目,涵盖了"吃、住、行、游、购、娱"各个环节。

手机成为人人必备的旅游利器,拍美照、拍视频并分享到社交媒体成为旅游新时尚,使得每个景区、每个人都有机会在大众面前展露自己与众不同的一面,可谓是真正的"酒香不怕巷子深"时代。此外,这些景区、景观的走红与新一代年轻旅游者的崛起也有很大的关系。他们发现和放大了一些城市过去被忽略的"新玩法"。这些网红景点并不局限在传统景区,它可以是一种特别的现象、玩法,也可以是深藏城市的老街老巷,但是,它们都具有差异性、独特性,都是由内容引发的共鸣。

"我抬眼是千佛山的轮廓，我闭眼是大明湖和护城河，趵突泉在我耳畔喷涌着……"，歌曲《济南济南》带火了一座城市，而抖音短视频更让济南的芙蓉街、宽厚里成为网红景点。数据显示，抖音上关于济南的视频超过300个，总浏览量超过6000万。因为抖音短视频，济南、重庆、西安纷纷登上热榜，涌现出一批"网红"景点，吸引大量游客前往"打卡"。一时间，仿佛所有的景区都进入了"网红时代"。

一、聚焦新媒体传播

很多景区在宣传的时候，太喜欢展示自己的产品了，完全不考虑受众的感受，结果是费了很大的精力，做了大量的工作，却收效甚微。

（一）用户思维解读新媒体传播

自媒体时代，打卡炫耀是旅游的刚需，如今，旅游时拍下照片发朋友圈，或与好友分享，已成为旅游必选，旅游打卡时代，旅游必打卡。

有的人，排队5小时，只为打卡西湖音乐喷泉；有的人，排号200号，只为打卡一家网红餐厅；有的人，堵车半小时，只为打卡一个名叫"立马回头"的公交站。打卡式旅游，属于"到此一游式"旅游，并不是简单的走马观花式的旅行，游客到某处景点，除了观光体验，在网上、世间、生命里留存记录、刷存在感是更重要的目的。

而引发他们主动传播的核心要素，不是景区的自嗨，不是景区讲述给消费者的自己的产品有多好，而是客户拥有产品体验之后，感受有多好。所以，景区做新媒体传播的逻辑一定要改过来。

1. 打卡成为游客刚需

随着互联网公域流量红利逐渐衰减，线上和线下获客成本逐渐趋于一致，流量环境发生了变化，从注重流量到注重留量，意味着私域流量时代来临。私领流量是建立在信任基础上的，因此私域流量的最高境界就是拥有血肉、生命、情感、人设的"专家+好友"。关于私域流量，我们要改变流量思维为用户运营思维，私域流量绝不能简单地进行社群收割，它需要长期关系的培育和维持，是要有温度的。要抱着精益求精的经营理念和洞察人性的出发点，与用户共同创造和维护社群品牌，注重客户关系管理，注重口碑传播，扩大复购率，关注长期价值，重视用户的终身价值。所以，景区在运营新媒体的时候，需要由大流量思维转向精细化运营思维。

2020年，朋友圈诱导分享消亡，朋友圈被刷屏得毫无新意，微信公众号也显露出颓势，而移动网络技术的发展，促进了更多新型媒体的出现，抖音、小红书、快手跑马圈地。以短视频为主的新媒体时代，各个短视频平台为了获得粉丝数量，利用人性和大数据算法，以及欲望"影像体验和再生产"机制，颠覆了传统旅游目的地的传播和营销方式。有一些旅游项目偶然爆火，在互联网上获得巨大流量而具有广泛关注度、知名度并备受欢迎，同时吸引众多受众前往拍照、打卡和消费，成为所谓的"网红打卡地"。而游客为了获得流量或者跟风体验，而去"网红打卡地"的行为，大多是为了打卡。打卡，不仅仅是为了体验网红产品，更多的是一种跟风心理和炫耀心理。

方便快捷的新媒体，不仅丰富了旅游营销的传播渠道，精准聚集了受众，促进了互动体验的转化，还打破了传统媒体信息传播的垄断，使消费者成为信息传播的共谋者和分享者。年轻消费者喜欢记录、分享，这为网红打卡地的诞生奠定了基础，也使新媒体成为旅游宣传推广的主战场。

游客打卡需求具体包括如下几类：

（1）体验式打卡需求。

全域旅游，新型消费业态正在重塑游客的认知边界，旅游的边界越来越宽，大到一个城市，小到一碗面，都可以成为旅游的动因，成为打卡的需求点。传统的打卡，由单纯的景点、娱乐项目的打卡经验，转变为"吃、住、行、游、购、娱"等各环节的打卡。而且当今，私人定制、彰显个性的文旅产品越来越受到游客青睐。

（2）跟风打卡需求。

个性的反面是从众，有人追求个性，就有人跟风，KOL（网红达人，直译为

"关键意见领袖")成了跟风旅游的主要推动者之一，KOL推荐的美食、美景、美拍等，都会被众多粉丝网友跟风模仿。跟风行为伴生有圈子文化，有些人跟风打卡，即是为了获得身份认同、圈内认同，这一心理机制有好的一面，也有坏的一面，需要小心把握。

（3）追求美好生活的需求。

都市人群生活和工作的压力越来越大，对休闲的需求日益增加，这部分人对旅游的要求也越来越高，追求环境舒适，服务优质，能完全放松身心，偏好去旅游胜地打卡美食、美宿、美景，以及体验独特温泉、游艇、高尔夫等高档休闲产品及服务。

（4）技能打卡需求。

主要对应学习新技能的旅行，例如，专门去某个地方学习滑板、飞行、滑翔、潜水、滑雪、马术等新技能。不少玩家充满了对未知领域的好奇，并希望通过学习新技能，挑战人生的极限，丰富自己的人生经历。

（5）虚拟打卡需求。

有一种人，没有诗和远方，却希望营造出诗和远方的美好印象。他们想身处家中环游世界，想随时随地穿上心爱的古装、民族服装，想拿着景区文创产品、经典道具，在虚拟游戏世界打卡……。所以，为了满足这种需求，一些软件和平台也推出了虚拟打卡功能。

不管出于哪种需求或者目的，旅游打卡作为用户的需求，存在就有一定的合理性。文旅项目要关注当前旅游业热点和用户出游需求，挖掘各类新奇、时尚、潮流、有影响力的旅游打卡点、体验玩法、新闻事件、网红现象等。并提供在线和线下的打卡道具，运用大数据算法，通过热门推荐、榜单发布、活动导览、直播互动、攻略种草、社交分享、橱窗电商等方式，将旅游达人、网红打卡地等整合在一起。

如何更加有效地打动消费者，塑造能够打动用户的元素，匹配年轻人的审美，在为景区带来更多资源的同时，进一步推动消费升级，是文旅项目需要重点考虑、提升解决的问题。解决游客"打卡式旅游"的烦恼，关键还是需要相关景区景点提供更好的配套服务。实际上，网红景点多是当地人文或自然景观的经典，对外来游客天然具有较强的吸引力。所以，想办法从供给侧缓解"打卡式旅游"的痛点，才会让游客在享受那些独特旅游资源的同时，又能拥有良好的旅游体验。

2.游客情绪释放需要出口

旅游有修身养性之效。广大人民群众对美好幸福生活的追求，一定程度上是通过旅游来实现的，表现为在文化娱乐、休闲旅游消费方面的大幅度提升。旅游消费不同于日常生活消费，是人们到旅游场景中为满足好奇、求知、审美、探险、挑战等心理，通过购买旅游产品进行各种旅游活动，获得感官体验、身心娱乐，增长文化知识、收获自由快乐等精神享受而进行的消费行为。

旅行是生活的一种方式，是为人生寻找意义、赋予意义的一种仪式。旅行的真正意义不在于去过多少地方，不在于保存在相册中的照片和上传到社交平台的动态，而在于游客通过旅行行为，去改变自己，去体验生活，去获得内在的成长与外在的改变。

旅行是为了体验和感受美好生活，所以，好的旅游产品就需要满足给游客提供相应的体验和感受机会，要加强和游客之间的关联度。人间烟火是最美的生活，而旅游最好的状态便是享受生活。如果还能为游客提供充分的情绪价值，那么景区不仅具备了吸引力，更具备了人情味。

坊里有一句调侃旅游的话，"旅游就是从一个你待厌的地方去往一个别人待厌的地方住几天，然后再回到你待厌的地方！"

其实，这只是表面现象，它内在的逻辑是，你待久了的地方，都被打上了熟悉的标签，周围的一切都成为你生活功能的一部分，你会觉得周围的一切得来都很容易，了无新意，甚至俗气逼人，待在其中很没劲。但是，仅仅是离开这里，到达一个陌生的地方，哪怕没什么好风景，你就能从惯常的环境和认知中脱身而出，你的身心就会获得很多不一样的体验，自然也就能激发人的生命意识和生活激情。

在旅途中品尝当地名菜、风味小吃和美酒名茶，不仅仅是为了解决温饱，还可以充分获得美食品尝过程中带来的身心愉悦和审美、文化、艺术等精神享受；在观光旅游过程中，网上遨游，体验"信息科技""网络文化"，穿衣打扮，感受"服装设计""服饰文化"，住宿客房，讲究"建筑文化""空间设计"，购物娱乐，讲求"地方特色""艺术品位"，即便是交通出行，无论高铁还是飞机，抑或巴士、游船，都是体验现代先进科技成就、享受工业文明成果，领略沿途风土人情、享受快速便捷服务的行为，如此等等，都是为了享受不一样的生活和旅游体验。

（二）解读新媒体

什么是新媒体？AI回答：新媒体是相对于报刊、广播、电视等传统媒体而言新发展起来的新型媒体形态，是利用数字技术、网络技术、移动技术、人工智能技术，通过互联网、无线通信网等渠道以及电脑、手机、数字电视等终端，向用户提供信息和内容的传播形态和媒体形态。

新媒体是一个相对的概念，与媒介技术的不断推陈出新紧密相关，相对于报刊、广播、电视等传统媒体而言，新媒体主要基于新的数字和网络技术，使传播更加精准化、对象化，例如，互联网、手机、移动电视等都是新媒体。"新媒体"这一概念可以追溯至20世纪中叶。1967年戈尔德马克最早使用了"新媒体"（new media）一词。之后，美国传播政策总统特别委员会主席罗斯托在向时任美国总统尼克松提交的报告中再次提到此概念。"新媒体"一词就这样在美国传播开来，并很快扩展到全球。美国《连线》杂志将新媒体定义为"人对人的传播"。这个定义突破了传播媒体对传播者和受众两个角色的严格划分，在新媒体环境下，没有所谓的播音、听众、读者、作者，每个人既可以是接受者，也可以是传播者，信息的传播不再是单向的。可以说，《连线》杂志将新媒体互动性的特征揭示了出来。基于上述认识，我们将"新媒体"这一概念从广义与狭义角度进行定义。广义而言，新媒体是指以网络数字技术及移动通信技术为基础，利用无线通信网、宽带局域网、卫星及互联网等传播渠道，结合手机、PC、电视等设备作为输出终端，向用户提供文字图片、语音数据、音频、视频动画等合成信息及服务的新型传播形式与手段的总称。狭义上讲，"新媒体"可以理解为"新兴媒体"，即通过技术手段改变了信息传送的通道，只是一种信息载体的变化。实践是人类认识的来源，人们对于新媒体的认识也是随媒介技术发展而不断深化的渐进式过程。要准确地定义新媒体必须以历史、技术和社会为基础进行综合理解。

新媒体时代很多信息能够在第一时间实现传播，也充分表现了新媒体的特点及优势，可以让人们能够随时随地关注信息，了解最新情况。百度 AI 总结出新媒体的七大特点：

（1）即时性：新媒体的传播速度非常快，信息可以迅速传播和更新。

（2）海量信息：新媒体通过技术手段使得信息内容丰富多样，涵盖文字、图片、音频、视频等多种形式，用户可以通过搜索引擎和云方式轻松找到所需信息。

（3）互动性：新媒体允许用户积极参与信息的创作和分享，传者和受者之间的角色可以随时转换，增强了用户与媒体之间的互动。

（4）个性化：新媒体可以根据用户的需求提供个性化的信息和服务，用户可以通过定制新闻内容来获取自己感兴趣的信息。

（5）多媒体性：新媒体综合了文字、图片、音频、视频等多种传播形式，极大地丰富了新闻的表现力和感染力。

（6）超时空性：新媒体利用互联网和通信卫星等技术，打破了地理和时间的限制，信息可以在全球范围内迅速传播。

（7）失真性：由于新媒体的虚拟性和用户自由表达的特点，信息的真实性有时无法保障，虚假信息可能泛滥。

（三）搭建新媒体矩阵

新媒体运营，是利用微信、微博、贴吧、抖音等新兴媒体平台进行品牌推广、产品营销的运营方式。通过策划品牌相关的优质、高传播性的内容和线上活动，向客户广泛或者精准推送消息，提高参与度，提高知名度，从而充分利用粉丝效应，达到相应营销目的。同时，它是一个宽泛的概念，是基于移动互联网，面向客户提供信息和内容的传播形态。

新媒体平台类型众多，不同媒体平台的运营规则也不同，所以旅游项目在新媒体运营的时候，要根据自己产品的特性，选择不同的媒体平台来制作内容和发布，建立起企业宣传推广的自媒体矩阵。

目前景区新媒体营销存在几个共性问题。

一是懂旅游的不懂新媒体、懂新媒体的不懂旅游。不少旅游景区其新媒体营销，基本相当于传统营销的延伸，缺乏必要合格的新媒体营销人员，或者跨界招聘了不少新媒体营销。但因为他们不熟悉旅游，结果并不能把景区的旅游产品推广出去，更不要说去拉动新的客源市场了。

如今，文旅营销已经整体从大场面变成小屏幕了，不再需要那么多宏大的叙事场面，更需要的是能够恰到好处地展现在手机屏幕上的内容，这样才能得到非常广泛的传播。"土味"元素不再适合年轻人的喜好，哪怕是春节民俗，也需要年轻化、潮流化，时尚永远是吸引人的最好的方式。

二是新媒体推广并没有起到足够的优化品牌的作用。传统行业，如快消品，几乎所有的营销都是为品牌提升做支撑的，如农夫山泉、娃哈哈、双汇等，旅游行业很多人则忽略了品牌的作用，造成营销人员累死累活跑渠道，却感觉非常吃力。网络营销缺乏品质感，不少是在机械地工作打卡，线上和线下没有结合好。不能优化品牌、重塑品牌的网络营销是没有灵魂的，网络营销一定要玩出自己的品位，尤其是在专业度上一定要超过同行，否则就不值得做网络营销了。

三是推广元素没有任何创新。有的景区宣传图片是初期邀请专业摄影师拍摄的，他们会连续用上五六年甚至更长时间，不做一点儿更新；有的景区在新媒体上发的东西自己可能都不想看，那还能期待游客看到后产生游玩的冲动吗？

四是新媒体营销缺乏计划性。景区运营的自媒体，如官方微博、抖音、公众号，想起来发一发，想不起来能闲置好久。而新媒体，要注重的就有作品的更新度，如果不能够及时更新，那么作品很快就会在互联网上沉睡下去，失去宣传的意义。

新媒体矩阵是指在社交媒体环境下，运营者以不同名称或相同名称在单个自媒体平台上开设多个账号，或在不同自媒体平台上开设账号，并与客户端相结合，从而形成一致对外的新媒体方阵，可实现自身信息的多渠道、多层次传播。如图4-1所示。

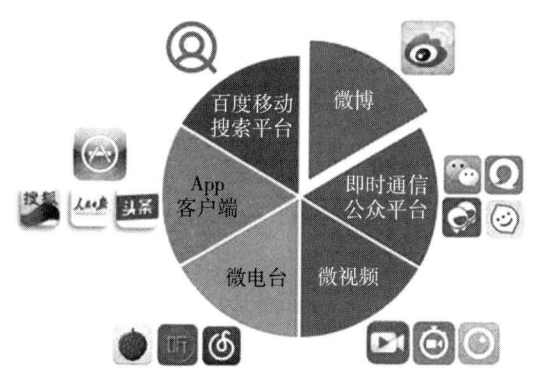

图 4-1 新媒体矩阵

新媒体矩阵通常是由企业、传媒机构、个人等构建的数字传播网络，旨在通过多种数字媒体渠道传播特定信息、故事或品牌形象，以实现市场传播、品牌推广、产品宣传等商业目标。新媒体矩阵的构建需要媒体资源整合、技术支持和数据分析等方面的专业知识和技能。企业或机构等需要根据自身的品牌定位、目标受众和宣传需求等方面进行调整和策划，从而实现个性化的新媒体矩阵构建，并适时地进行监测和优化。

新媒体矩阵包括平台矩阵和账号矩阵。

（1）平台矩阵：就是在各个平台都有官方号，如一个景区在小红书、抖音、微博等都有它的官方账号，这就是新媒体平台矩阵。

（2）账号矩阵：就是在一个平台上注册不同的账号，而不同的账号需要不同的人设。比如，一个景区在小红书上有一个官方账号，还有一个分享景区美景的专门账号，甚至有多个游客角度分享美景的小号，其实这些账号都是属于这个景区的，这就是新媒体账号矩阵。

如果没有足够的精力，可以选择构建新媒体平台矩阵，如果精力足够，可以尝试构建账号矩阵。两者合为新媒体运营矩阵。

一般，新媒体运营矩阵常用另一种形式表达，即"官方账号+权威个人账号+普通个人账号（矩阵）"，这样更容易明确各类媒体账号的功能和作用，可以提高整个产品在渠道的曝光度。见图 4-2。

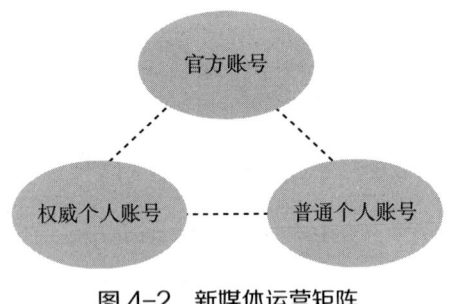

图 4-2 新媒体运营矩阵

（1）官方账号：人设需要权威和真实，是代表公司和产品本身的，内容、选题和写作语言风格都需要符合官方的人设。

（2）权威个人账号：人设是相关知识的权威者，以与产品无利益关系的权威视角探讨问题，讲解相关内容的时候只是顺带提及产品。

（3）普通个人账号：人设需要真实与生活化，普通个人账号是模拟的目标客户的账号，需要展示在生活中对产品的真实体验等。

另外，也可以根据内容表达方式的不同，把新媒体矩阵分为图文类、短视频类和攻略类矩阵。比如，图文类媒体矩阵包括微信公众号、知乎、头条号等，适合发布长图文信息，微博、小红书、抖音等适合发布短图文，视频类媒体矩阵包括爱奇艺、腾讯视频等适合发布长视频，抖音、快手、小红书等适合发布短视频。景区在建立新媒体矩阵时，可以根据自己的需求及产品特点，重点选择合适的新媒体平台，以便更好展示自己的品牌形象。

景区在实地操作中该怎么做？景区需要构建自己的抖音、微信公众号、微博等宣传矩阵，凡是老百姓能够接触到的，特别是安装在手机上的各类型软件，都值得去涉足尝试。并且还要在新媒体上进行内容生产，这些内容包含短视频、文字、图片，也包括产品介绍、游玩攻略、游客反馈评价、名人推荐等。

重庆奥陶纪公园是 2017 年开园的，开业就在网上收获了不小的流量，用四个字形容这个景区就是"惊险刺激"，现场观众在观看时，常常能感受到肾上腺素的飙升，产生强大的传播欲。体验者感受到了强烈的感官刺激，观看者在传播后也会收获不断上涨的播放量，最终都带着满足感离开。这个景区有趣的地方就在这里，一般景区游客排队时间过久，就会因为等待而变得焦虑和不耐烦，而奥陶纪的游客，哪怕一个项目也没有体验到，也能够看得津津有味。

不管新媒体矩阵怎么定义，或者怎么构建，起到有效的宣传、招徕作用才是最核心的。这是景区的软实力，也是最核心的市场竞争力之一。

（四）新媒体推广技巧

媒体是国家的一个舆论平台，每天发生的形形色色的事情，出现的稀奇古怪的新闻，都需要经媒体平台传播给大众。但每个人能够接收到的信息是有限的，所用的时间和精力也是有限的，对普通人来说，获取新闻和信息大概存在四种情况：

一是顶层推动，即国家希望大家能够了解到的一些信息，如火箭升空、航母下水、国庆阅兵等重大新闻事件。二是平台推荐，新媒体平台基于流量、话题、热点等的考虑，向用户推荐相关新闻和信息，以博取关注、点击、转发等。三是同级分享，如通过朋友圈、知乎、抖音等拍照、拍视频或者转发分享自己关注到的新闻信息等，从而形成传播。这种方式有一定的信息垂直性。四是主动关注与检索，用户根据自己的信息需求，主动关注相关新闻媒体平台，进行信息检索，进而了解相关新闻事件、信息资源等。想要产生一条爆款媒体作品，就要充分激发相应的传播渠道与模式。

1.熟悉媒体推广底层逻辑

网红仙山洛阳老君山的张鹏远认为：用微观的事物来推动宏观的大盘发展，需要在新媒体理解、新媒体应用和景区发展认识上做到极致。

（1）做好新媒体的推广，必须了解新闻的传播逻辑。

纵向传播：层层分级、上下贯通。自上到下，从中央媒体到地方媒体、自媒体，实现新闻信息的层层向下传播；自下到上，从地方媒体、自媒体等的宣传，到中央媒体的介绍。这样的新闻信息传播逻辑给了景区做好品牌推广的可行策略，景区推广可以追随国家政策及热点，原则上国家提倡什么，景区就需要做什么，做得越多越好，各级官方媒体宣传报道的就会越多越好，顺势而为，这是宣传中的阳谋。

横向传播：去中心化的裂变、扩散传播。当某个地方出现了有传播性的事件后，会引来各类新闻媒体的跟风拍摄、转发、传播等，形成无组织、无具体路径的裂变式扩散。其传播始点，可能是当地某个媒体，也可能是普通的路人甲。

关于传播内容，在纵向传播逻辑中，内容往往是正面的或者引导型的，符合官方媒体身份，符合社会主义核心价值观等；而横向传播逻辑中，内容就大不一样了，会有正面的内容，也有中性的内容，还会有负面的内容。对于景区推广来讲，正面的内容最好，正面传播内容包括拾金不昧等好人好事、耐心讲解等细心服务、创意产品的绝佳体验等，都是对景区品牌的正面提升；中性的内容也不错，也能助推知名度的提升，常常应用于景区的事件营销。

现实当中，纵向和横向两种传播逻辑同时存在，景区在宣传推广过程中，要充分利用每一次营销推广机遇，打通用好相关的传播路径，使之发挥不同的媒体作用。

短视频平台保持日常活跃需要满足三个条件：一是不断产生更多的新的内容；二是不断涌入新的用户；三是把相关的内容精准地推送给喜欢看的用户，形成交互，交互在这里是指"点赞、评论、转发"。了解了这三个条件，就能理解短视频平台的传播逻辑了。

（2）通过抖音等短视频平台来推广旅游目的地，最核心的还是旅游产品的创新，多考虑年轻人的喜好、年轻人的审美情趣，在此基础上，通过借力达人、深耕内容、活化传统、发起话题等方式，将好的旅游目的地、旅游产品传播出去。在短视频时代，只要酒香，就不怕巷子深。

抖音有很多旅行垂类达人，他们粉丝量大，号召力强，对旅游产品也很了解，而且具有较强的内容创作能力。他们非常善于从用户需求深挖旅游产品的特点和内涵，并通过优质内容表达出来。比如拥有670万粉丝的房琪kiki，她制作的荔波风景视频十分精美，得到了大量传播，有800多万粉丝的吴佳煜是歌舞达人，在她的号召下，很多网友都跟着学习跳利川的新潮非遗歌舞。

在抖音上走红的旅游目的地视频，很多是沉浸式的，或者是通过细节展现城市个性的，如大唐不夜城"不倒翁小姐姐"、永兴坊摔碗酒等。这些抖音视频让抽象的城市名字变得具体，也就有了自己独特的精神气质，不再"千城一面"。同时，内容要有创意。如乾坤湾案例虽然讲的是自然风光，但是在内容上用的是人物情感故事，让本来看上去缺少烟火的自然风光也有了人间温情。抖音上展示的国家级非遗已经超过 1000 项，占比达 88.4%。与非遗相关的视频播放量超过了 1 065 亿次。这说明抖音非常适合传播传统文化。因此，根据当代年轻人的趣味、娱乐方式等对传统文化进行一定程度的创新，使其更符合抖音风格，是吸引观众、招揽游客的有效方式。

2022 年，抖音演艺类直播全年同比上涨 95%，平均每场直播观众人数超 3900 人，演艺类直播打赏收入同比上涨 46%。与此同时，2022 年抖音热度攀升最快的五大演艺直播类型包括音乐剧（上涨 978%）、中国舞（上涨 519%）、话剧（上涨 361%）、喜剧（上涨 257%）、杂技（上涨 225%）。在互联网的玩法中，关键是流量和用户两个核心指标。现在的互联网真的是短视频的天下、直播的天下，抖音独特的算法让每个用户能看到自己想看的内容，完全不拘于粉丝数量的多少。

"不倒翁小姐姐"，应该是新媒体推广之下的大热 IP，但到了大唐不夜城会发现，不倒翁只是其中一个很小的点，还有很多创新的网红演员每天都在表演，东方不亮，也会西方亮的；湖北恩施狮子关的水上栈道，这是一条漂浮式的水上栈道，可以通车，汽车开过时，水面会有层层微波，仿佛游船从水面开过一样，最终成为全国独一无二的网红打卡地；黄山西海大峡谷，峰林中穿梭了一列小火车，雨里雾里，犹如仙境，由于景色太过于惊艳，以至于出现了很多条点赞量超 100 万的抖音视频，总阅读量轻松便超过了 2 亿次，迅速火爆了网络，最后可能全中国的抖音用户都能看到。

以抖音为代表的短视频平台已经成了旅游景区和旅游行业最大的自主宣传平台，能把它们玩出特色和效果的景区，无一例外经营数据都不错，一是短视频平台主要就是用于记录、传播生活中的美好，而景区天然就是美好的代名词。二是短视频平台核心用户是当下旅游中的新主力军——"90 后""00 后"，并且短视频的流量实在是太过于庞大，抖音、快手的有些"网红大 V"粉丝量已经超过一线明星艺人，而且粉丝忠诚度非常高，不容小觑。在抖音等平台上，大家似乎对平民明星更关注、更喜爱，也更有包容性，愿意传播，并愿意为之消费打赏。

2. 掌握新媒体内容制作技巧

移动互联网的技术与流量，使得景区能够在线上得到有效的传播，拥有线上导流渠道。近来，不少文旅项目的走红，都离不开短视频平台的推动作用。拥有强有力的线上线下运营能力，为网红景区的可持续发展，提供了良好的平台与空间，使景区的日常运转能够有效地进行。

在短视频时代，做文旅营销不再是以往单方面的宣传，而是要与网友进行深度互动。通过互动来增加网络流量和粉丝，从而实现文旅项目和游客之间的双向奔赴。

景区新媒体推广的方法论关乎四个要素：一是品牌定位，二是核心产品，三是传播学，四是平台规则。四个要素都照顾到了，那么就能够做出事半功倍的推广效果。景区互联网推广效果只有三个档：无用、及格、爆火。

起于社交媒体的"网红经济"被看作是社交电商趋势下的一个重要体现。那么，旅游景区如何善用"网红思维"打好粉丝经济这把牌呢？

首先，找准定位，对品牌进行人格化塑造。正常情况下，人和物体不容易建立感情，人和人更容易建立感情。景区要与消费者建立感情，最好的方式是建立一个人格化的品牌。各景区需要做的就是，将品牌人格化、人格标签化。旅游景区需要根据自身资源特点、品牌形象、产品服务、目标人群等定位自己的人设或者人格特性，继而把它外显和展示出来，并有节奏地传播给潜在受众。其中与合适的明星、网红达人等合作是常用的一种方法。自媒体崛起以来，网络上涌现出了各个领域的众多KOL（网红达人），如养生达人、健身达人、美容达人、旅游达人等。他们通过人设塑造、知识讲解、技能展示等方式，收获了数十万、上百万、甚至上千万的粉丝，继而通过授课、带货、产品推荐等方式实现流量变现。与网红达人合作，要考虑景区产品及服务与其粉丝群体需求的贴合度，要优先关注最重要的潜在游客群体，不能胡子眉毛一把抓，要把有限的宣传推广资源用在最关键的地方。

其次，持续输出有价值的内容。将品牌进行人格化塑造只是万里长征的第一步，有人会因此记住你，甚至成为你的粉丝，但这还不足以构成刺激他们购买的动力。再加上现在是信息爆炸的时代，受众的兴趣点分布广、迁移快，粉丝的忠诚度难以持久保鲜，所以必须有持续的价值内容输出予以保障。

如何能持续为粉丝热情加温并将其转化为购买力？持续输出有价值的内容，和粉丝谈一场持久的"精神恋爱"是非常重要的。网红经济中，KOL本身就是品牌最大的差异化竞争力。粉丝选择你推荐或销售的产品，是因为喜欢你、认可你、相信你，粉丝所选择的并不是简单的产品本身，而是通过你塑造的形象、输出的内容，传递出来的一种生活态度和方式。店主"赵小姐失眠中"的赵若虹，她拥有的前主持人、演员、出版人等身份决定了她具有较强的话题性、内容输出能力和粉丝运营能力。除了分享店铺的更新动态，她在微博当中更多的是通过时尚、美食、健身等元素，塑造了一个精致、乐观、温暖、有情调的"名媛"形象，而她的粉丝大多认可并羡慕她的生活态度和方式，套用一句网络用语来说就是"姐买的不是鞋子，而是情怀，是一种新的生活方式！"

由此可见，在进行内容输出时，要注意以下几点。

（1）贵在坚持。

坚持输出自己，其实就是在坚持输出你的品牌和产品。

（2）对什么样的人说什么样的话。

比如，赵小姐的粉丝大多是有着少女情怀、小资情调的都市白领，向这类人群输出内容就要注意有格调、有情怀；菓盒的粉丝很多是"80后""90后"的年轻妈妈，关注食品安全、育儿健康等，对她们传播的内容，也要有针对性，这样才是有效的传播。

（3）新鲜感、刺激点。

在人格化品牌运营过程中，对KOL的要求很高，需要KOL不断充实、提升自己，与用户一起成长，能持续抓住用户的兴奋点、兴趣点，切忌进行刻板化的内容输出。最著名的代表是papi酱通过"紧抓热点＋强内容输出"不到半年迅速蹿红。

（4）多平台化运营。

粉丝在哪里，你就在哪里。除了微信、微博等平台，还要根据粉丝的分布特点，选择不同的渠道、平台进行内容输出，比如粉丝群体比较年轻、喜欢逗趣，就可以选择小咖秀、秒拍这样的一些平台与粉丝互动。

另外，注重粉丝运营，用户体验。网红景区与一般景区相比，有一个很大的优势在于，网红和粉丝间不是简单的买卖关系，既可以作为某一方面的偶像、导师，也可以亲切得像是身边的朋友、邻居。而越强、越深入的关系，对营销的需求就越低。

网红通过社交媒体与粉丝互动从而建立起信任感、亲切感，除了能不断提升客户黏性，还能在互动过程中更清楚地明白客户需要什么，进而能够优化产品、服务。总结来说就是：通过连接和互动，增加客户的购买频次；通过信任和加强关系，可以使客单价不断提升；通过推出符合客户需求的新产品和服务，可以延长客户的生命周期。

抖音等平台内容创作便利，而且有许多有趣的工具和特效，能让用户快速记录和分享旅行。因此，"抖音挑战赛"等能快速带动更多网友一起生产与旅游目的地有关的内容，快速扩大影响力和传播度。另外，在新媒体制作的操作层面，以下几个细节尤为重要。

一是构图。拥有优质的构图几乎就成功了一半，不管是角度还是取景框，大家都开广角的时候，你可以试试长焦，构图需要一定的美术天赋，多看"摄影大神"的作品可能会给你灵感。

二是拍摄的内容。如果一个地方已经非常火爆，那么就不要拍它了，超越经典非常困难，甚至比创造经典还难，就像音乐领域，有机会超越原唱的极为罕见，翻唱、跟拍已经爆火的同样的内容，很难引发关注。现在有很多音乐学院的学生在网上直播，从外行角度来讲，很多歌曲唱得很好听，但是多数叫好不叫座，"经典场景"深入人心，只翻拍是不行的。

三是展示的内容。作为末端用户，能够看到的，只有"画面、声音、文案"，前面两项说了画面，接下来说音乐和文案。都说网易云音乐很神奇，会根据你听歌的习惯给你推荐你可能喜欢的歌，并且你大概率会喜欢，你听的歌曲越多，推荐的歌曲你就越喜欢，这跟短视频平台的传播逻辑是一样的。单独一个音乐会被打上标签，比如"伤感、苦情、悲伤"，再如"欢快、舞蹈、女团"，你的音乐能否与你的视频本身匹配，这本身就是一个问题，多少人忽略了音乐的作用，殊不知抖音被定义为"音乐短视频"平台。文案是最直观的能够被AI直接识别的东西，不需要AI过多"思考"，但不超过40字的短文案，极其考验创作者的文案水平。

四是传播的时机。每年春季，各地鲜花争艳可以轻松上新闻；夏季清凉、玩水上新闻；秋季，红叶、银杏上新闻；冬季，第一场雪上新闻。这是前20年、前100年的新闻规律，也是后20年、后100年的，这些都超越了历史，不受时间的影响，甚至不受时代的影响，是最具有传播力的，做文旅宣传，要掌握信息发布的时机，资讯传播的趋势。有人说旅游就是靠天吃饭，有一定的道理，该播种的时候不播种，该收获的时候就不打粮了。

3. 要永远在路上

在文旅项目打造网红的路上，要注意综合考虑，勇于不断尝试。新媒体推广中，往往有一部分是无用的，不过也有从量变引发质变的机会；绝大部分是及格水平的推广，不出彩、不出错；极少数是现象级推广。推广标准中，没有"良好"这个档，只有平庸和现象级。短视频很难吗？不难，很多网红真的是草根出道。短视频简单吗？不简单，要求的基本功太多太复杂，互联网把身怀绝技的精英和贫困线上的草根放在一起，共同竞技，这是一个非常残酷的秀场，即使偶尔闪光一现，接下来依然会黯淡，我们要做的就是持续保持活跃度。

一个文旅项目的发展成熟，不能仅仅靠营销和宣传，必须让旅游产品、后续服务和管理都跟上，包括文化主题、景观价值、市场吸引力等，从而延长"网红"属性的存续时间。有一些景点，一开始寂寂无名，因为偶然的因素通过短视频营销火爆，结果其产品却不能令人满意，只靠噱头、炒作支撑，这样的景区注定会成为新媒体大海中的"昙花一现"。

对网红景区的趋之若鹜，在很大程度上体现了优质旅游产品、优质旅游服务的匮乏。因而，挖掘文旅项目自身的亮点，提升项目的文化内涵，开发有创意的旅游产品，配之以优质的基础设施及服务水平，才能真正打动游客的内心，满足游客的需求，并获得持续的吸引力，这也是文旅项目应该走的网红之路。"网红"不代表优质，更不代表永远优质。

二、聚焦大型创意活动的策划

活动策划需要因地制宜，应根据不同情况策划不同种类的活动，并且在执行的过程中进行不断的调整。

文旅项目策划并实施的各类活动，有的是利用新闻事件进行炒作，有的是利用特定节日进行促销，有的是配合其他单位合作联动，有的是基于景区自身条件创意策划。但整体上，无论什么活动，只要获得成功，都不是有一个好的创意就行的，更不是一个关键人就可以决定的。

为什么同样的活动，别人是人山人海，又是上新闻，又是当典型，又是受好评，而自己的活动看起来比别人的还要好，却无人关注，无人问津？究竟哪里出问题了？这应该是很多旅游景区共同关注、困惑的。其实策划活动落地的过程，要算天、算地、算人、算市场、算企业实力、算政策风向、算社会资源调动能力、算项目实施的人的操作水平等，每一个变量都可能把活动导入到另一个方向去。

（一）活动策划的分类和实施技巧

正常情况下，文旅项目策划的活动大体上可以分为两大类，一类是线上宣传类，如策划新闻或借助特殊时期的热点事件，在媒体上策划话题或宣传内容进行传播；另一类是线下落地类，如文化节、庙会、音乐节、某项演艺等在项目所在地落地执行的各类创意活动。

无论是哪一类，活动分类不同，目的不同，具体实施的方法和操作的细节也不同。活动种类不同，实施的路径和过程也会不同，尤其是大型线下创意活动，策划实施过程的每个环节都要精心策划和准备。整个活动的过程，就是一个不断调整的过程，也是一个各种思维、各种因素不断博弈的过程。

1. 线上宣传类活动策划

在文旅项目的宣传中，常常采用新闻事件炒作方式，主要是借助特殊的时间点、特殊事件发生时刻，结合文旅项目自身情况，进行话题延伸或者借势炒作的一种宣传方式。

每年的"五一""十一"和春节等传统的旅游旺季，各个媒体都需要报道旅游行业相关的动态，很多景区就提前策划节日期间的新闻传播点，如洛阳老君山在国庆节期间推出的"1元午餐"活动，一连四年都上了央视《新闻联播》；还有淄博在2023年"五一"期间推出"限定住宿最高限价"政策，对提前预订超过最高限价的进行退款，相关事件在网上得到了极大关注。这些都是特定时点旅游目的地或景区进行事件炒作宣传的典型案例。

2023年10月7日，"老君山1元午餐盘点多出1012元"的消息火上热搜。在老君山景区，午餐点设置在海拔1800余米半山腰的一个广场上，除了"1元午餐"外还有免费的姜茶。一张红色大圆桌上摆满食物，游客们围绕在圆桌边，等待着开餐。游客们有序排队，往玻璃箱内投纸币，箱子上贴着收款码和"一元午餐、无人值守"等字样。

"1元午餐"是从2017年开始举办的活动，已经连续举办了多年。最初景区设施服务点少，游客就餐难。推出这个活动也是为了解决游客在山上吃饭的问题。2023年中秋国庆假期售出"1元午餐"23527份，收入24539元，虽然是无人值守，但是多出来了1012元。老君山景区"1元午餐"，从最初的共情游客，到把共情作为一种营销策略，以低价餐饮不断打开知名度，解决的已经不再止于游客吃饭实惠的问题，还有对游客的信任、对自然环境的保护，实现了以小博大的增效等。网友从最初的质疑，到逐年增加的信服，持续增加了景区的吸引力和黏性，让人看到很好的运营与宣传效果。

2023年"临近'五一'，酒店竟然降价？"的新闻同样冲上了热搜。周先生是江苏人，2023年"五一"期间，他打算带着家人去山东旅游，他早早通过旅游平台定了淄博的酒店，预订价格为1341元。4月25日，周先生接到旅游平台的电话，称其预订的酒店价格下调，"您到店只要支付735元就可以了。您之前支付1341元视作担保金，等您入住离店后会退还"。周先生表示接到电话的那一刻感到"不可思议""无法想象"。他追问平台为什么，对方解释称是接到政府通知，淄博政府对酒店房价有限价，所以其预订的酒店的价格被下调了。此前，4月22日，淄博市发展和改革委员会、淄博市市场监督管理局联合发布《关于阶段性对宾馆酒店客房哄抬价格行为认定有关问题的通知》，按照通知要求，该市在2023年"五一"假期前后，对宾馆酒店客房价格实行涨价幅度控制措施。

这两个事件，都发生在旅游旺季，并且在游客都认为会涨价的时候，运营方反其道而行之，推出了具有人情味的活动和措施。推出之后，直接引起各地消费者的共鸣，也带来了很好的正面宣传效果。

值得注意的是，宣传类的新闻事件炒作以及联合外界搞的宣传活动，是可以借助"外脑"，让不熟悉项目情况的人来操作的，如新闻媒体、活动策划机构等。但是，基于项目本身策划的线下落地类活动，必须由对景区情况足够熟悉的人操刀，或者由专业策划机构在对项目有了充分深入的了解和准备后操作，这样的活动不是凭借一个所谓的创意，或者空降一个所谓的人才或者专业团队就能操作成功的。最好的方式就是合适的创意，加上对文旅项目足够的了解，以及恰当落地变通。

2. 线下落地类活动策划

线下落地类的活动是文旅项目基于自身条件策划的提升游客量的活动，是需要在景区现场落地执行的各类活动。这类活动是最难操作的，也是风险最大的，然而对提升游客量却是最有效的，此类活动必须提前计划、充分论证。

线下落地类活动的策划，是指在把握市场需求和动机，掌握相关产品开发状况和竞争态势的基础上，整合系列氛围营造、旅游吸引物、旅游设施和旅游服务，按照一定的原则和方法，进行深度开发、主题提炼、整体运作，进行系统而全面的构思，以达到预期目的的综合性创新活动。

线下落地类活动也有大有小，小到一次异业联合的促销活动，大到有全国影响力的音乐节，或者跨度一两周到一两个月的泼水节、避暑节、登山节等活动，或者演艺节目、体验类网红爆款项目等。不同规模的活动，操作难度都不一样，特别是大型旅游活动的落地策划，是一项涉及面广、全方位、多角度的系统工程，涉及活动的主题、目标市场，活动举办的时间、地点、规模、费用预算、宣传策略和方案，活动设计与实施以及效果测定与评估总结等各个方面。

成功的活动需要精心策划和设计。首先，线下落地类活动的目标和主题应被清晰界定，这可以通过对未来趋势的前瞻性和策略思考来实现。这样可以引导整体活动朝着正确的方向前进，有效协调各种资源，使其形成合力，防止活动过程中的无序或混乱现象出现。其次，合理的旅游活动计划能够充分发挥旅游和商业资源的作用，保证产生理想的社会、经济和文化收益。最重要的是，优秀的旅游活动策划能够最大限度地利用现有的资源，激发商机，把潜在的旅游消费转变为实际的旅游行为，打造有竞争力和认可度的旅游品牌，促进旅游活动的持续发展。

线下落地类活动在策划过程中，要考虑很多因素，并且有一定的活动策划执行技巧。

（1）线下落地类活动有一定的时间性。

线下落地类活动具有自身的特点，有特定的主题、特定的地点或同一区域内定期或不定期举办，能吸引区域内外的大量游客，相异于人们常规的生活路线、活动和节日；举办地的自然资源为此类活动的策划提供了最基本的素材和载体，许多旅游节庆活动正是基于当地特殊的自然和社会条件或物产选择主题，并且设计得丰富多彩。

这类活动最好可以持续循环，这表现在两个方面：首先，它们往往按照特定的频率定期开展，如每年或每隔一段时间；其次，具体的开始时间和结束时间也是相对稳定的。

（2）线下落地类活动策划的原则。

线下落地类活动策划需要遵循一定的原则。尤其是以下几个方面。

遵循文化准则。在策划方案制定过程中，对文化原则的使用主要表现在理解当地的历史文化轨迹。重点考虑由地域环境、历史文化演进过程和社会经济发展状况共同塑造出的"本地特色"。

遵循市场化策略。首先，应该根据当前市场的需求去制定活动内容，确保计划能满足参与者的需求；其次，要有能力预测并把握市场的发展方向，从而发掘其潜力，把潜在的需求转变为实际的产品和服务，进而推动市场的潮流。只有具备前瞻性，加之不断创新才能带来持久的竞争力，获得社会、经济和文化的收益。

遵循大众化准则。以吸引公众参加为目标，提升人流密度，使得活动能够持续作为长期的旅游引力源，从而推动旅游产业进步，这也意味着活动策划方需要遵守大众化的准则来策划活动。

遵循特色化原则。为了增强线下落地类活动策划的影响力和吸引更多的游客，使他们成为该活动的忠实支持者和参与者，活动必须突出区域特色和个性化，并具有自身独特之处。这种特色主要源于两方面：一个是对于个性化的旅游活动的策划，应该充分利用当地独特的资源，创造出富有个性和特色的活动，以突显本地区的独特性与吸引力；另一个是创新在落地活动策划中的应用，要求新、求异、求变。

遵循全面性策略。全面考虑是活动策划的核心，需要对各种元素如旅游景点、设备及服务进行综合规划，包括政府机构、公司、景区当地社区等多方力量的共同参与和配合。以活动为主题，协调所有相关活动和服务，使各环节和各部门能够既保持各自的功能又能协同工作，形成一个兼具一致性和特色的整体结构。

遵循可落地原则。线下落地类活动策划是一项复杂的工作，它要求活动主办方把各种资源结合起来，这意味着在活动策划的时候要考虑其实施的可能性。在初始阶段，策划创意可以天马行空，然而，当进入到执行阶段后，就要谨慎验证创意是否切实可行，并对其能否顺利实行的问题做深入的研究。遵守可落地原则需要活动执行方根据现实情况制定具体的行动步骤、举办时间点及活动大小等，这些都必须适应举办地的具体条件，并且要在保证内容和方式的前瞻性和吸引力的基础上，全面评估主办方的实施能力和承担压力的能力。

遵循可持续性策略。线下落地类活动策划的基础与前提来自其所依赖的自然资源及生态环境，而确保这些资源能够长期使用，并维护人文和生态系统的一致性和稳定性，则是维持旅游节庆活动持续进步的关键因素。因此，在策划线下落地类活动时，需要综合考虑社会的利益、经济收益、文化和生态的影响，这可以使活动获得持续的生命力。

2022 年 7 月 23 日，东北不夜城主办的"第二届东北泼水节"在海龙湖隆重启幕，盛况空前，傣族热舞，活力四射，现场人头攒动、一片欢腾，本地游客、外地游客纷至沓来，大巴车停满了广场，短短四天时间引流 30 多万人次，一举成为品牌节会，在东北乃至全国有了广泛的影响力。此次泼水节不仅打破了"东北举办泼水节"的先例，更让东北不夜城知名度大幅提升，在文旅界火爆出圈。东北不夜城正是通过一次次的活动举办，将自己的文化 IP 不断壮大。丰富的活动促进了旅游与文化在更大范围、更广领域、更高层次上的深度融合，增进了旅游和文化资源的有效整合。

2024 年的夏日，锦上添花文旅集团组织举办的泼水节活动再度升级。7 月 19 日，青岛明月·山海间、山河明月·醉酒城、九江之夜、南宁之夜、"平湖山海几千重？"五大轻资产不夜城，联袂上演泼水节狂欢。

当大家心驰神往西双版纳的热带雨林与傣族风情时，青岛明月·山海间悄然间为广大游客编织了一场不用远行的异域盛宴：电音泼水节，这不仅仅是传统的复刻，更是潮流与文化的完美碰撞！电音元素强势加入，当动感的旋律遇上四溅的水花，一场视听盛宴于此拉开。九江之夜的梦幻泡泡泼水狂欢节也超燃来袭，电音 DJ、水上游戏、傣舞表演……电音与水的碰撞激发出无限活力，水花四溅带来无尽清凉与畅快，还有各类互动活动、趣味体验等让游客躁起来。"平湖山海几千重？"开启的泼水狂欢模式，提供了专属于嘉兴人的快乐。南宁之夜的水世界，则带来了壮乡铜鼓取水祈福仪式、傣族孔雀舞、无人机泼水秀、泼水电音派对、万人泼水盛典、趣味搞怪 COS 大作战等超多活动，将夏日快乐值一站拉满！在泼水节活动中，水花与音乐、传统与现代以一种全新的方式交织在一起，共同演绎出一曲夏日的清凉交响。

此次泼水节的活动，五个城市的五个轻资产不夜城一起联动，不仅考虑了当地游客的喜好和文化元素，更是开创了旅游业活动策划互动的先河。

2024年"开封王婆"可谓是火爆全网,"'00后'排队去找王婆相一种很新的亲""'00后'有自己的相亲方式"等话题在社交媒体爆火——河南开封景区万岁山武侠城的相亲栏目《王婆说媒》,因其贴近生活的表现形式和独特的相亲模式,被网友称为"接地气版《非诚勿扰》",大批年轻人在现场大胆开麦、勇敢示爱,还有网友建议媒婆"全国巡演"。万岁山武侠城推出的该节目主持人"王婆"凭借其出色的口才和幽默风趣的表演方式,赢得了众多网友的喜爱和支持。《王婆说媒》不仅带火了万岁山武侠城,更带火了河南文旅。2024年清明假期,河南旅游热度暴涨,跻身全国热门旅游目的地第7名,预订量同比增长了582%,增长了58倍,尤其是开封,入围清明节黑马旅游目的地前十。

随着社交媒体的普及、快节奏的现代生活冲击以及年轻人婚姻观念的改变、经济压力的增大,越来越多的年轻人难以得到稳定的伴侣关系,甚至很多年轻人在感情方面越来越被动,难以追求到属于自己的幸福。《王婆说媒》以一种既传统又现代,既接地气又时尚的方式出现,使得单身游客耳目一新,拉近了异性游客之间的距离,解决了不少当下年轻人面临的实际情感问题。据悉,在2023年,"王婆"已成功促成了四五十对婚姻,堪称"月老手下的销冠"。《王婆说媒》之所以走红,除了该栏目擦出了单身游客之间的火花,为游客解决了实际的情感问题外,还在于"王婆"设身处地为游客着想的热情与温情。而且,《王婆说媒》从现场观众中挑选嘉宾,没有营销痕迹,为年轻人提供了一个轻松、友好、活泼的交流氛围。在《王婆说媒》节目的带动下,越来越多的人开始关注开封万岁山武侠城,关注开封这座城市。

(3)线下落地类活动策划的实施流程。

此类活动必须提前计划、充分论证,其实施过程可以分为六个阶段,分别为创意阶段、论证阶段、执行阶段(布场、宣传、渠道准备)、开幕阶段、调整阶段和总结阶段,每个阶段都有操作的核心和重点。

第一阶段:创意阶段。

此阶段主要是结合文旅项目的情况,结合季节情况、市场情况和社会热点情况,进行综合创意,通过各种天马行空的设想,来提出各种创意方案。创意的准则为：新、奇、特、市场易接受、媒体易传播、景区易操作。

在线下落地类活动策划主题的选择上一般有两种：一种是原发性主题活动，另一种是创新性主题活动。所谓原发性主题活动，就是在历史进程中逐步积累产生的活动，并且大部分都出现在传统的节日活动里；创新性主题活动，就是在满足本地旅游业发展需求的过程中，人为构建和设计的旅游节庆活动。

一般来说一个大的活动主题，下面还有很多小项活动来支撑，所以，活动的创意，不仅需要大的，也需要很多小的。小创意与大创意要有不同，大创意要讲究整体的把控，而小创意可以围绕游客参与性或者媒体事件炒作来重点考虑。

第二阶段：论证阶段。

创意出来之后，仍只是属于活动策划人员单方面的"想想"，能不能满足实施条件，活动的各个细节能不能很好地落实，各个关键点的变量在哪里，能不能吸引游客关注，是不是符合游客的习惯等各种细节，就需要围绕景区以及各种资源进行论证，特别是在可行性、性价比以及对市场的吸引力方面需要重点论证。

经过论证之后，就开始进入各种方案的撰写和细化期，方案分为活动创意方案、活动执行方案、活动宣传方案、人员组织预案、活动报备方案等，涉及活动各个环节。各种方案准备和论证完成之后，才能进入活动的执行阶段。

第三阶段：执行阶段。

活动执行过程中有四个关键点：第一个关键点是活动策划方案汇报准备，特别是活动给谁看，活动策划汇报给谁？不同的汇报对象应该有不同的汇报内容和侧重点。给景区投资方汇报应该主要讲清楚活动成本多少，回报是什么，做活动的意义是什么；给政府部门要讲清楚为景区带来多少人流，带来多少消费，能否为当地创造品牌价值和解决相关就业；给赞助方要讲清楚如何合作，如何保证活动顺利落地，用何种方式进行宣传推广，赞助方收益情况预期等。

第二个关键点是活动现场创意落地的布场环节。布场的好坏直接影响活动后续能否持续火热。布场，要特别站在游客的角度，站在拍照美观的角度来综合考虑，这个环节需要结合专业的艺术设计人员来共同完成。

你见过由50万支风车打造的梦幻世界吗？洛阳中国薰衣草庄园曾举办过世

最大风车展。为成功举办此次风车展,景区购买了 50 万支旋转风车,大小各异,造型近百种。上千亩的草地上,甚至吊桥上、树枝上到处都被装饰上了风车,上万支造型各异、颜色不一的大小风车随风转动,绚丽缤纷极具视觉冲击。园内,Hello Kitty、哆啦A梦、史努比、加菲猫等一大波卡通明星出没其中,童真无限。花海中还矗立着 100 余座造型各异的大型荷兰风车,小的五六米高,大的十几米,最大三十米,壮观恢宏,极具视觉冲击!

相对于"花海"还有农庄类景区,这些景区基本处于城市边缘,园区的用地性质一般属于农村农业用地或者河滩地,除了花开季节外,基本上没有什么景观资源。为了吸引游客,必须采用新奇的创意来做市场。而活动能否取得成功的最重要的决定因素之一,就是展示创意的布场效果,如果布场效果非常好,形成了一种独特的风景线,将意味着这次活动成功了一大半。

所以,中国薰衣草庄园举办的风车节,不是风车的简单堆砌,而是突出了主题性,使用风车插成各种造型,富有故事性,有绚丽的彩虹主题、蓝色的海洋主题、甜蜜的爱情主题等等,创意十足。例如"海洋主题",是在一座高达 15 米的白色帆船周围用大面积的蓝、白两色风车组合成海洋及浪花,十几只可爱的海豚点缀其中,大海的浩瀚及清新之感呼之欲出。"熊猫主题"则由万只红色风车组成五星红旗背景,并由 500 只大小不一、造型各异的"熊猫宝宝"点缀,或趴地、或侧躺、或呆坐……近看萌态十足、远看蔚为壮观。甜蜜的"爱情主题",通过风车数量来赋予风车组团爱情的象征意义,例如,由 13140 支风车组成的"一生一世",由 5200 支风车组成"我爱你"等,充满浪漫色彩。卡通艺术景观及风车组合,色彩缤纷、鲜艳明快、充满童真,能让人感知到久违的快乐、愉悦和温暖。

在万岁山武侠城的东区,锦上添花文旅集团全力对其进行了改造升级,打造了以武侠为主题的夜经济项目,设计了"仙侠奇境"项目。该项目以"新、奇、特、幻"为基本原则,通过艺术化呈现、场景化构建与真人情景演艺相结合,打造了一个仙侠主题场景。场景中穿插演艺、美陈打卡装置等立体构筑物,以仙侠世界为母体,古风玄幻为风格,营造了有趣、好玩、好看、别具一格的新型社交消费空间。

在设计上,项目采用环形多动线的设计形式,洄游性高,游客步入景区不会感觉到无趣，通过仙侠场景打造的丰富业态，实现了一步一景，移步换景，间接延伸了景区的长度和深度，延长了游客的停留时间。

2024年春节假期，位于万岁山武侠城东区的"仙侠奇境"盛大开幕，现场帧帧如画，幕幕呈诗。万岁山武侠城在抖音《2024年春节消费数据报告》中，排名全国"热门景区"第一名。《王婆说媒》栏目的加持更是让万岁山武侠城火出新高度。万岁山武侠城"一路开挂"，"比命还长的节目单"更是刷屏网络。春节期间每天400多场演出，日常200多场演出，产品形态丰富且爆款频出，小场景中的《王婆说媒》《大宋奇兵》《宋都鼓韵》等，大场景中的《三打祝家庄》等，演出时长从5分钟到30分钟，满足男女老少全年龄段客群。其独特的文化定位、丰富的演艺体验、创新的活动策划以及完善的基础设施与服务，使得万岁山武侠城成了一个备受游客喜爱的旅游目的地。

第三个关键点是宣传环节。宣传费用的投入、宣传方式的选择、每个宣传阶段的事件炒作和市场引爆点都需要按照计划进行协调和落实，每个对外宣传的文案、各类宣传片的制作都需要重点把关，不能出错。宣传效果的好坏，决定活动效果的好坏，甚至可以决定活动前期能不能来人、来多少人。可以说，整个活动策划能否成功的一半，取决于宣传能否成功。

好的活动策划，更需要全方位、多元化地针对核心游客市场进行宣传。最好要建立自己的宣传阵地，通过召开新闻发布会，启动活动的推广。在时间线上，活动的宣传推广应该涵盖从前期、过程到结束的全部阶段，因此需要制定一个全面的旅游宣传方案。

"当你下定决心准备出发时，最困难的时刻已经过去了。那么，出发吧！""说走就走，走起来再说！"这样的文案，不是出现在明信片上，也不是出现在电视剧中，而是出现在西安的地铁一号线里。一列地铁温暖一座城，勾起了乘客关于旅行的思考。开往黎坪红叶的暖心专列，一经推出，便迅速引起了西安游客的关注，并实现了游客主动二次传播。

位于陕西和四川交界的汉中黎坪景区被称为陕南秘境，每到秋天，万亩红叶鲜艳热烈、漫山遍野……犹如人间仙境。然而景区处于陕西的最南端，距离核心市场西安有300多公里的距离，并且要翻山越岭，通达性并不好。为了引爆西安市场，在宣传费用有限的情况下，景区推出了"开往秋天的专列，温暖一座城"的宣传活动，通过在西安地铁一号线投放半个月地铁专列的方式，通过鸡汤文案直击人心，引起乘客的共鸣。以红尘峡、枫林瀑布、中华龙山等代表性景点秋景为底图，让乘客们在地铁这个密闭的空间里思考关于旅行的意义，潜移默化地去关注并了解陕南秘境——大美黎坪。由于宣传效果较好，当年的红叶节接待人数创历史新高。

第四个关键点是合作渠道的游客团队准备。一次成功的有影响力的活动，最好有合作的旅行社、大量的市场团队支撑，这样才能保障人气基础。

第四阶段：开幕阶段。

活动开幕是活动造势的重头戏，虽然很多时候只是走个流程，甚至是带点虚假繁荣的炒作。但是可以借此机会，向社会各界，通过新闻事件的方式尽快传播出去，也可以以开幕为由进行特价促销，吸引大量游客进入景区，从而为活动转入正常积累大量游客宣传口碑。

第五阶段：调整阶段。

活动开幕后，真正的考验才刚刚开始。这时候，需要活动策划操盘手站在景区门口，及时关注各个环节的信息，根据游客量情况、游客对活动效果的评价情况、旅行社组团过程中的情况等各类有效信息进行综合分析，判断活动有没有达到预期效果。如果没有达到要考虑怎么补救，所有后期的各项备用计划都可能进行更改。

第六阶段：总结阶段。

活动结束后，需要对整个活动进行复盘讨论和总结。对活动中出现的各种问题进行汇总，吸取经验，总结教训，对每个岗位在活动中的配合度、反应力、应变力等都要做出评估，并且对活动中做出突出贡献的个人和团队进行表彰。

最后，需要特别提醒景区同行注意：新闻事件炒作以及联合外界搞的活动，是可以借助"外脑"，例如新闻媒体、活动策划机构等并不熟悉景区情况的人来操作的。但是，基于景区本身策划的活动，必须由足够的熟悉和了解景区的人，或者联合专业的策划机构，并深入景区、足够了解和准备后，再策划推出。一次成功的线下活动不是凭借所谓的一个好的创意，或者任由一组"空降兵"就能落地操作成功的。最好的方式是合适的创意，加上对景区的足够了解，以及基于现实的落地变通。

旅游行业的景区营销和活动策划，是个相对陌生的内容，活动策划有很深的学问，作为活动的策划者，要脚踏实地去深入了解文旅项目的各种情况，还要多学习、多总结。在面对旅游热点和成功案例的时候多问为什么，多探究里面成功的各个因素，然后运用到以后的活动策划中去。

（二）活动策划失败原因总结

很多同行经常会困惑，在各种媒体上看到的，很多专家学者讲过的，关于各个景区策划的各种各样的活动成功案例，以及各种经验总结，这些看起来挺有道理的东西，为什么运用到自己的项目上，就不能通过审核，或者落地执行的效果不好。常见的说法是，活动的成功是景区综合因素作用的体现。但这是一句正确的废话，依然没有形成可以指导活动成功的规律和法则。不过，每个活动案例都有特定的、不同的环境因素，找出其中的关键环节，在落地时给予重视，对策划活动的成功而言至为关键。

1. 败给了方案

景区要做活动，可能从提方案开始就没有得到支持，活动流产在方案阶段，总结起来有五大原因。

（1）没有明白投资商（老板）的主要思想，有的老板做景区，并不在意太高的人气，他们可能需要的只是稳定，不出事，然后拿景区做抵押进行贷款，景区只是金融资产运作中的一环。经理人想做大、做得有声有色，老板反而会反感，因为挣钱并不一定是景区的当务之急。所以，弄明白老板做景区的主导思想很关键。

（2）没有算清景区的家底，以及资金支撑能力。有的职业经理人做惯了大活动，一场活动预算，动不动几十万元、上百万元，这些费用，并不是所有景区都有能力承担的。不过，有时候，这也不完全是营销经理的责任，因为景区老板一般都会给下面灌输：景区如何有钱、如何有实力，经理人可以大胆地干、放开地干，等等。其实，这些话，经理人要真实弄清楚，别稀里糊涂地都信了，说不定，景区老板一边说有几千万元存款，一边却在为吃一碗面而发愁。

（3）没有算清营销方案的短期投入产出比。营销上经常说这样一句话："活动可以带来人气，不仅能给景区创收，更关键的是还有长期的宣传价值，通过活动，能给景区带来长久的收益。"道理是这样的道理，然而，一般老板可能更看重这次投出去的钱，能不能收回。所以，经理人策划活动，起码要保证不赔本，因为长远的钱，一时半会儿是算不出来、看不到的。所以，要注重计算清楚短期的投入产出情况，控制风险，而不是过多关注长期收益。

（4）没有考虑清方案的可行性。我见过很多营销经理，其实并没有经历过多少旅游市场的磨炼，他们还常常不谦虚，甚至想把他们原有的生活和工作经验，直接套用到旅游运营中。这个时候，他们形成的想法和方案，可能道理上是行得通的，然而，实施起来，却容易南辕北辙，不着边际。此类方案，可行性都没搞清楚，老板们是很难给予支持的。

（5）没有了解景区的发展策略和目标，没有搞明白方案是不是符合景区的需求，以及市场的需求。每个景区都有自己的主题定位和发展方向，这也是整体营销工作的实施指导。现在有不少景区是一边建设一边发展，每个阶段的侧重点并不相同，营销工作的侧重点也不相同，如果不能对此做到了解，不能知己知彼，不熟悉市场环境，没有做意向确认，那么拍脑袋想出来的方案，也很难获得支持。

2. 败给了执行

方案好不容易通过了，但费尽心思做的营销活动，效果并不好，或者失败了，其原因有以下几个方面。

（1）败给了天气：恶劣天气一场空。一场大雨，或一场大雪，让活动功亏一篑。

（2）败给了领导：领导瞎指挥。方案很可行，但是在实施的时候，外行人领导内行人，屁股决定脑袋。有些策划方案，本身可能就是一厢情愿、违背市场规律的，比如，根本没有弄明白以下问题。

第一，游客是怎么想的、怎么来的，游客为什么来，游客感兴趣的是什么，游客来了以后在景区干了什么？没有很好分析景区的游客情况。

第二，没明白景区有什么。这个有，不是跟别人一样的，别人有你也有，那不叫有，那叫作没有，别人没有的，你才算有。

第三，没明白景区的核心竞争力和品牌，盲目地做营销。人云亦云，盲目跟风。

第四，投入的指向性、目的性不清晰，花钱、花钱、乱花钱。方案做成了，但是不符合市场规律，相当于没做成，执行起来自然是一塌糊涂，失败也不奇怪。

（3）败给了费用投入：好的创意和思路，没有足够的财力支撑。足够的费用投入是活动方案能够完整实施并产生活动效果的最基础的物质保障，如果费用投入不足，即使准备工作进行得很顺利，最后也可能"为山九仞，功亏一篑"。

（4）败给了实力：别的景区技高一筹，活动同期进行，分散了客流。也许这叫点儿背，你搞红叶节，别人也搞，你请了个乡村艺术团，人家搞创新，弄了一堆机器人，把眼球都吸引走了，结果，自己景区活动没人，失败了。

成功有一定的偶然性，但是失败有时候也是必然的，活动策划必须从现状出发，全面了解行业情况，弄清景区营销问题所在，通过努力，改变现有状态。一个好的策划人员，必须具备很好的学习能力和创新能力。一定要务实、注重结合景区的实际情况进行操作，不能生搬硬套。病万变，药亦万变，应该根据各自景区和各自市场的实际情况，多思考，多学习，尽量避免风险，提出行之有效的解决方法。

总之，活动策划不仅是文旅项目快速出圈最好、最有效的方法之一，更是检验文旅项目市场价值最直接最有效的方式之一。

后记

在这个快速变革的新时代，文旅行业的发展也需要紧紧跟随时代的步伐、市场和游客消费习惯的变化。

文旅行业资源千差万别，文旅企业遇到的问题也是千头万绪。而解决关键问题，是一个优秀策划的终极价值；找不准关键问题，自然就无法对症下药，所做的一切都将徒劳无功。

旅游策划是综合了人文学、历史学、地理学、经济学、环境学、心理学、市场学、营销学等多门学科的知识，对旅游市场的前瞻性思考的结果，关系着景区运管管理的成败，关系着数年乃至数十年内景区的经济效益、社会效益以及环境效益。策划出生意，创意定乾坤。策划力就是生产力，爆款策划，就是刺破市场壁垒的最有效的手段之一。

本书大部分案例来源于笔者一线工作经验总结，也有少部分案例及观点选取自互联网素材，在此对原作者表示感谢。希望所有的文旅项目都重视策划，并从本书中学习并掌握爆款文旅策划的实战技巧。

打造让市场尖叫的爆款文旅，就从聚焦开始！

策划编辑：李志忠
责任编辑：林昱辰
责任印制：钱　宬
封面设计：中文天地

图书在版编目（CIP）数据

策划就是聚焦 / 孙震著 . -- 北京：中国旅游出版社 , 2025.4. -- ISBN 978-7-5032-7547-0

Ⅰ. G114；F590.1

中国国家版本馆 CIP 数据核字第 20257BT992 号

书　　名：策划就是聚焦

作　　者：孙震　著
出版发行：中国旅游出版社
　　　　　（北京静安东里 6 号　邮编：100028）
　　　　　https://www.cttp.net.cn　E-mail: cttp@mct.gov.cn
　　　　　营销中心电话：010-57377103，010-57377106
　　　　　读者服务部电话：010-57377107
排　　版：北京中文天地文化艺术有限公司
印　　刷：三河市灵山芝兰印刷有限公司
版　　次：2025 年 4 月第 1 版　2025 年 4 月第 1 次印刷
开　　本：720 毫米 ×970 毫米　1/16
印　　张：13.5
字　　数：209 千
定　　价：58.00 元
Ｉ Ｓ Ｂ Ｎ 978-7-5032-7547-0

版权所有　翻印必究
如发现质量问题，请直接与营销中心联系调换